# 二程
## 书院教育活动寻迹

黄思记　著

科学出版社

北京

# 内 容 简 介

程颢、程颐是我国历史上著名的教育家，被称为"明道先生"和"伊川先生"，其丰富的教育实践和杰出的教育建树为孔子之后所少有。书院教育活动方面二程更是贡献卓越：二程曾到开封、洛阳、晋城、扶沟、涪陵等地10 余所书院讲学，由他们亲手创建的书院就有 7 所；二程书院教育活动推动了宋代书院教育的转型与发展，促进儒学走向了新的历史发展阶段——程朱理学。

本书通过对程颢、程颐书院教育活动的遗址考察与文献分析，全面展现了二程的书院教育活动，对于当代学者研究二程书院教育、大学生修身治学，大众了解和学习我国传统文化，尤其是书院文化具有一定的借鉴意义。同时，对于相关部门开发二程书院文化旅游项目等也具有重要的参考价值。

**图书在版编目（CIP）数据**

二程书院教育活动寻迹 / 黄思记著. —北京：科学出版社，2017.3
ISBN 978-7-03-052204-7

Ⅰ.①二… Ⅱ.①黄… Ⅲ.①程颢（1032—1085）-生平事迹②程颐（1033—1107）-生平事迹③书院-教育史-中国-宋代 Ⅳ.①B244.6
②G649.299

中国版本图书馆 CIP 数据核字（2017）第 055591 号

责任编辑：乔宇尚 / 责任校对：赵桂芬
责任印制：张 伟 / 封面设计：楠竹文化
编辑部电话：010-64033934
E-mail: fuyan@mail.sciencep.com

科学出版社 出版
北京东黄城根北街 16 号
邮政编码：100717
http://www.sciencep.com

**北京东华虎彩印刷有限公司** 印刷
科学出版社发行 各地新华书店经销
\*
2017 年 3 月第 一 版 开本：720×1000 B5
2017 年 3 月第一次印刷 印张：15 3/4
字数：300 000
**定价：79.00 元**
（如有印装质量问题，我社负责调换）

程颢、程颐肖像图[1]

---

① 肖像图来自二程故里碑刻。另外，本书所有插图若无特殊说明，均系本书作者拍摄。

# 明道、伊川二先生像赞①

　　程颢，公元一〇三二至一〇八五年，字伯淳，世称明道先生，生于宋明道元年，卒于宋元丰八年六月十五日，享年五十四岁。葬伊间程茔。程颐，公元一〇三三至一一〇七年，字正叔，世称伊川先生，生于宋明道二年，卒于宋大观元年九月十七日，享年七十五岁。葬伊间程茔。

　　二程先生临真容像原载家版《二程全书》，清康熙程湛本画像，线条柔和流畅，笔法刀工严谨，面色怡然，目光有神，大儒风范，栩栩如生。家版全书始自明弘治年间，河郡太守陈公宣将嵩邑二先生裔家藏资料汇编而成。先生曰："今人以影祭或画工所传一髭发不当则所祭已是别人大不便。"画像原件当出宋代名家，非此先生必不令其传世，后虽几经复制，但主事者体究其意，择高手神斧，相传至今甚不易。为纪念二先生诞辰九百六十周年（笔者注：时为 1993 年），镌像于石以垂永久供世人瞻仰，供学者自体究。伊川曰："见于文字者有七分之心，绘于丹青者有七分之仪。"

——程德祥②

---

　　① 此文来自二程故里碑刻。
　　② 北宋理学家程颐先生的第 29 世孙，著名旅美学者，汉语言文字专家，哲学家。

# 序

　　程颢、程颐是北宋著名的思想家、教育家，并称二程，河南洛阳人。作为同胞兄弟，二人共同配享孔庙先贤，这在中国儒学发展的历史长河中是绝无仅有的。

　　儒学是中国主流的传统文化，"圣人之道"经由尧、舜、禹、汤、文、武、周公、孔、孟等圣贤的发展与传播，到汉代董仲舒提出"罢黜百家、独尊儒术"，儒学成为国家治理的政治哲学。自魏晋南北朝至五代十国，佛道日益盛行，儒学逐渐式微。早在唐代，韩愈就发出了排佛崇儒、承继道统的号召。而真正完成承继道统历史使命的则是宋代的一批学者，他们以"为天地立心、为生民立命、为往圣继绝学、为万世开太平"的舍我其谁的豪迈气概，合理借鉴佛道之长，在继承孔孟儒学的基础上形成了焕然一新的程朱理学，成为宋元明清主导的官方哲学。程朱理学中的"程"即是北宋的程颢、程颐二兄弟，他们确立了道统论，构建了程朱理学体系。北京大学教授张岱年先生指出："二程兄弟确立道统论，具有重要的意义，道统就是真理的传统，对中国思想文化的发展影响甚大。[①]"另外，程朱理学还广泛地影响到朝鲜、日本、越南等国的文化发展。

　　二程及其洛学思想一直是我国学术界的重要研究领域。近年来，随着我国建设文化强国之国策的确立，对于二程及其洛学的关注和研究也达到了一个新的高潮：各种二程研究成果不断涌现，各类二程学术研讨会相继召开，各地二程纪念场馆的重修与重建……

　　二程兄弟长期躬身于教育实践，被称为"明道先生"和"伊川先生"，其丰富的教育实践和杰出的教育建树为孔子之后所少有。他们所到之处，倡学一方，办书院、讲经典，对后世产生了不可磨灭的影响；他们把四书作为整体，纳入书院

---

①　蔡方鹿：《"国际二程学术研讨会"简述》，《中华文化论坛》2001年第07期，第143页。

教学内容之中，并对四书亲为注疏；他们及其弟子与再传弟子在办学中将其思想发扬光大，成就了一个时代继往开来的新儒学——宋明理学。但是，综观当前的研究状况，对于二程教育方面的研究还相当薄弱，这与二程在教育方面的贡献形成了较大的反差。特别是对于二程书院教育活动的考察和研究，除郝万章先生的《程颢与大程书院》一书外，鲜有其他成果出现。可以说，对于二程相关书院遗迹的考察和抢救，以及在此基础上对二程书院教育活动的系统研究已是当务之急和基础工程。基于此，黄思记博士从程颢、程颐二兄弟创建书院与书院讲学的来龙去脉，以及相关书院的历史沿革、遗址现状等方面进行了系统研究与考察，历经数年，写成《二程书院教育活动寻迹》一书，弥补了当前相关研究之不足。

《二程书院教育活动寻迹》成书特点表现在三个方面：其一，作者为撰写该书曾辗转于河南、重庆、山西、湖北等地，对二程行教处进行了较为详尽地考察，获得了较丰实的一手实物资料，了解了当地人对二程及其办学、讲学的可能评价，在历史与现实的映照中把握他们的教育活动。书中严谨、系统地考辨了二程的书院教育遗迹及其源流、教育活动及其影响等，确保了考察研究的真实性。其二，作者严肃认真地考证、评析了已有的相关研究成果，并对其进行合理借鉴与拓展，保障了该书的前沿性。其三，作者潜心研读二程原著和相关经典著作，努力做到对二程思想把握的准确性。作者对书中出现的古文献和生僻字词采用了翻译、注释或阐释等方式，帮助读者学习和理解原汁原味的传统文化，进而使准确性、知识性与可读性有机结合。

该书开篇考察并概述了二程生平，使读者对其有整体的了解。之后，对二程创建及其主讲的开封二程书院、晋城程颢书院、扶沟大程书院、洛阳程氏书院、伊川（县）伊川书院、汝州春风书院、重庆钩深书院和登封嵩阳书院等进行了专题考述，对于程颢宦游地官民因仰慕、纪念程颢所建造的明道书院也进行了大略考述。与此同时，佐以二程同时期的重要著述、其他重要教育活动等，使二程在各地的行教形象更加丰满。最后对二程书院教育活动的基本特征和历史影响进行简要概述。

由于该书在严格考证与恪守史实的同时，注重表述的可读性与语言的生动性，使二者相辅相成，因此对于当代教师进一步认知二程的教育实践、继承与弘扬优秀教育传统，对于当代学者的学术研究和大学生的修身治学，以及对于其他各类人员了解与学习我国传统文化等方面，均有一定的价值与借鉴意义。同时，对于相关部门开发二程书院文化旅游项目也具有重要的参考价值。

李申申

2016 年 6 月于河南大学

# 目　　录

序（李申申）

# 第一章 二程档案

程颢，字伯淳，号明道，生于宋仁宗明道元年（1032 年），卒于宋神宗元丰八年（1085 年），享年 54 岁；[①] 程颐，字正叔，号伊川，生于宋仁宗明道二年（1033 年），卒于宋徽宗大观元年（1107 年），享年 75 岁。程颢、程颐为同胞兄弟，世称二程。二程是我国杰出的哲学家、教育家，程朱理学的奠基人，陆王心学的启蒙者，兄弟二人共同配享孔庙先贤，这在中国儒学发展的历史长河中是绝无仅有的，可谓"旷世双贤"。

## 第一节　生　活　时　代

程颢、程颐兄弟二人生活在北宋中后期，历经仁宗、英宗、神宗、哲宗、徽宗五帝，具体时间是从宋仁宗明道元年至宋徽宗大观元年。

大唐帝国坍塌后，中国进入了战乱不休、民不聊生、信仰崩溃、武力割据的五代十国。赵匡胤建立的大宋王朝不但顺应了求统一、求安定的时代诉求，而且开创了中国古代发展史上又一辉煌时代。

北宋的疆域东部和南部临大海；北以今海河、河北霸州、山西雁门关为界与辽相交；西北以陕西横山、甘肃东部、青海湟水与西夏交界；西南以岷山、大渡河与青藏高原、大理国交界，以广西与越南交界。北宋政权从 960 年建立后，先

---

[①] 如以现行的周岁计算，程颢是 53 岁，程颐是 74 岁，本文采用中国传统的计龄方式，即虚岁。本书中出现的年龄均为虚岁。

后与辽、金、西夏对峙。靖康元年（1126 年）金兵攻入开封，次年，即 1127 年灭亡，共历九帝 168 年。

北宋是当时世界上经济最繁荣的国家。根据研究，北宋时的国民生产总值为 265.5 亿美元，占据世界经济总量的 60%，而清朝在鸦片战争前的 1820 年，国民生产总值为 2286 亿美元，占据世界经济总量的 32.9%。北宋，中国人均生产总值为 2280 美元，西欧人均生产总值则为 427 美元，而 1820 年，清朝人均生产总值为 600 美元，当时已经完成第一次工业革命的英国人均生产总值为 1250 美元。①

宋朝是继春秋战国之后中国文化发展的又一鼎盛时期。北宋王朝的建立结束了晚唐以来将近一个世纪的乱局。在劫余的残烬中，颓弊已极的中国文化竟能在短时间内重放异彩，堪称历史文化史上的奇迹。在论及中国文化的演进历程时，陈寅恪先生认为，华夏民族之文化，历数千载之演进，造极于赵宋之世。② 宋太祖曾要求其子孙恪守永远不得杀害文人，使文人的地位在宋朝得到了空前提升，重文轻武的风气在宋朝达到了极致，"好铁不打钉，好男不当兵"、"满朝朱紫贵，尽是读书人"等俗谚都出自宋朝。宋真宗时，状元出身的陈尧咨拒绝出任官级更高的武职。在理学的兴起、宗教势力退潮、言论控制降低、市民文化兴起、商品经济繁荣与印刷术的发明等一系列背景下，宋朝优秀文人辈出，知识分子自觉意识空前觉醒。史尧弼在《策问》中认为："惟吾宋二百余年，文物之盛跨绝百代。"陆游在《吕居仁集序》中也认为："宋兴，诸儒相望，有出汉唐之上者。"北宋时期，苏洵、苏轼、苏辙、欧阳修、王安石、曾巩等文坛巨星争相出现；周敦颐、邵雍、张载、程颢、程颐等一代贤哲共酿理学，二程则成为程朱理学的奠基者，程朱理学成为宋后期至民国之前中国的主流文化，并影响到日本、韩朝及东南亚诸国。

由于时代久远，北宋的行政区划、官位设置与今已有很多不同之处，为了更好地解读二程，我们有必要对其进行简要介绍。

北宋的行政区划与现在不同，既有名称上的差异，也有辖区上的不同，例如我们现在的河南省不能等同于当时的河南府，当时的河南府不含开封，开封府与河南府东西相邻。概要说来，宋朝的地方行政区划基本上是两级制，即府、州、军、监为一级，县为一级。少数民族地区则延续了唐朝的羁縻③州县制度，可谓当时的民族自治。同时在地方设置路，路是直辖于中央并高于府、州、军、监的一级监察区。至道三年，共分十五路，后析为十八路，又析为二十三路。宋朝的地方官均以中央官吏派出任"知 XX 事"，高级官吏则称"判 XX 事"。以州为标准

---

① 徐俊：《中国古代王朝和政权名号探源》，武汉：华中师范大学出版社 2000 年版，第 250 页。

② 周茶仙：《朱熹经济伦理思想研究》，北京：光明日报出版社 2009 年版，第 63 页。

③ 羁縻（jī mí），唐时实施的少数民族政策，即对西南少数民族采用羁縻政策，承认当地土著贵族，封以王侯，纳入朝廷管理。宋、元、明、清几个王朝称土司制度。

单位，多称"知 X 州军州事"。除知州外，每州设"通判"一人，其地位类似隋朝通守。州一级发出文件必须通判签署才能生效。程颢曾做过县令、太子中允，在北宋充其量也只是八品小官。

# 第二节　何方人士

关于二程及其家族的祖籍，自宋元以来即聚讼纷纭，有河南洛阳、河北中山和安徽徽州三说。有学者在考证后认为，就影响和文化认同而言，河南洛阳说更胜一筹；从宋代程氏家族史而言，河北中山更为合理；就祖述先人、追溯族源而言，安徽徽州更为久远而无争议。但二程的出生地应为湖北黄陂，以黄陂为二程祖籍最为合理。[①]

从上段文字中可以看出学者对二程为何方人士颇有争议，而在各地的二程纪念场馆对此界说也不统一。不过，当前主要聚焦于"安徽说""湖北说""河南说"三种观点。

## 一、安徽说

这一说法认为二程是徽州人，详址为现在的安徽省黄山市屯溪区屯光镇。冯剑辉、刘伯山等[②]人对这一说法的来龙去脉进行了考证，而御赐"洛闽溯本"则是二程为徽州人的最高官方依据：乾隆二十六年（1761年）十二月六日，乾隆皇帝应徽州籍京官的奏请，"赐安徽篁墩二程子、朱子祖居祠御书，扁曰'洛闽溯本'"[③]。

基于此，河南省嵩县二程故里如是介绍："程颢、程颐兄弟，是宋代杰出的理学家、教育学家。安徽人，唐代先祖皓公迁中山博野，即河北定县。高祖羽公佐宋太宗有功，赐第京师。父珦公居洛，是为洛阳人。"这里首先认定了二程是安徽人，而后为洛阳人。此说应该是二程祖籍安徽。

## 二、湖北说

这一说法认为二程出生在湖北黄陂，黄陂应为二程故里。如李银安经过考证

---

① 李银安：《程颢、程颐出生地考》，《长江论坛》2006年第01期，第86页。
② 刘伯山：《〈程朱阙里志〉与朱熹二程出自徽州考》，《中国地方志》2004年第12期，第37页。
　 冯剑辉：《程家族与徽州关系考》，《史学月刊》2011年第03期，第55页。
③ 《清高宗实录》卷六五零，北京：中华书局1986年版，第282页。

认为："程颢于北宋明道元年（公元 1032 年）、程颐于明道二年（公元 1033 年），出生于淮南西路黄州黄陂县（今湖北省武汉市黄陂区），具体地点就是当时建在黄陂县城草庙巷尉厅里的思贤堂，即今湖北省武汉市黄陂区前川街文教巷内。"①

现在对于二程出生于湖北黄陂的说法越来越成为共识，看下面一段文字：

作为首部二程传记文学《理学双凤·程颢程颐》的作者，裴高才在论坛上作了题为《开封走马黄陂县，祖孙三代六十载》的发言中。他以正史、方志、宗谱与诗文名篇等经典为依据，系统地介绍了二程的祖父程遹从开封来到黄陂任县令、其父亲程珦在黄陂任县尉，以及二程生长于斯、学于斯的经历。并引用著名旅美学者、程颐第二十九世孙程德祥的说法："黄陂是二程第一故里。"引起了两岸三地及海外学者的关注，台湾史学博士耿慧玲教授说："原来只听说二程是洛阳人，听了裴先生的介绍才知道二程是地地道道的湖北黄陂人。"②

涂怀章教授在《理学双凤·程颢程颐》序言中也写道："可是，至今仍有不少人以为二程是河南人。殊不知，他们是地地道道的黄陂人。二程祖孙三代在黄陂生活了六十多个春秋；二程生于斯，长于斯，也达十四五载。黄陂为'二程第一故里'毋庸置疑。"③

关于二程生在黄陂，历代亦有诗文留下，其中清代文人屠达的《游理趣林》就有对"望鲁台""双凤亭"遗迹的描述，该诗内容如下：

> 孔颜乐处复何寻，淡淡春光理趣林。
> 望鲁苍茫连海岱，前川浩渺接三浔。
> 孤亭耸立留残碣，双凤长归断好音。
> 为仰先生遗范在，肃然瞻目整衣襟。

湖北省武汉市黄陂区有"双凤亭""望鲁台""程乡坊""聪明池""二程书院"等历史遗迹。现在，黄陂区以双凤亭为中心建立了双凤公园（见图1-1，图1-2），成为黄陂纪念二程和市民游玩的重要场所。现在双凤亭已成为黄陂的重要地标之一，以"双凤"命名的有"双凤大道"、"双凤大桥"、"双凤中学"（图 1-3）等。其中位于双凤亭旁的黄陂区双凤中学既是对二程的纪念，更是对二程文化的传承，在该校题为《源远流长的二程文化，与时俱进的双凤中学》的文化长廊中写道："理学缘'双凤'，弹指一挥间，'二程文化'绵延千年，她已成为中华民族灿烂的文化瑰宝，更是双凤中学可持续发展的基因。"文化长廊中设有二程遗风、二程故事、

---

① 李银安：《程颢、程颐出生地考》，《长江论坛》2006 年第 01 期，第 86 页。
② 陈怡园，简安然：《〈理学双凤〉走进中华文化论坛两岸专家学者关注》http://www.huaxia.com/hb-tw/jlhz/etwl/2013/11/3596905.html.2013-11-19。
③ 涂怀章：《究心旷世大儒 解读程子形状——〈理学双凤·程颢程颐〉序言》，《武汉文博》2008 年第 03 期，第 43 页。

二程励志箴言等专栏。其中对"双凤的由来"作了如是介绍:"程氏原籍河南,因其祖父程遹为黄陂县令,而留居此地。传说程母梦双凤投怀,于明道元年(1032年)、明道二年先后生下两子,长子名颢,子伯淳;次子名颐,子正叔,他们就是后来在中国古代思想史上有着显赫地位的北宋'二程夫子',因此,名'双凤'。"可见,黄陂人正以实际行动纪念和传扬着二程与二程文化。

图 1-1　湖北黄陂双凤公园

图 1-2　湖北黄陂区双凤公园双凤亭

图 1-3　黄陵区双凤中学

以上可见，"湖北说"的实质是二程出生于湖北，依据"出生地论"可以说二程是湖北人。

### 三、河南说

二程故里在河南具有普遍的历史性认同，主要表现"二程故里"的认定、二程纪念馆的相关介绍等。

二程故里在河南。宋徽宗崇宁五年（1106 年）自伊川鸣皋迁居嵩县陆浑山，开始向弟子尹焞、张绎传授《伊川易传》。宋徽宗大观元年（1107 年），九月十七日庚午，程颐患风痹症卒于家中，享年 75 岁。程颐在陆浑的居住地就是现在的河南省嵩县田湖镇程村。程颐去世后，后人在此建祠纪念。明景泰六年（1455 年）皇帝下诏将程村命名"两程故里"。二程祠（图 1-4），总面积 4392 平方米，为三进院的宏大建筑群。大门为棂星门，中心建筑为道学堂，道学堂内有程颢、程颐二人雕塑，并悬有三副匾额：清康熙御书"学达胜天"、光绪赐书"伊洛源渊"和慈禧太后赐书"希踪颜孟"。院中的"程门立雪处"见证着这里是程子的讲学遗址。中华人民共和国成立后很长一段时间，程村二程祠后院改为程村小学，前院改为村室（大队部）。现二程祠已复建，村室和小学已搬出，祠内已无村室遗迹，不过后院建筑上依稀可见"列宁语录""三个面向"等墙字见证了新中国成立后教育香火在该所延续的历史。现在，程村小学的院墙上绘有"程门立雪图"，而且孩子们还把程门立雪的故事改编为话剧进行表演。可见，二程遗风在其故里是代代续延，从而也证明着二程为河南人。

图 1-4 嵩县程村二程祠道学堂

　　程陵在河南。二程及其家人的陵寝在河南境内，具体位置在伊川县城西荆山脚下。二程亲人多安葬此地。其中，程颢、程颐与父亲程珦三座墓冢前后相依，前者为程颢、程颐之墓，后者是其父亲之墓，意为父抱子（图 1-5）。三块墓碑均为元代嵩县县令所立。程陵包括程墓和程祠两部分，前为祠庙，后为墓冢。祠由门楼、厢房及大殿等组成，另有明清两代的石碑数十通。过去这里称为"程园"，现已开发为占地 350 余亩的"程林文化园"。

图 1-5 伊川县程园程珦、程颢、程颐三墓

纪念馆多界定二程为河南人。在洛阳、开封等地的二程祠和与二程相关的书院也是把二程介绍为河南人,如扶沟大程书院对于程颢的介绍是:"程颢(1032—1085),字伯淳,世称明道先生,河南洛阳人,北宋著名的思想家、教育家、理学的奠基人"(详见第三章)。

笔者认为,我们通常以祖父生活地为籍贯,二程的高祖父从其高祖以下均居河南,故认定二程为河南人较妥;黄陂是程家的寓居地,中山和徽州相去太久;再从今人对行政区划的理解来看,无论是北宋的河南府所辖之洛川,还是开封府府治开封现在均已归属河南省;就是从尊重历史、尊重二程而言,二程为河南人,也应该作为定论。且看程颐在《明道先生行状》中对家世的陈述,是对自己为"何方人士"最权威的回答:

> 曾祖希振,任尚书虞部员外郎;妣,高密县君崔氏。祖遹,赠开府仪同三司吏部尚书;妣,孝感县太君张氏,长安县太君张氏。父珦,见任大中大夫,致任;母寿安县君侯氏。先生名颢,字伯淳,姓程氏。其先曰"乔伯",为周大司马,封于程,后遂以为氏。先生五世而上,居中山之博野。高祖赠太子少师,讳羽,太宗朝以翊功显,赐第于京师,居再世。曾祖而下,葬河南,今为河南人。①

# 第三节 人 生 简 历②

宋仁宗明道元年(1032 年)正月十五日子时,程颢生于淮南西路黄州府黄陂县城西,今武汉市黄陂区草庙巷程乡坊思贤堂。第二年,宋仁宗明道二年(1033年)八月十五日午时,程颐亦诞生于乡坊思贤堂。

宋仁宗庆历六年(1046 年),二程赴周敦颐处学习。

宋仁宗庆历七年(1047 年),十五岁的程颐到醴泉(今陕西咸阳县西北)。

宋仁宗皇祐二年(1050 年),十八的程颐上书宋仁宗。

宋仁宗皇祐四年(1052 年),二程在江宁。

宋仁宗至和元年(1054 年)夏,程颐作《养鱼记》。

宋仁宗至和二年(1055 年),程颢在凤州。

宋仁宗嘉祐元年(1056 年),二程在国都开封。

---

① (宋)程颢 程颐著,王孝鱼点校:《二程集》,北京:中华书局 1981 年版,第 630 页。

② 《人生简历》部分主要参照了《二程集》(1981 年版)及卢连章先生的《程颢程颐评传》(南京大学出版社 2013 年版)等著作。

宋仁宗嘉祐二年（1057 年），二程在开封。

宋仁宗嘉祐三年（1058 年）至宋仁宗嘉祐五年（1060 年），程颢主簿鄠县。

宋仁宗嘉祐四年（1059 年）春，程颐举进士落榜。

宋仁宗嘉祐五年（1060 年）至嘉祐六年（公元 1061 年），程颢主簿上元。

宋仁宗嘉祐七年（1062 年）至宋仁宗嘉祐八年（1063 年），程颢摄上元邑事。

宋英宗治平元年（1064 年）至宋英宗治平三年（1066 年），程颢为令晋城。

宋英宗治平元年（1064 年）程颐至京师。

宋英宗治平二年（1065 年），程颐在京师开封。

宋英宗治平三年（1066 年），程颐在京师开封。

宋英宗治平四年（1067 年）至宋神宗熙宁三年（1070 年），程颢京师为官。

宋神宗熙宁元年（1068—1070 年），程颐在汉州。

宋神宗熙宁三年（1070 年）至宋神宗熙宁五年（1072 年），程颢任签书镇宁军节度判官。

宋神宗熙宁四年（1071 年），程颐随父回京。

宋神宗熙宁五年（1072 年），程颐辗转回洛。

宋神宗熙宁五年（1072 年）至宋神宗元丰元年（1078 年），二程主要居洛讲学。

宋神宗熙宁七年（1074 年），程颢始任监西京洛河竹木务。

宋神宗熙宁八年（1075 年），程颢诏修《诗》《书》《周礼》三经义，熙宁六年三月置经义局。

宋神宗熙宁九年（1076 年），程颢仍监西京竹木务。

宋神宗熙宁十年（1077 年），程颢仍监西京洛河竹木务。

宋神宗元丰元年（1078 年）三月，47 岁的程颢奉命赴蒲城祈雨。

宋神宗元丰元年（1078 年）至宋神宗元丰三年（1080 年），程颢差知扶沟县事，程颐随兄。

宋神宗元丰三年（1080 年），程颐入关中讲学。

宋神宗元丰四年（1081 年），二程寓居颍昌，侍养其父。

宋神宗元丰五年（1082 年）至宋神宗元丰六年（1083 年），二程居洛讲学。

宋神宗元丰六年（1083 年）至宋神宗元丰七年（1084 年），程颢任监汝州酒税，程颐随行。

宋神宗元丰八年（1085 年），程颢于洛阳去世，享年 54 岁。

宋哲宗元祐元年（1086 年）至宋哲宗元祐三年（1088 年），程颐崇政殿说书。

宋哲宗元祐四年（1089 年），程颐回到洛阳。

宋哲宗元祐五年（1090 年），程颐居洛，其父程珦去世。

宋哲宗元祐六年（1091 年），程颐入关，至醴泉，改葬高祖程羽。

宋哲宗元祐七年（1092—1097 年），程颐居洛。

宋哲宗绍圣四年（1097 年）至元符二年（1099 年），程颐编管涪州。

宋哲宗元符三年（1100 年），程颐移峡州、还洛阳。

宋徽宗建中靖国元年（1101 年），程颐 69 岁，居洛。

宋徽宗建中靖国二年、宋徽宗崇宁元年（1102 年），程颐 70 岁，被列入元祐奸党碑。

宋徽宗崇宁二年（1103 年），程颐迁居龙门。

宋徽宗崇宁四年（1105 年），程颐居伊川。

宋徽宗崇宁五年（1106 年），程颐自伊川鸣皋迁居嵩县陆浑山（程村）。

宋徽宗大观元年（1107 年），程颐去世，享年 75 岁。

# 第四节　阶　段　划　分

"二程书院教育活动"是"程颢、程颐书院教育活动"的简称，包括程颢、程颐共同的与他们各自的书院教育活动。具体内容包括二程创建书院与书院讲学的来龙去脉，以及相关书院的历史沿革、遗址现状等方面。综观二程书院教育活动的全景，按照时间的先后顺序，以活动中心的变迁、二程兄弟的聚散合离，以及书院教育活动的兴衰、顺逆等方面可以划分为发展期、辉煌期和曲折期三个阶段。

第一阶段，始于嘉祐元年（1056 年）"二程讲经于繁塔之左"，终于熙宁五年（1072 年）二程兄弟回洛居住。本阶段，二程书院教育活动的中心是开封，具体包括创建、讲学于二程书院、程颢书院，间或远赴其他书院讲学。"宋英宗治平三年（1066 年），程颐任职国子监，曾到嵩阳书院讲学。[①] 这段时间正值二程的青春旺年，是二程兄弟书院教育经验的积累期、理学思想的发展期、理学骨干的培养期，以及个人声望的提升期。因此，第一阶段可以界定为二程书院教育活动的发展期。熙宁五年（1072 年）该阶段结束之时，二程已成为享誉京师的名师硕儒，同时他们也步入了不惑之年。

第二阶段，始于熙宁五年（1072 年）二程"居洛讲学"，终于元丰八年（1084 年）程颢病逝。本阶段二程书院教育活动的中心是洛阳，具体包括创建、讲学于程氏书院、伊川书院、大程书院、春风书院，间或讲学于龙门书院、嵩阳书院等。

---

① 王炳照：《中国古代书院》，北京：中国国际广播出版社 2009 年版，第 36 页。

宋神宗熙宁五年（1072 年）程珦回洛阳之后，长期挂衔西京嵩山崇福宫，为二程讲学嵩阳书院讲学提供了诸多方便。刘卫东在《河南书院教育史》中写道："二程兄弟于熙宁、元丰年间（1068—1085 年）至嵩阳书院讲学，程颢曾为该书院制定规制（包括教学目标，学规等）、课程等规条，吸引了众多学子。①其间，二程兄弟均有诗文传世。"②

这一阶段时间虽然很短，却是二程共同讲学时间最长、创建书院最多，弟子盈门、声望远播的鼎盛时期。"太中公得请领崇福，先生（程颢）求折资监当以便养。归洛，从容亲庭，日以读书劝学为事。先生经术通明，义理精微，乐告不倦。士大夫从之讲学者，日夕盈门，虚往实归，人得所欲。"③因此，本阶段成为二程书院教育活动中不可争议的辉煌期。同时，本阶段也是二程理学构建的关键期与成熟期。另外，本阶段也是三阶段之中，二程全家共聚时间最长、二程父子与司马光、邵雍等名儒交往最为频繁的时期。

第三阶段，始于元丰八年（1084 年），终于宋徽宗大观元年（1107 年）程颐病逝。由于兄、父等亲人的相继离世，以及皇命变幻莫测，在时间最长的第三阶段程颐只身代表着二程这一特殊称谓，在颠沛流离中继续着他们的未竟事业。具体包括授徒程氏书院、讲学嵩阳书院，再回开封颇不顺利的为官讲学、于编管中创始钩深书院，以及后来被迫解散门徒，驱龙门、迁伊川、移陆浑，讲经授徒不懈，直至终年。本阶段境遇如此坎坷，称为"曲折期"实不为过。这一时期，程颐曾授管勾嵩福宫，再赴嵩阳书院讲学。④《嵩阳书院》有载："宋哲宗元祐年间（1086—1093 年）程颐在嵩阳书院讲学"⑤。第三阶段尽管艰难曲折，由于程颐坚持讲学、不懈著述，不但在川蜀大地创始了钩深书院，开启了涪陵学派，而且最终完成了程朱理学的奠基工程，确立了二程在儒学发展与教育发展中显赫的历史地位。

二程书院教育活动的足迹遍及开封、洛阳、晋城、涪陵等地。让我们踏上双贤曾经的土地，扶今溯古、穿越时空，以二程书院教育活动的时间为序，探寻二程书院教育活动的足迹、系统考察相关书院的历史演变，全面了解双贤书院教育活动的来龙去脉和历史影响。

①　刘卫东：《河南书院教育史》，郑州：中州古籍出版社 1991 年版，第 16 页。
②　（宋）程颢 程颐著，王孝鱼点校：《二程集》，北京：中华书局 1981 年版，第 482 页。
③　（宋）程颢 程颐著，王孝鱼点校：《二程集》，北京：中华书局 1981 年版，第 329 页。
④　（宋）程颢 程颐著，王孝鱼点校：《二程集》，北京：中华书局 1981 年版，第 558 页。
⑤　常松木：《嵩阳书院》，北京：大众文艺出版社 2012 年版，第 8 页。

# 第二章　东京为师　二程书院

北宋都城开封是二程的主要居住地之一，也是程家迁居河南①的第一站。二程长期居住开封，或为官、或治学、或讲学，活动在太学、朝堂、繁塔、兴国寺等处。由他们肇始的二程书院，是开封第一所书院，留给了开封一道亮丽的历史画卷。

## 第一节　东京开封

开封古称汴梁、大梁、汴州、东京、浚仪、祥符等，简称汴，北宋是为都城，通常称为东京开封。其他三京分别是西京河南府（今河南洛阳东）、南京应天府（今河南商丘）、北京大名府（今河北大名县东北）。北宋初年，沿袭五代晋、汉、周旧制，以开封府为东京，河南府为西京。宋真宗景德三年（1006年）二月，以赵匡胤曾任后周归德军节度使所的领地宋州作为帝业肇基之地，晋升为应天府，大中祥符七年（1014年）正月，又升为南京。真宗咸平三年（1000年）宋真宗曾驾临大名府亲征契丹，所以在宋仁宗庆历年间晋升大名府为北京。东京为首都，是全国政治、经济和文化中心，也是当时世界上最繁荣的国际大都市；西京洛阳是历史古都，是宋代的经济、文化重镇，是北宋分司所在。

开封地处中原腹地、黄河之滨，是中华民族的主要发祥地之一。开封是中国八大古都之一、中国历史文化名城、中国优秀旅游城市、中国书法名城、中国菊花名城和中原经济区核心城市。开封是世界上唯一一座城市中轴线从未变动的都

---

① 宋时开封不属于河南府管辖，这里指现在的河南省辖区。

城，城摞城遗址在世界考古史和都城史上均是绝无仅有的。全市总面积 6266 平方公里，总人口 548 万人（2015 年），现辖杞县、通许县、尉氏县、开封县、兰考县，龙亭区、顺河回族区、鼓楼区、禹王台区和开封新区（金明区）。全市现有全国重点文物保护单位 13 处，国家 5A、4A 级旅游景区 8 家。市区水域面积占老城区面积的 1/4，素有"一城宋韵半城水"的美誉，古城水系和新区水系工程的加快推进，使这座"北方水城"越发富有魅力。

过去开封素以"七朝古都"著称，这通常是把公元前 346 年，战国时期的魏惠王迁都大梁，作为开封有明确历史记载的第一次建都。魏国在大梁建都后，五代时期的后梁、后晋、后汉、后周，北宋和金相继定都于此，所以开封素有"七朝古都"之称。通过考证和相关部门的认可，开封已被确认为夏朝主要都城之一，现在的开封已晋升为名副其实的"八朝古都"。

开封先民的活动最早可追溯至新石器时代。夏朝（帝杼）在开封一带建都 157 年，史称老丘。商朝在开封一带建都 27 年，史称"嚣"。公元前 8 世纪，春秋时期的郑庄公于现在开封城南朱仙镇附近修筑储粮仓城，取"启拓封疆"之意，定名启封。公元前 225 年，秦改大梁为浚仪。汉初避汉景帝刘启名讳，更名为"开封"，这便是"开封"的由来。

公元 534 年，东魏孝静帝时，设立梁州辖陈留、开封、阳夏三郡。北周武帝建德五年，改梁州为汴州，这是开封称汴之始。唐高祖武德四年（公元 621 年）设汴州总管府。唐代宗大历十四年（公元 779 年），永平节度使李勉扩建汴州城，规模宏大，坚固宽广，是今日开封城的雏形。

公元 960 年，赵匡胤建立宋朝（史称北宋），建都开封，置开封府领 17 县。北宋时期，开封历经九帝 168 年，人口逾百万，富丽甲天下，繁荣兴旺达到鼎盛，成为当时全国的政治、经济、文化中心，也是当时世界最繁华、面积最大、人口最多的大都市。

公元 1127 年，金灭北宋后改东京为汴京。蒙古灭金后，设河南江北行中书省于开封。元朝末年，小明王韩山童、刘福通率领的红巾起义军，曾在开封建立"龙凤"大宋农民政权。公元 1368 年，朱元璋改汴梁路为开封府，封第五子朱橚就藩开封，称周王。清承明制，但撤去藩封，开封仍为省、府治所。

中华民国改制，废开封府设豫东道。民国 3 年（1914 年）祥符县改为开封县。民国 18 年（1929 年）成立开封市。民国 21 年（1932 年）设行政督察区。1938 年日军占领开封，省会西迁，次年日伪在开封成立河南省政府。1945 年日本投降，国民党政府恢复开封原来建置。

1948 年 6 月 22 日，中国人民解放军第一次解放开封，因战略需要，旋即撤离。同年 10 月 24 再次解放开封，11 月成立开封特别市。1945 年 10 月，省会由开封迁往郑州，开封改为省直辖市。1955 年郑州专区驻地迁至开封，改称开封专区，1958 年开封市委托开封专区管辖，1962 年开封市恢复为省直辖市。1983 年实行"市带县"体制，撤销开封专区，原属专区的杞县、通许、尉氏、开封、兰考五县划归开封市管辖。①

毋庸置疑，开封最辉煌的时期是北宋为都之时。《纽约时报》2006 年 5 月 22 日的评论版罕见地以中文标题发表著名专栏作家克里斯托夫的评论文章：《从开封到纽约——辉煌如过眼烟云》。这篇从中国中部城市开封发出的评论，回顾 1000 年前全世界最繁荣城市开封衰败的历史，提醒美国人，中国正在复兴，美国切不可骄傲自大。克里斯托夫说，美国现在是世界唯一超级强国，纽约是全世界最重要城市，许多美国人认为理所当然。但在 1000 年前，世界最重要城市却是黄河边上的开封。时有张择端之《清明上河图》完成，1101 年该图被收入御府。宋徽宗赵佶在卷首题五签，并加盖双龙小印，现已遗失。现在，开封清明上河园上演的大型水上实景剧《大宋·东京梦华》，再现了北宋王朝鼎盛时期的印象画卷，观者确有跨越时空，梦回千年大宋之感：熙熙攘攘的市井风情，缠缠绵绵的浪漫场景，奢侈豪华的宫廷生活，百邦朝贺的大国气象，震撼人心的狼烟战场，舍生卫国的悲壮情怀等如身亲历。观看之中更多的是舒心与赞叹，观看后更多的是惋惜与警醒。而《大宋·东京梦华》中那"熙熙攘攘的市井风情"等内容就主要取材于张择端的《清明上河图》。

程颢、程颐兄弟二人居汴期间正值北宋繁荣鼎盛之时，在文人荟萃的东京开封，二程脱颖而出，成为一代名师硕儒。

# 第二节　二程居汴

东京开封泰宁坊有程家宅院，这是二程在开封的主要居所。程颐在《明道先生行状》中写道："高祖赠太子少师，讳羽，太宗朝以辅翊功显，赐第于京师"。② 太子少师是二品高官，"赐第京师"即证明程家在开封不但有房舍，而且是规模不小的府第。程宗成考证程家"皇赐宅第"在开封府（今开封市）泰宁坊。③ 另有吴建设在其《河洛大儒　程颢程颐传》④ 一书中也讲到程家在开封的院落在泰宁坊。而

---

① 中国·开封公众信息网 http://www.kaifeng.gov.cn/index.jsp?id=4028817b1d926237011d933feca800e1&id_id=A102007&name=varticles.2013-10-11.

② （宋）程颢 程颐著，王孝鱼点校：《二程集》，北京：中华书局 1981 年版，第 630 页。

③ 程宗成：《"二程"上世系及其谱系分歧》，《黄山学院学报》2004 年第 4 期，第 45 页。

④ 吴建设：《河洛大儒·程颢程颐传》，郑州：文心出版社 2010 年版。

后，二程的"曾祖希振，任尚书虞部员外郎"，[1]"祖通赠开封府仪同三司吏部尚书"。[2]从二程的曾祖父和祖父均担任京官来看，可以说开封一直有程家的宅第。及至其父珦"予性质颛蒙，学术黯浅，不能自奋，以嗣先世。天圣中，仁宗皇帝念及祖宗旧臣，例录子孙一人，补郊社斋郎。历黄州黄陂、吉州庐陵二县尉，润州观察支使。由按察官论荐，改大理寺丞，知虔州兴国县、龚州、徐州沛县。监在京西染院，知凤、磁、汉三州事。熙宁中，厌于职事，丏就闲局，管勾西京嵩山崇福宫。岁满再任，遂请致仕。官大理寺丞十三，迁至太中大夫。勋自骑都尉至上柱国。爵，永年伯。食邑，户九百。"[3]虽然二程之父为官经历多是地方官，可是他长期担任宋朝官员，时常回京城也应不是鲜事。他们在京城的宅第应是他们的落脚之地。这里还应提及的是程珦虽然长期担任地方官，可是其最终官为"太中大夫"，勋至"上柱国"。"太中大夫"在唐宋时是文散官第八阶，从四品上。我们再了解一下"上柱国"：上柱国是勋级，是对作战有功之人的特别表彰。现在军队里战士或将领立功了，可以授予一等功到三等功，立功很多的人，可称为"战斗英雄"，战斗英雄里又分为"特级战斗英雄"、"一级战斗英雄"等等，古代也是一样，只是名称不同。唐代勋级分十二等，最高等级是"上柱国"，其次是"柱国"，从士兵到将领都可以获得各种勋级。荣获"上柱国"勋级的人，不论官职多大，都可以享受正二品的待遇。《旧五代史·唐书·明宗纪第五》有载："有诏：'上柱国，勋之极也。近代已来，文臣官阶稍高，便授柱国，岁月未深，便转上柱国。武资初官，便授上柱国。今后凡加勋，先自武骑尉，十二转方授上柱国，永作成规，不令逾越'"。[4]由此可见，程珦获"上柱国勋级"也是功勋卓著。享受正二品待遇的程珦，其家在开封的府第更有条件得到看管和维护。其实，在程家外居期间，其泰宁坊府第一直由"外亲"居住、看管。

当时的东京开封的房价非常高，很多京官都是租房或是在郊区买房，而程家在开封泰宁坊宅院则成为二程能够长期居住开封的重要物质基础。本书所讲二程居汴，主要从他们青年时期游学开封、准备科举开始，到程颐晚年辞崇政殿说书离开东京这段时间在汴的生活经历，大致可分为二程同住京师、程颢居汴和程颐居汴三个阶段。

## 一、东京科考

二程在东京开封的第一段生活经历的主要是游学、参加科举考试、论经讲学，

---

[1]（宋）程颢 程颐著，王孝鱼点校：《二程集》，北京：中华书局 1981 年版，第 630 页。
[2]（宋）程颢 程颐著，王孝鱼点校：《二程集》，北京：中华书局 1981 年版，第 630 页。
[3]（宋）程颢 程颐著，王孝鱼点校：《二程集》，北京：中华书局 1981 年版，第 645 页。
[4]（宋）薛居正等著：《旧五代史》，北京：中华书局 1976 年版，第 358—359 页。

而参加科举考试又是二程这一阶段的核心任务。

二程青年时代居住开封是从程颐游学太学开始的，朱熹在《伊川先生年谱》中写道："皇祐二年（1050 年），（程颐）年十八，上书阙下，劝仁宗以王道为心，生灵为念，黜世俗之论，期非常之功，且乞召对，面陈所学。不报，闲游太学"。① "时（宋仁宗元祐元年，1056 年）海陵胡翼之先生方主教导，尝以《颜子所好何学论》试诸生。得先生所试，大惊，即延见处以学职。举进士，嘉祐四年（1059 年）廷试报罢，遂不复试"。②

程颐在太学读书，与吕希哲为临斋，吕希哲比程颐小 6 岁。吕希哲的父亲吕公著看到程颐很有才华，便让希哲拜程颐为师，24 岁的程颐招收了第一个弟子，开始了其终生为教之旅。

宋英宗治平二年（1065 年），程颐写《代彭思永上英宗皇帝论濮王典礼疏》。③彭思永即程颢的岳父，彭思永当时在京为官，职务是权御史中丞。

治平三年（1066 年）九月，吕公著上奏推荐程颐，《伊川先生年谱》有载：公（吕公著）之蔡州，将行，言曰："伏见南省（河南省）进士程颐，年三十有四，特立之操，出群之姿。嘉祐四年，已与殿试，自后绝意进取，往来太学，诸生愿得以为师。臣方领国子（原书为"千"字）监，亲王敦请，卒不能屈。臣尝与之语，洞明经术，通古今治乱之要，实有经世济物之才，非同迂士曲儒，徒有偏长。使在朝廷，必为国器。伏忘特以不次旌用。"④

治平四年（1067 年），父程珦知汉州事，程颐随行，之后几年颐一直随父汉州。《宋史·焦定传》记载："程颐之父珦尝守广汉，颐与兄颢皆随侍"。

上述可见，程颐在开封的第一段生活经历大致是从 1050 年至 1067 年，也就是从程颐 18 岁到 34 岁的 17 年。在京城的 17 年基本可以划分为以刻苦向学，准备科举为主的 10 年和讲经传道的 7 年，他从一个才艺横溢的儒生成为一个"特立之操、出群之姿"，享誉京城的儒学大师。而程颐在其期间所撰"自比诸葛亮"的《上仁宗皇帝书》，一篇《颜子所好何学论》可谓这一期间的代表作，让我们赏析二文。

程颐所撰《上仁宗皇帝书》，主要内容是"自陈所学"和"议天下事"。该文可以说是程颐的政治抱负和学术追求的宣言书，展示了程颐追求王道的政治理想、自比诸葛的雄才大略和为国尽忠的满腔抱负。文中也指出了"国家选士"的种种弊端。程颐这篇上书可谓自荐书，如果召见如愿，程颐也许会终生为官，也可能会成为宋代"诸葛"，可惜当时皇帝没有召见他，后来他参加科举也未能及第，这反而使这位自比"诸葛"的青年才俊坚定地走向了道学这条路，成为北宋道学的

① （宋）程颢 程颐著，王孝鱼点校：《二程集》，北京：中华书局 1981 年版，第 338 页。
② （宋）程颢 程颐著，王孝鱼点校：《二程集》，北京：中华书局 1981 年版，第 338 页。
③ （宋）程颢 程颐著，王孝鱼点校：《二程集》，北京：中华书局 1981 年版，第 515 页。
④ （宋）程颢 程颐著，王孝鱼点校：《二程集》，北京：中华书局 1981 年版，第 338 页。

中坚力量，和他哥哥程颢一起开创了洛学，奠基了程朱理学。可见，年轻时有远大抱负对于一个人的成长意义何等重大。以下通过部分原文和译文进一步解读程颐自比"诸葛"的豪言壮语。

### 上仁宗皇帝书（节选）①

臣所学者，天下大中之道也。圣人性之为圣人，贤者由之为贤者，尧舜用之为尧舜，仲尼述之为仲尼。其为道也至大，其行之也至易，三代以上，莫不由之。自秦而下，衰而不振；魏、晋之属，去之远甚；汉、唐小康，行之不醇。自古学之者众矣，而考其得盖寡矣。

道必充于己，而后施以及人，是故道非大成，不苟于用。然亦有不私其身，应时而作者也。出处无常，惟义所在。所谓道非大成，不苟于用，颜回、曾参之徒也。天之大命在夫子也，故彼得自善其身，非至圣人则不出也。在于平世，无所用者亦然。所谓不私其身，应时而作者，诸葛亮及臣是也。亮感先主三顾之义，闵生民涂炭之苦，思致天下于三代，义不得自安而作也。如臣者，生逢圣明之主，而天下有危乱之虞，义岂可苟善其身，而不以一言悟陛下哉？故出处无常，惟义所在。

臣请议天下之事。不识陛下以今天下为安乎，危乎？治乎，乱乎？乌可知危乱而不思救之之道！……

窃惟王道之本，仁也。臣观陛下之仁，尧舜之仁也。然而天下未治者，诚由有仁心而无仁政尔。……

国家取士，虽以数科，然而贤良方正，岁止一二人而已，又所得不过博闻强记之士尔。明经之属，唯专念诵，不晓义理，尤无用者也。最贵盛者，唯进士科，以词赋声律为工。词赋之中，非有治天下之道也。人学之以取科第，积日累久，至于卿相，帝王之道，教化之本，岂倡知之？居其位，责其事业，则未尝学之。譬如胡人操舟，越客为御，求其善也，不亦难乎？往者丁度建言："祖宗以来，得人不少"，愚瞽之甚，议者至今切齿。使墨论墨，故以墨为善矣。

伏望陛下出于圣断，勿循众言，以王道为心，以生民为念，黜世俗之论，期非常之功。昔汉武笑齐宣不行孟子之说，自致不王，而不用仲舒之策；隋文笑汉武不用仲舒之策，不至于道，而不听王通之言。二主之昏，料陛下亦尝笑之矣。臣虽不敢望三子之贤，然臣之所学，三子之道也。陛下勿使后之视今犹今之视昔，则天下不胜幸甚！望陛下特留意焉。臣愚无任逾越狂狷恐惧之极！臣颐昧死顿首谨言。

---

① （宋）程颢　程颐著，王孝鱼点校：《二程集》，北京：中华书局 1981 年版，第 510—515 页。

今译：①

我所学的是至大中正之道，圣人性中具备它成为圣人，贤人遵循它成为贤人，尧舜使用它成为尧舜，孔子传述它成为孔子。它作为一种学说非常伟大，实行起来也非常简单，三代以上，无不遵循它。自秦以下，衰败不振；魏、晋之类，离它太远；汉、唐达到小康，实行得也不醇正。自古以来学习它的人多了，而考察其中真正掌握此道之人恐怕极少极少。

道必须充溢于自身，而后实施到别人，因此学习此道没有达到很高的水平，不可轻易使用。但也有不顾惜自身，顺应时代需要而走向实践的人。进退没有常规，只要合乎道义。所谓道不大成，不轻易使用，颜回、曾参等即使这样的人。天赋予的重任在孔子身上，因此他们得以独善其身，不达到孔子的要求就不出来。在太平之世，没有使用之处的人也是这样。所谓不顾惜自身，应时而起的，诸葛亮和我就是这样。诸葛亮被刘备三顾茅庐的义举所感动，怜悯民众水深火热的痛苦生活，想使天下进入三代那样的理想社会，道义上不能只图自己安逸，因而起来做官救世。像我这样的人，生逢圣明的君主，而天下有危亡混乱的忧虑，道义上怎么可以苟且地独善其身，而不用一句话来使陛下醒悟呢？所以说进退没有常规，只要合乎道义。

请允许我议论天下之事，不知陛下认为当今天下是安定呢，危险呢？治理呢，混乱呢？怎么可以明知危险混乱而不思考挽救它的办法呢！

臣认为王道的根本在于仁。臣看陛下的仁，就是尧舜的仁。然而天下没有治理好的原因，确实由于有仁心而没有仁政。

国家录取士人，虽然用多种科目，然而贤良方正科，每年只有一二人而已，而且所录取的不过是博闻强记的士人罢了。明经之类，只专门背诵，不懂义理，尤其没有用处。最被人看重而人数最多的，只有进士科，以考核词赋声律为要。词赋之中并没有治理天下的办法。人们学习它来谋取科第，积年累月，做到卿相，而帝王的道理和方法，教化的根本，怎么能懂得？身居高官之位，考问他们治理国家的学问，却没有学过。就像让胡人驾船，让越人驾车，要求做得好，不是很困难吗？过去丁度曾经上言说："祖宗以来，得人不少"，睁眼说瞎话，愚蠢到极点，议论的人至今切齿痛恨。让墨家评论墨家，当然认为墨家好。

望陛下出于自己的决断，不要附和众人的言论，把王道放在胸中，把人民放在心上，摒弃世俗的论调，期待不同凡响的功绩。昔日汉武帝笑齐宣王不实行孟子的学说，导致自己不能成就王业，自己却不用董仲舒的计策；隋文帝笑汉武帝

---

① 为便于读者理解程颢、程颐原作，本书对引文采用了注释、解说、今译等方式，其中，本书中凡标有"今译"字样内容均参照著名古籍整理专家郭齐教授的《二程文选译》（巴蜀书社 1994 年版）相应译文，特此说明，且表谢忱。

不用董仲舒的计策，没能达到王道，自己却不听王道的话；这两个君主的昏庸，想来陛下也曾经笑过他们。臣虽然不敢企望有三位先生的贤明，但臣所学的，就是三位先生的学说。陛下不要让后代看今天像今天看昔日一样，则天下不胜幸运之至！望陛下特意留意于此。臣不胜逾越狂妄耿直恐惧之极！臣程颐冒死叩头谨严。

《颜子所好何学论》是程颐游学太学的一篇"作业"，就是这篇文章使程颐从一名太学生变成了太学老师，可想这篇文章是何等优秀。在《颜子所好何学论》中程颐认为，圣人是可以通过学习达到的。人都是禀天地之灵气而生，本性中都具有仁、义、礼、智、信之美德，这就是圣人可学的基础。臻达圣人的关键是"诚"。只有诚，才能行之果，守之固，久而久之，就能一举一动合乎立法。做到诚的途径有二：一是"自明而诚"，即通过彻底了解人之为人的道理而达到诚；二是由"信道笃"达到诚，就是坚定对儒家思想体系的信仰而达到诚。至于圣人的境界，程颐强调"化"字的重要，即善己不是外在的，而是与自我精神水乳交融。圣人有生而知之，也有学而知之。学以至圣人，要像颜回那样，在内而不在外，在己而不在人。这篇文章不只使当时的程颐由学生变成了老师，而且影响深远，成为二程理学的重要组成部分。另外，文中对个体学习能动性的肯定等思想对现在仍有重要的教育学意义，不过其中论述的"生而知之"却值得商榷，任何人的学习都应该是"学而知之"，智商至高、禀赋至强之人如果后天不努力也只能像方仲永那样"泯然众人矣"。以下是《颜子所好何学论》原文和译文。

### 颜子所好何学论①

圣人之门，其徒三千，独称颜子为好学。夫《诗》《书》、六艺，三千子非不习而通也，然则颜子所独好者，何学也？学以至圣人之道也。

圣人可学而致欤？曰：然。学之道如何？曰：天地储精，得五行之秀者为人。其本也真而静，其未发也五性具焉，曰仁、义、礼、智、信。形既生矣，外物融其形而动于中矣，其中动而七情出焉，曰喜、怒、哀、乐、爱、恶、欲。情既炽而益荡，其性凿矣。是故觉者约其情，使合于中，正其心，养其性，故曰性其情。愚者则不知制之，纵其情而至于邪僻，梏其性而亡之，故曰情其性。凡学之道，正其心，养其性而已。中正而诚，则圣矣。

君子之学，必先明诸心，知所养，然后力行以求至，所谓"自明而诚"也。故学必尽其心，尽其心，则知其性。知其性，反而诚之，圣人也。故《洪范》曰："思曰睿，睿作圣。"诚之之道，在乎信道笃。信道笃，则行之果；行之果，则守之固。仁义忠信不离乎心，"造次必于是，颠沛必于是"，出处语默必于是，久而弗失，则"居之安"，"动容周旋中礼"，而邪僻之心无自生

---

① （宋）程颢 程颐著，王孝鱼点校：《二程集》，北京：中华书局 1981 年版，第510—515页。

矣。故颜子所事，则曰"非礼勿视，非礼勿听、非礼勿言、非礼勿动"；仲尼称之，则曰"得一善，则拳拳服膺而弗失之矣"，又曰"不迁怒，不贰过"，"有不善未尝不知，知之未尝复行也"。此其好之笃，学之道也。

视听言动皆礼矣，所异于圣人者，盖圣人则"不思而得，不勉而中，从容中道"，颜子则必思而后得，必勉而后中，故曰颜子与圣人，相去一息。孟子曰："充实而有光辉之谓大，大而化之之谓圣，圣而不可知之谓神。"颜子之德，可谓充实而有光辉矣。所未至者，守之也，非化之也。以其好学之心，假之以年，则不日而化矣。故仲尼曰："不幸短命死矣！"盖伤其不得至于圣人也。所谓化之者，入于神而自然，不思而得，不勉而中之谓也。孔子曰"七十而从心所欲不逾矩"是也。

或曰："圣人，生而知之者也，今谓可学而至，其有稽乎？"曰："然。孟子曰：'尧舜性之也；汤武反之也'。性之者，生而知之者也；反之者，学而知之者也。"又曰："孔子则生而知之也，孟子则学而知之也。后人不达，以谓圣本生之，非学可至，而为学之道遂失。不求诸己而求诸外，以博闻强记、巧文丽辞为工，荣华其言，鲜有至于道者。则今之学，与颜子所好异矣。"

今译：

孔子门下，弟子三千，然而孔子只称赞颜子好学。《诗经》《尚书》、六艺，三千弟子不是不通过研习而通晓的，那么颜子所单独喜好的是什么学问呢？颜子所喜好的是通过学习成为圣人的方法。

通过学习可以成为圣人吗？回答是：可以。通过什么途径进行学习可以成为圣人？回答是：天地存储精气，得到五行精华的只有人。人本身是纯真而宁静的，在感情没有激发时，有五种本性包含在他身上，叫做仁、义、礼、智、信。形体产生了，外部事物接触到他的形体而萌动于心中，心动而七情显现，即是喜、怒、哀、乐、爱、恶、欲。感情变得炽烈而越来越放荡，他的本性就受到损害了。因此领悟到这一点的人就能克制自己的感情，使它合乎本性，端正自己的心，保养自己的本性，所以叫做以性为情。凡是学习的途径，就是端正内心，保养自己本来的性情罢了。心正而意诚，就成为圣人了。

君子从事学习，必须先明确于心，知道修养的方法，然后努力实践以求达到，就是所谓的"从明白到真诚"。因此学习必须竭尽善心，竭尽善心就知道自己的本性。知道自己的本性，自我反省而做到真诚，就是圣人了。所以《洪范》说："思维做到通达，通达就成为圣人。"做到真诚的办法，在于信道深。信道深，就实行果断；实行果断，就坚持得牢。仁义忠信不离心，"匆忙急促时必须做到这样，困苦流离时必须做到这样"，外出和居处，说话和沉默，都必须做到这样，长久地不失去它，就会"拥有它而心安理得"，"仪容举止与礼法相符"，而邪恶的心就无从产生了。因此颜子所做的，就叫"非礼不看，非礼不听，非礼不说，非礼不动"；仲尼称赞他，就说"得到一点善，就虔诚地信奉而不失掉它了"，又说"不对不该发怒的发怒，不重复过错"，"有不善从来没有不知道，知道了从来没有再做"。这就是坚持自己的喜好，这就是学圣人之道。

视听言动都合乎礼了，所不同与圣人的，大概就是圣人是"不思考而懂得，不用力而合道，闲暇的时候也合乎道"，颜子却必须思考而后懂得，必须用力而后合乎道，所以说颜子和圣人，只相差一丁点。孟子说："善充满自己而又光辉叫做大人，大人而使善融入自身叫做圣人，圣人而不可知叫做神人。"颜子的品德，可以说充实而有光辉了，所没有达到的，只是保持善，不是使善融入自身。凭他的好学之心，如果让他活得更久，则用不了多久就达到水乳交融了。所以仲尼说："不幸短命死了！"大概痛惜他没有能成为圣人。所谓化之，是指融入精神而自然而然，"不思考而懂得，不勉励而合道"的意思。孔子所说的"人到了七十岁随心所欲而不会超出规矩"，就是这个意思。

有人说："圣人，是生而知之的人，现在说可以学习达到，有根据吗？"回答是："有。孟子说'尧舜天性善，商汤武王自我反省而行善。'天性善，就是生而知之的人；自我反省而行善，就是学而知之的人。"又说："孔子是生而知之，孟子是学而知之。后代的人不懂，以为圣人本来就是生而知之，不是学习可以达到，而治学之道便失误了。不在自己身上下功夫而在外面下功夫，以博闻强记、精巧华丽的文辞为本事，使自己的言语华美，很少有达到道的。那么今天的学问，和颜子所喜好的就不同了。"

比较而言，程颢第一阶段在开封生活的时间较短。宋仁宗嘉祐元年（1056），程颢到京师开封准备应试；嘉祐二年三月，程颢中进士，与张载、朱光庭、苏轼、苏辙、曾巩同第；嘉祐三年，程颢调任京兆府户县主簿。由此看来，程颢第一阶段在开封时间不足三年。其间，程颢也初为人师，招收了第一个学生——年仅七岁的刘立之。刘立之从学 30 年，登进士第，为宣德郎。[①]

上述可见，二程在开封的第一段生活经历是以程颐为主。然而他们在开封的第二段经历却是以程颢为主了。

## 二、程颢居汴

宋英宗治平四年（1067 年），即程颐在京第一阶段结束之年，程颢晋城令任期

---

① （宋）朱熹：《伊洛渊源录》卷二，文渊阁《四库全书》影印本。

已满，改任著作郎，为官京师。① 宋神宗熙宁元年（1068 年），程颢上《请修学校尊师儒取士札记》。② 熙宁二年（1069 年）八月辛酉，以秘书省著作佐郎程颢、王子韶并为太子中允，权监察御史里行。③ 这里需对"太子中允，权监察御史里行"略作解释：太子中允仅仅是一个虚衔，而实际职务是监察御史里行。所谓"里行"，即指资历较浅的见习官员。御史属于监察官，即言官，其职责主要是议论和品评国家的大政方针、向皇帝建言或劝谏、检举和弹劾不称职或不法的官员等。御史的官职并不大，但由于有直接向皇帝进言的机会，所以有着相当大的权利。尤其是在宋代、著官颇受青睐，可以"风闻言事"，因此实际上是个职低权重的要职。宋代的许多政治事件，往往都与谁控制了"言路"有关。

熙宁三年（1070 年）三月丙申，孙觉、吕公著、张载、程颢、李常上书极言新法，不听。④ 熙宁三年夏四月戊辰，御史中丞吕公著贬知颍州；乙卯，监察御史里行程颢罢为京西路同提点刑狱；癸未，程颢签书镇宁军节度判官公事，⑤ 赴澶州就任。之后，直到宋神宗元丰八年（1085 年）程颢才结束地方官的生涯，三月由监汝州酒税改为承议郎，六月，朝廷召程颢为宗正寺丞。可是程颢此时已病重，没能赴任，于六月十五日病卒，享年 54 岁。程颢的早逝无疑是我国儒学转型期的一大损失。程颐作《明道先生行状》，⑥ 对程颢为官为学等做了中肯的评价。自此，由兄弟两人未尽的理学事业只能落在程颐身上了。

1067 年，二程随父之汉州。可见，程颢在开封第二阶段的时间从 1068 至 1070 年不足三年。与此同时，程颐大部分时间跟随父亲居住汉州，只有 1072 年随父程珦曾到京师开封短暂停留，当年又到醴泉，而后到洛阳居住讲学。⑦ 程颢在京短暂的为官经历中，勤于政事，写下了《请修学校尊师儒取士札记》、《论王霸札子》、《论君道》、《论十事札子》、《论养贤札子》等，并为朝廷荐举数十人，期间还多次与宋神宗面陈自己的理政主张。以下对其兴学名篇《请修学校尊师儒取士札记》和《论十事剳子（节选）》略作评析。

### 请修学校尊师儒取士剳子⑧

臣伏谓治天下一正风俗、得贤才为本。宋兴百余年，而教化未大醇，人情未尽美，士人微谦退之节，乡间无廉耻之行，刑虽繁而奸不止，官虽冗而才不足者，此盖学校之不修，师儒之不尊，无以风劝养励之使然耳。窃以去

---

① 卢连章：《程颢 程颐评传》，南京：南京大学出版社 2011 年版，第 399 页。
② （宋）程颢 程颐著，王孝鱼点校：《二程集》，北京：中华书局 1981 年版，第 448—450 页。
③ （宋）程颢 程颐著，王孝鱼点校：《二程集》，北京：中华书局 1981 年版，第 633 页。
④ （元）脱脱：《宋史》第 02 册，北京：中华书局 1977 年版，第 275 页。
⑤ （元）脱脱：《宋史》第 02 册，北京：中华书局 1977 年版，第 276 页。
⑥ （宋）程颢 程颐著，王孝鱼点校：《二程集》，北京：中华书局 1981 年版，第 630—639 页。
⑦ 卢连章：《程颢 程颐评传》，南京：南京大学出版社 2011 年版，第 404 页。
⑧ （宋）程颢 程颐著，王孝鱼点校：《二程集》，北京：中华书局 1981 年版，第 448—450 页。

圣久远，师道不尊，儒者之学几于废息，惟朝廷崇尚而教育之，则不日而复。古者一道德以同俗，苟师学不正，则道德何从而一？方今人之私见，家为异说，支离经训，无复统一，道之不明不行，乃在于此。

臣谓宜先礼命近侍贤儒，各以类举，及白执事、万岳、州县之吏，悉心推访。凡有明先王之道，德业充备，足为师表者，其次有笃志好学，材良行修者，皆以名闻。其高蹈之士，朝廷当厚礼延聘，其余命州县敦遣，萃于京师，馆之宽闲之宇，丰其廪饩，恤其家之有无，以大臣之贤典领其事，俾群儒朝夕相与，讲明正学。其道必本于人伦，明乎物理。其教自小学洒扫应对以往。修其孝悌忠信，周旋礼乐。其所以诱掖激厉、渐摩成就之道，留有节序。其要在于择善修身，至于成就之道，自乡人而可至于圣人之道。其学行皆中于是者为成德。

又其次取材识明达，可进于善者，使日受其业，稍久则举其贤杰以备高任。择其学业大明、德义可尊者，为太学之师，次以分教天下之学，始自藩府，至于列郡。择士之愿学、民之俊秀者入学，皆优其廪给而蠲其身役。凡其有父每骨肉之养者，亦通其优游往来，以察其行。其大不率教者，斥之从役。

渐自太学及州郡之学，择其道业之成，可为人师者，使敦于县之学，如州郡之制。异日则十室之乡达于党遂，皆当修其庠序之制，为之立师，学者以次而察焉。县令每岁与学之师以乡饮之礼会其乡老，学者众推经明行修、材能可任之士，升于州之学，以观其实。学荒行亏者罢归，而罪其吏与师；其升于州而当者，复其家之役。郡守又岁与学之师行乡饮酒之礼，大会郡士，以经义、性行、材能三物宾兴其士于大学，大学又聚而教之。其学不明、行不修与材之下者罢归，以为郁守学师之罪。升于大学者，亦听其以时还乡里，复来于学。

太学岁论其贤者能者于朝，谓之选士。朝廷问之经以考其言，试之职以观其材，然后辩论其等差而命之秩。凡处郡县之学与太学者，皆满三岁，然后得充荐。其自州郡升于太学者，一岁而后荐。其有学行超卓、众所信服者，虽不处于学，或处学而未久，亦得备数论荐。

凡选士之洗，皆以性行端洁，居家孝悌，有廉耻礼逊，通明学业，晓达治道者。在州县之学，则先使其乡里长老，次及学众推之。在太学者，先使其同党，次及博士推之。其学之师与州县之长，无或专其私。苟不以实，其怀奸阁上者，师长皆除其仕籍，终身不齿；失者亦夺官二等，勿以赦及去职论。州县之长，莅事未满半岁者，皆不荐士。师皆取学者成否之分数为之赏罚。

凡公卿大夫之子弟皆人学，在京师者入太学，在外者各入其所在州之学，谓之国子。其有当补荫者，并如旧制，惟不选于学者，不授以职。每岁诸路别言一路国子之秀者升于太学，其生而不当者，罪其监司与州郡之师。太学岁论国子之有学行才能者于朝。其在学宾兴考试之法，皆如选士。

国子自入学，中外通及三年，或太学五年，年及三十以上者，所学不成者，辨而为二等。上者所授以筦库之任，自非其后学业修进，中于论选，则不复使亲民政。其下者罢归之。虽岁满，愿留学者亦听，其在外学七岁而不中升选者，皆论致太学而考察之，为二等之法。国子之大不率教者，亦罢归之。凡有职任之人，其学业材行应荐者，诸路及近侍以闻，处之太学，其论试亦如选士之法，取其贤能而进用之。凡国子之有官者，中选则增其秩。

臣谓既一以道德仁义教养之，又专以行实材学升进，去其声律小碎、糊名誊录一切无义理之弊，不数年间，学者靡然丕变矣。岂惟得士浸广，天下风俗将日入醇正，王化之本也。臣谓帝王之道，莫尚于此。愿陛下特留宸意，为万世行之。

这篇剳子作于神宗熙宁元年，是程颢多年地方官后，在朝廷任监察御史里行一职时就教育改革所写的奏章。这篇奏章既是程颐在地风为官、兴学的实践经验总结，也是程颐一以贯之的道学思想体现。程颢持有"邑国论"的思想，所以他认为自己在县邑的实践经验是自己执政理念和教育理念的典型试验，他对自己所提的改革建言是充满信心的。程颢认为，要治理好国家，根本在于"正风俗，得好才"，而要端正风俗，得到人才，关键在于教育。由此，程颢提出了办好各级各类学校，尊重教师，培训师资，举荐学员，选取士人，管理好共卿大夫子弟等一整套实施方案。本篇剳子是体现程颢教育思想的经典之作，以下对其略作分析。

在程颢的构想中，学校可分为中央与地方两级，前者为太学，后者为州郡学、县学。无论是平民子弟还是贵胄之后，一律都需要学校出身才能授官，公卿大夫子弟进入学校之后被称为国子，在培养选拔上与贫民子弟出身的学生没有任何不同。国家每年从太学中选拔候备官员，具体选拔标准是"性行端洁，居家孝悌，有廉耻礼逊，通明学业，晓达治道"者。即从品性、操行、经义、治事四个方面加以衡量。选拔的方式不是通过书面考试，而是让大家推荐："在州县之学，则先使其乡里长老，次及学众推之。在太学者，先使其同党，次及博士推之。"这体现了层层考察、层层推荐的严谨程序。

为了防止学师与长官徇私舞弊，程颢还建议制定严厉的处罚措施："其学之师与州县之长，无或专其私，苟不以实，其怀奸罔上者，师长皆除其仕籍，终身不齿，失者亦夺官二等，勿以赦及去职论。"被选出来的候备官员按经义与实习成绩优劣授以相应官职："朝廷问之经以考其言，试之职以观其材，然后辨论其等差而命之秩。"此外，对于太学和州县学教师的人选、学生从州县学到太学的升级、以及推荐的年限等方面程颢都做了周密构想。

程颢强调了"学"在国家选士上的重要作用。程颢的学校选士方案与古代庠序教育存在明显的继承关系。程颢相信，这种由学校推荐而选士的制度能够一劳永逸地解决科举考试带来的种种弊端。在劄子的最后，程颢满怀信心地向神宗许诺，一旦采纳他有关选举取士的新方案，未来就会出现这样一幅理想图景："臣谓既一以道德仁义教养之，又专以行实材学升进，去其声律小碎、糊名誊录、一切无义理之弊，不数年间，学者靡然丕变矣。岂惟得士浸广，天下风俗将日入醇正，王化之本也。臣谓帝王之道，莫尚于此，愿陛下特留宸意，为万世行之。""天下风俗将日入醇正"、"帝王之道莫尚于此"、"为万世行之"这些道出了程颢对自己所拟改革方案的自信和对大宋兴学愿景的描绘，也是其道学思想的具体体现。

此文与欧阳修的《论学状》、王安石的《乞改科条制劄子》是当时关于兴学改革的三大名篇。然而宋神宗事实上采纳的是王安石的三舍之法，但三舍法在以学校代科举这个总体思路上与程颢的提案却有异曲同工之妙。程颢还设想，将来如果条件许可，乡党之间也应当建立学校："异日，则十室之乡达于党，遂皆当修其庠序之制。"程颢的这种普及教育思想在中国教育发展史中亦应有其一席之地。

### 论十事劄子（节选）[①]
#### ——师傅　六官　境界　乡党
#### 贡士　兵役　民食　四民　川泽　分数

古者自天子达于庶人，必须师友以成就其德业，故舜、禹、文、武之圣，亦皆有所从学。今师傅之职不修，友臣之义未著，所以尊德乐善之风未成于天下。此非有古今之异者也。——师傅

古者政教始乎乡里，其法起于比闾族党、州乡酇遂，以相联属统治，故民相安而亲睦，刑法鲜犯，廉耻易格。此亦人情之所自然，行之则致，亦非有古今之异者也。——乡党

庠序之教，先王所以明人伦，化成天下。今师学废而道德不一，乡射亡而礼义不兴，贡士不本于乡里而行实不修，秀民不养于学校而人材多废。此较然之事，亦非有古今之异者也。——贡士

今译：

古时候从天子到平民，必须依靠老师和朋友来成就他们的道德事业。所以舜、禹、周文王、武王这样的圣人，也都有辅导他们的人。当今师傅的职务不完善，把臣子当朋友的正确行为没有得到发扬，所以推崇道德、乐于向善的风气没有在天下形成。这是没有古今差别的事。

---

① （宋）程颢　程颐著，王孝鱼点校：《二程集》，北京：中华书局1981年版，第452—453页。

古时候政治和教化始于地方基层，有关法度兴起于比闾族党、州乡酂遂，以便互相连结统属管理，因此人民互相安处而亲近和睦，刑法少犯，廉耻心容易具有。这也是人情的自然，实行就见效，也是没有古今差别的事。

学校的教育，先王用来讲明人论，教化天下。当今教育荒废因而道德不齐，乡射礼不行因而礼义不兴，举荐士人不从基层因而被荐者行为不正，优秀的人不培养于学校因而人材多废。这是明明白白的事，也是没有古今差别的。

这是程颢在宋神宗熙宁二年（1069 年）所写的一篇著名奏章。本劄子批判了墨守成规和完全抛弃先王法度两种倾向，提出要完整而不是片面地理解"王道"，既要继承古代圣贤治理天下之道，又要根据实际需要随时加以改革变通。又从师傅、六官、经界、乡党、贡士、兵役、民食、四民、山泽、分数十个方面，比较具体地论述了"王道"的主要内容，较全面地反映了程颢的政治和教育思想。节选内容是师傅、乡党、贡士三个与教育相关的内容，文中强调了教育和老师对所有人成长的重要作用，指出了社会教化尤其是基层教化的意义，阐明了学校教育的"明人伦，化成天下"的教育目的，同时指出了当前学校教育的弊病。就教育而言，本篇与上篇具有相辅相成之功用。

## 三、程颐居汴

二程在京都开封的第三段经历是在程颢去世后，仅程颐一人在京师开封短时间的为官讲学。其间，程颐担任崇政殿说书，有帝师之说，所以这段时间是程颐为师的最高礼遇，也是其学术思想确立的重要时期。

宋神宗元丰八年（1085），司马光等人纷纷举荐程颐为官，《道命录》载有《司马温公荐伊川先生劄子》："正议大夫守门下侍郎司马光、银青光禄大夫尚书左丞吕公著、镇江节度使检校太傅知河南府兼西京留守司公事韩绛等劄子奏，'臣等窃见河南处士程颐，力学好古，安贫守道，言必忠心，动遵礼义，不求仕进，真儒者之高蹈，盛世之逸民，伏望圣慈，特加召命，擢以不次；足以矜式士类，裨益风化。'取进止。"①

由于众人的推荐，加之程颐在其兄程颢病逝之后，为传播道学，经世致用，强国富民之追求，亦是养家之需，程颐成为大宋的京官，担任了崇政殿说书之职。这一年是元祐元年（1086 年），此时程颐已有 30 年教龄，先前主要的教育对象是大学生，或是业已有了功名的人士，而此时的教育对象却是 9 岁的皇帝，对于在教学思路和教学方法上已经习惯于"高等教育"的程颐来说不能不说是一个重大挑

---

① （宋）李心传编：《道命录》，清知不足斋丛书本，第 1 页。

战。而且以往的教育对象是对自己敬重有加的弟子，现在是高高在上的皇帝，程颐对此没有过多考虑，他考虑更多的是责任与担当。他非常看重这一职务，他把这一职务的作用与丞相看得同样重要，天下的治理责任在于宰相，皇帝高尚品德的养成在于经筵。他说："天下重任，唯宰相与经筵：天下治乱系宰相，君德成就责经筵。"因此他工作起来也极为尽心尽力，在完善经筵制度方面做出了很大的贡献，这集中体现在他在上任崇政殿说书的三道劄子和说书期间给太皇太后的几次奏疏中。这些内容对于今天的教育而言，某些方面仍有借鉴意义。以下只展示《论经筵劄子》原文内容，其他相关奏疏在评说中论及。

## 论经筵第一劄子①

### 程　颐

臣伏观自古人君守成而致盛治者，莫如周成王。成王之所以成德，由周公之辅养。昔者周公辅成王，幼而习之，所见必正事，所闻必正言。左右前后皆正人，故习与智长，化与心成。今士大夫家善教子弟者，亦必延名德端方之士，与之居处，使之熏染成性。故曰"少成若天性，习惯如自然。"

伏以皇帝陛下春秋之富，虽睿圣之资得于天禀，而辅养之道不可不至。所谓辅养之道，非谓告诏以言，过而后谏也，在涵养熏陶而已。大率一日之中，亲贤士大夫之时多，亲寺人宫女之时少，则自然气质变化，德器成就。欲乞朝廷慎选贤德之士，以侍劝讲，讲读既罢，常留二人直（通"值"）日，夜则一人直（通"值"）宿，以备访问。皇帝习读之暇，游息之间，时于内殿召见，从容宴语。不独渐磨道义，至于人情物态，稼穑艰难，积久自然通达。比之常在深宫之中，为益岂不甚大？

窃闻间日一开经筵，讲读数行，群观列侍，俨然而退，情意略不相接。如此而责辅养之功，不亦难乎？今主上冲幼，太皇太后慈爱，亦未敢便乞频出。但时见讲官，久则自然接熟。大抵与近习处久熟则生衰慢，与二大夫处久熟则生爱敬，此所以养成圣德，为宗社生灵之福。天下之事，无急于此。取进止。

### 贴黄

臣窃料众人之意，必以为皇帝尚幼，未烦如此，此乃浅近之见。夫幼而习之，为功则易；发然后禁，礼经所非。古人所以自能食能言而教者，盖为此也。

### 第二②

臣闻三代之时，人君必有师傅保之官：师，道之教训；傅，傅其德义；

---

① （宋）程颢　程颐著，王孝鱼点校：《二程集》，北京：中华书局 1981 年版，第 537—538 页。
② （宋）程颢　程颐著，王孝鱼点校：《二程集》，北京：中华书局 1981 年版，第 538—539 页。

保，保其身体。后世作事无本，知求治而不知正君，知规过而不知养德，傅德义之道固已疏矣，保身体之法复无闻焉。

伏惟太皇太后陛下，聪明睿哲，超越千古，皇帝陛下春秋之富，辅养之道，当法先王。臣以为：傅德义者，在乎防见闻之非，节嗜好之过；保身体者，在乎适起居之宜，存畏慎之心。臣欲乞皇帝左右扶侍祇应宫人内臣，并选年四十五已上，厚重小心之人；服用器玩皆须质朴，一应华巧奢丽之物不得至于上前。要在侈靡之物不接于目，浅俗之言不入于耳。及乞择内臣十人，充经筵祇应，以伺候皇帝起居，凡动息必使经筵官知之，有翦桐之戏则随事箴规，违持养之方则应时谏止，调护圣躬，莫过于此。取进止。

贴黄

今不设保傅之官，傅德义保身体之责皆在经筵，皇帝在宫中语言动作衣服饮食，皆当使经筵官知之。

### 第三①

臣窃以人主居崇高之位，持威福之柄，百官畏惧，莫敢仰视，万方承奉，所欲随得。苟非知道畏义，所养如此，其惑可知。中常之君，无不骄肆；英明之主，自然满假。此自古同患，治乱所系也。故周公告成王，称前王之德，以寅畏祇惧为首。从古以来，未有不尊贤畏相而能成其圣者也。

皇帝陛下未亲庶政，方专问学。臣以为辅养圣德，莫先寅恭，动容周旋，当主于此，岁月积习，自成圣性。臣窃闻经筵臣寮（同"僚"）侍者皆坐，而讲者独立，于礼为悖。欲乞今后，特令坐讲，不惟义理为顺，所以养主上尊儒重道之心。取进止。

贴黄

窃闻讲官在御案旁，以手指书，所以不坐；欲乞别一人指书，讲官稍远御案坐讲。

贴黄

臣窃意朝廷循沿旧体，只以经筵为一美事。臣以为，天下重任，唯宰相与经筵：天下治乱系宰相，君德成就责经筵。由此言之，安得不以为重？

上面三篇劄子中的"贴黄"是大臣向皇帝上书的补充说明。上面三劄子和后来的几次奏章中程颐对经筵提出了自己的想法，并且是孜孜以求。针对 9 岁皇帝的教育，程颐认为皇帝圣德的养成，是国家社稷之福，天下的事情没有比辅养圣德再重要的了。他以周公辅成王为例，指出古代能够建设好国家并且能使国家鼎盛、成就圣王之德的君主必定需要辅养。而辅养之道，在于从幼时开始就与正人

---

① （宋）程颢 程颐著，王孝鱼点校：《二程集》，北京：中华书局 1981 年版，第 539—540 页。

君子和有知识、有智慧的长者相处，在学习中获得和养成，强调"少成若天性，习惯如自然的"古训。程颐的这几篇劄子正是在强调这一观点的重要性并呼吁实施。

辅养圣德的关键是与皇帝朝夕接触的人和物。人的方面主要是指辅养圣德之人，即程颐认为的经筵说书之人，而经筵说书之人应该是积学厚德之人。他以尧舜禹三代设置"师、傅、保"的官职，担任向皇帝传道、授德与养体之职责，如同现在幼儿园设置的"保、教"之职。程颐认为现在"师、傅、保"应该皆由经筵承担，并且希望崇政殿说书一职应该由专职人员担任，以利于圣德的养成。他在元祐元年《上太皇太后书》书中言道："以朝廷之大，人主之重，置二三臣专职辅导，极非过当。"其次，对于皇帝左右的扶侍内臣的要求上，他提出应该选取年龄在 45 以上的醇厚细心之人。另外，程颐认为："开发之道，盖自有方，朋习之益，最为至切。故周公辅成王，使伯禽与之处。圣人所为，必无不当。真宗使蔡伯希侍仁宗，乃师古也。"因此程颐建议给皇帝选取少年三人侍候皇帝，同时做伴读，要求在大臣家子弟中选取，年龄 10 岁至 12 岁之间，素质要求是做事谨慎、聪明伶俐等等。做法是"上所读之书，亦使读之，辨色则入，昏而罢归。常令二人入侍，一人更休。"物的方面，也就是皇帝的日常用品，这些用品应该质地朴实，所有豪华、奇巧、奢侈、华丽的物品都不应该让皇帝接触，在物方面做到非礼勿视。在言的方面做到非礼勿听。

程颐认为圣德的养成在于及早施教和连续性。对于及早施教，他在《上太皇太后书》中提到"古人生子，能食能言而教之小学之法，以豫为先。"他还提出幼儿课程设置原理法，即"人之幼也。知思未有所主。便当以格言至论日陈于前。虽未晓知，且当薰聒，使盈耳充腹，久自安习，若固有之，虽以他言惑之，不能入也。"关于施教的连续性，程颐认为暑期停止向皇帝说书的做法是不可取的，他为此撰写了奏章《乞六参日上殿劄子》，以阐明事理，并提出应对之法。奏章言道："臣窃以朝廷置劝讲之官，辅导人主，岂止讲明经义？所以薰陶性质，古所谓承弼厥辟，出入起居者焉，宜朝夕纳诲，以辅上德。自来暑热罢讲，直至中秋，方御经筵。数月之间，讲读官无由进见。夫以文、武之齐圣，而欲旦夕承弼。今乃数月不接儒臣，甚非先王辅导养德之意。方主上春秋之富，辅养之道，岂可疏略如此？臣欲乞未御讲筵，每遇六参日，宰臣奏事退，许讲读官上殿问圣体，数日一对儒臣，不惟有益人主，在劝讲之礼亦当然。"另外，程颐还在《上太皇太后书》书中再次申明此理："伏自四月末间，以暑热罢讲，比至中秋，盖踰三月。古人欲旦夕承弼，出入起居。而今乃三月不一见儒臣，何其与古人之意异也？今士大夫家子弟，亦不肯使经时累月不亲儒士。初秋渐凉，臣欲乞于内殿，或后苑清凉处，召见当日讲官，俾陈说道义。"

程颐认为辅养皇帝尊儒重道之心，讲官应该坐着讲说，而不应该继续站立说书，教师站着说书有违尊师之道、礼仪之法。对于改立讲为坐讲，程颐在元祐二年四月的《又上太皇太后书》做了最后的辩护："臣料临之意，不过谓讲官不可坐于殿上，以尊君为说尔。夫殿上讲说，义理之至当，古者所常行也。臣不暇远引，只以本朝故事言之。太祖皇帝召王昭素讲易；真宗令崔颐正讲书，邢昺讲春秋，皆在殿上。当时仍是坐讲。立讲之仪，只始于明肃太后之意。此乃祖宗尊儒重道之盛美。岂独子孙当以为法，万世帝王所当法也，而临以为非，临谓讲官不可坐殿上，则昭素布衣之士，其不可更甚矣。"当年十一月，程颐上书奏请辞官返乡，可见程颐这一提议是无果而终。

程颐在东京开封担任崇政殿说书一职期间，朝廷让其兼任学制改革，这是当时宋庭说书人均有兼职的惯例，这一方面是充分发挥官员的能力，另一方面也可以增加官员的经济收入，补贴家用。程颐本意只想专注于帝王的教育大计，但是程颐接受这一任务后，勤勤恳恳，为此做了大量工作。现有程颐修订的学制文章四篇，分别是：《三学看详文》《论该学制事目》《回礼部取问状》《论礼部看详状》，其中前两篇是学制改革内容，后两篇是对前两篇的说明和辩护，以下仅展示前两篇原文，后两篇内容在评析中提及。

## 三学看详文①
### 元祐元年五月

一、三学制。看详旧制，公私试，试上舍，补内舍，盖无虚月，皆糊名考校，排定高下，烦劳费用，不可胜言，于学者都无所益。学校，礼义相先之地，而月使之争，殊非教养之道。今立法改试为课，更不考定高下，只轮番请召学生，当面下点抹，教其未至。所贵有益学者，不失庠序之体。旧制考察行艺，以不犯罚为行，试在高等为艺，有注官、免省试、免解三等旌擢。今不用旧考察法，只于内舍推择才学行艺为众所称者，升为上舍。上舍学行才器堪为时用者，长贰状其行能，闻于朝廷。

一、三学制。看详太学旧制，博士二人，同讲一经，论语、孟子又置学谕分讲，圣人之道虽一，而治经家法各有不同。二人同讲一经，则学者所从不一。今立法，置博士十人，六人分讲六经，余四人分讲论语、孟子。大经终者，却讲小经。诸经轮互讲说，有专经者，亦许通那。

一、律学制。看详律学之设，盖欲居官者知为政之方。其未出官及未有官人，且当专意经术，并令入太学，乃学古入官之义。今立法，到吏部人方许入律学。

---

① （宋）程颢 程颐著，王孝鱼点校：《二程集》，北京：中华书局 1981 年版，第 562—563 页。

一、武学制。看详所治经书，有三略、六韬、尉缭子，鄙浅无取。今减去却添入孝经、论语、孟子、左氏传言兵事。

一、三学制。看详旧来条制，有期亲尊长服，不许应举。后来改法，虽祖父母丧，亦许应举。夫尊祖之义，人道之本。若许居丧进取，深害义理。今立法，学生遭祖父母丧，给长假，行服。贡举条贯，乞朝廷指挥修改。

### 论改学制事目①

一、旧来博士，只是讲说考校，不治学事，所以别置正录十员。今已立法，博士分治学事，及增置职事人。其正录并合减罢。所减罢官，乞与比类差遣，俸给如旧，及依元条年限改官。

一、旧制八十斋，每斋三十人，学生以二千四百人为额；每斋五间，容三十人，极甚迫窄，至两人共一卧榻，暑月难处，遂更互请假出外。学者失所如此，而愿留者，止为解额优宽而已。今欲以七间为一斋，容三十人，除学官职事人及诸般占使外，可为五十斋，所容千五百人。在朝廷广教之意，虽为未足，而斋舍未能遽增，所容止可如。此若朝廷选通儒为教导之官，去利诱，来实学之士，人数虽减，成才必多。

一、国学解额，嘉祐以前一百人，自元丰后欲得举人入学，遂设利诱之法，改作太学解额五百人；又患来者遽去，复立一年之限，以拘留之。近日朝廷知其非便，已改去逐次科场一年之限。然而人数岁岁增添，以外处解名比之，五百人额当有万余人奔凑。使万余人舍父母之养忘骨肉之爱，往来道路，旅寓他土，人心日偷，士风日薄所费财几何？所破产几何？少年子弟远父兄而放荡者几何？父母骨肉离别悲念以至失所者几何？以万余人聚之京师，弊害不可胜言。今欲量留一百人解额，以待在学者取应，余四百人分在州郡解额窄处，自然士人各安乡土，养其孝爱之心，息其奔趋流浪之志，风俗亦当稍厚。况人于乡里，行迹易知，冒滥之弊，因而少革。

一、近年编修敕条，并立看详，要见删改因依。今来国子监敕令，是有司所行条贯已立。看详外有三学制，皆是庠序之事，与他处条贯体面不同。今来条立所存，旧文甚少，观文可见义理，乞更不立看详。

《三学看详》中的三学，此处是指太学、律学和武学。太学是宋朝官学制度的主体，律学和武学是专科学校，另外宋代设立的专科学校还有书学、算学、画学、医学。不过就当时的管理体制而言，律学和武学由国子监管辖，其他专科学校则相应分属于书艺局、太史局、画图局、太医局管理。程颐这次所接受的任务主要是修订太学学例，另旁及国子监直属的律学和算学。

---

① （宋）程颢 程颐著，王孝鱼点校：《二程集》，北京：中华书局 1981 年版，第 563—564 页。

宋代太学初创于宋仁宗庆历四年（1044年），当时二程十二、三岁。后来程颐曾经在太学学习，也曾在太学教书，可以说程颐对于太学的教学与管理是有实践经验的，对于太学制度的优劣亦有深刻的认识。程颐对太学学例的修订突出表现在以下几个方面：

一是对三舍法的改革，提出"改考为课"的升舍方法，这是对学生升级而言的。由王安石主持的宋朝第二兴学确定了三舍法，即把太学分为上舍、内舍、外舍三舍，太学学生以考试评定优劣，由外舍向内舍、上舍逐舍升级，上舍生即可择优授官。这一方法扩大了太学的规模，提高了教学质量，成为宋朝第二次兴学太学改革的重要成果，对后世太学及其他学校升级制度的形成均产生了重大影响。程颐认为，太学每月进行考试，让学生进行竞争有失以礼仪为本的学校教育宗旨，而且频繁的考试也不利于学生对学术的专注，因此程颐在文中提出："今立法改试为课，更不考定高下，只轮番请召学生，当面下点抹，教其未至。"简言之，可以说是以师生面对面的逐人辅导与考核相结合的综合方式代替以笔试为主的统一考核方式。这两种升级方式各有优劣，比较而言，以笔试考试升级的方式比较容易操作，有利于公平。面试则有利于考察学生的个性，避免一刀切，可是相对而言难于操作，舞弊现象容易产生。也因如此，礼部对程颐这一做法提出了质疑，程颐就礼部的质疑也在《回礼部取问状》和《论礼部看详状》两篇中也做出了进一步解释和辩护。教育发展到今天，这两种考试方式的取舍依然是两难问题，就以当前的"初升高"和"高校招生"而言，依然难以取消统一的笔试考核，面试一般均是建立在笔试的基础上，而学生综合素质评价现阶段也只能作为参考。所以程颐"改考为课"的升舍方案在当时只能是学者的理想诉求，而难以付诸实施。不过，程颐指出的频繁竞考不适"学校教养之道"在当前依然有其积极作用。学校激烈的竞争考试确实不利于学生合作精神的培养，另外现在以考试排名、升级等带来的消极影响已众所周知。减少学校考试，特别是减少低年级学生的考试已成为教育工作者的共识。

二是程颐提出了改革太学教师设置的方案，主要是改过去两人同讲一经为一人讲一经，两人同讲一经也是王安石主持兴学时确定的太学教师任教方式，该方式有利于教师之间的切磋与竞争，从而提高教师治学的积极性和教学水平，这种方式现在也广泛应用学校的教务管理中。程颐改之的理由是：两个人都讲同一经，由于教师对研究经书的方法和角度的不同，在讲学中对圣人的道理阐释就会异同不一，这样会使学生在观点的选择上无所适从。程颐的这一观点确有其合理之处，对于经书的学习首先应该专于一家，达到一定水平后才能更好地博采众长，这也是现代经学家黄侃治经时所秉持的观点。不过从管理和效率的角度，在实际操作中，多数人仍选择王安石之法。也因如此，程颐的教师任课方案同样遭到礼部的质疑，程颐同样在后文中做了解释和辩护。

三是在太学学生规模方面程颐提出由原来的 2400 人左右减至 1500 名左右。这里程颐的理由主要是因为太学现有斋房数量不足容纳 2400 人，五间一斋，容纳 30 人非常拥挤，以至于两个学生同睡一张床，到了暑季，30 人同在一斋太热，于是出现交替请假外出住宿。这样看来是不利于学生学习的。对于减少太学学生在当时确实没法实现，当时的太学的规模基本是逐年递增，后来竟达到 3700 多人，太学无法容纳，只得另设辟雍容纳外舍生，这是天朝昌盛重要表征之一，国家没有特殊变故，减少太学生规模的提法只能招来众人的不满和责难，因此礼部对此更是提出了质疑。其实宋代持续增加的太学规模和与之相适应的科举增额给宋廷提供了大量的人才之外，也为其带来了一个日益庞大、繁冗、低效的官僚队伍，以及大量候官人群，严重影响了北宋后期的发展。这一弊端程颐也许是没有觉察到，也许是二程知而不说，我想前者的可能性较大。

四是关于国子解额问题，程颐指出，现在太学 500 人解额带来的问题太多，如上万人为此离家追逐，致使很多家庭积学积贫、家庭破产，上万学子长期滞留京师所带来的社会问题等等。这也许是程颐在太学学习，准备科举过程的观察和体会。为此，程颐提出应恢复嘉祐以前的 100 人，把另外 400 人分配给解额较少的州县，这样就可有效抑制相关社会问题的发生，有利于社会的安定和教化。笔者认为程颐的这一观点对提高地方教育质量、促进教育公平更有积极作用，对于破解当下我国优质教育资源，特别是重点高校的不均衡分布，重点高校招生指标地域分配不公等问题仍有借鉴意义。

在律学和武学方面，程颐的主要观点是生员不但要学习专业知识，而且要学习《论语》《孟子》等儒家经书，这也是培养有"道"官员的具体举措。推及现在，也就是高校教育的专业教育与通识教育的关系。由此可见，差不多 1000 年前的程颐在高等教育方面就有了类似通识教育方面的课程设计思想，而我们现在的通识教育还要取道美国，作为中国的后学之人确感惭愧。当然，程颐关于律学和武学方面的课程设计还是遭到当时礼部的质疑，程颐当然在后两篇中也进行了有理有据的辩护。

就学制的制定与礼部的诸多分歧，程颐认为学制的制定应有其特殊性，程颐在《论礼部看详状》中指出："窃缘学制是学校之事，当付之儒臣以治学者，与寻常官吏不同。今来礼部，盖欲全用吏文。若使吏人以吏文格之，则新修之学制，皆不可用。"由此可见，当时程颐所修学制没有得到礼部的认可，其中虽有新旧党派之争的影响，另一方面，也是学者治学与官吏治学的差异性所使：程颐当时已 54 岁，长期治学从教，使其成为当时北宋少有的名师硕儒，对国家治理也形成自己为政以道的政治观，但是他缺少从政经验，以学者的思维方式，用治学的模式用于具体政务上，没有长时间的磨练确实难以适应。可以说治学有道，行政亦有道。程颐作为学者，其学制设计坚持学校要重经重道，培养出来的应该是有厚重儒学修养的学术型官员，倾向于应然之作，或理想之作。而这种理想状态的学制实施起来就非常困难，礼部质疑的主要原因也就是在学制的操作性上。程颐在崇政殿说书不久就遭到不少大臣的弹劾和诋毁，这不能不说与其"不识时务"的学者性格有关。

从宋哲宗元祐元年（1086 年），程颐赴京，受命崇政殿说书，到宋哲宗元祐四年（1089 年），判西京国子监，[①]程颐回到洛阳，京师为官之旅结束。程颐京城为官的经历仅仅三年，可是其身为帝师，加之勤于研究，在帝王教育方面留下了很多独到观点。而程颐从太学之师，到书院之师，再到皇帝之师。加之其在儒学方面的独特见解，称其为千古硕师大儒确实名至实归。

综上所述，二程在开封的三段生活经历：第一阶段大致从 1050 年至 1067 年；第二阶段从 1068 年至 1070 年；第三阶段从 1086 年至 1089 年。另外，1072 年程颐曾在开封有短暂逗留。以此可以判定，从 1050 年至 1072 年约莫 22 年左右的时间程颢与程颐共同，或单独在开封的生活经历基本没有间断。1072 年，程颢 41 岁，程颐 40，均到遇事情能明辨事理的不惑之年。两人以不同的方式屡屡参与国家事务，其中程颢已有 15 年的为官经历，包括地方官和京官，颇有影响。此时，二兄弟已有 17 年人师经历，弟子成名者也不乏其人，程颢为官期间为学、为师不断，程颐更是专注于为学为师。加之第三阶段程颐在开封为皇帝讲学的 3 年，共 25 年的时间。崇政殿说书的 3 年是程颐教师生涯的延续和升华，期间除为皇帝讲学外，程颐也继续在"讲经处"收徒讲学，而"讲经处"也会因其身份的提高更加声名远播。因此，这 25 年间除了程颐在太学讲学和崇政殿说书外，两兄弟更多的时间应该是在开封的老家或是其他处所治学和讲经，他们在开封治学和讲经的这一场所就在繁塔附近。可以说开封是二程一生最重要的地方，也是他们生活最久的地方之一。特别是程颐人生的旺年基本全在开封度过。而北宋开封府的二程书院即是二程讲经处所，是二程在开封的重要讲学之所。

另外，程颢、程颐在京师为官讲学外，还积极与学者们进行交流，由于二兄弟的学术声望日显，当时的学者争相与之交流。其中北宋著名学者，关学的创立者张载与二兄弟学术交流更为频繁，这一方面缘于他们都有致力于道学研究的信念；另一方面缘于他们是亲戚关系，张载是二程的表叔。他们谈性论道，留下了很多佳话，如"张载撤虎皮讲席"，[②]这个故事说是在开封的相国寺（有文说是兴

---

① （宋）程颢 程颐著，王孝鱼点校：《二程集》，北京：中华书局 1981 年版，第 175 页。

② 宋仁宗嘉祐二年（1057 年），张载赴京（开封）应考，时值欧阳修为主考官，张载与苏轼、苏辙兄弟同登进士。因张载在考中进士之前，已有文名，所以在候诏待命之际，受前宰相文彦博之聘，在开封相国寺设虎皮椅讲学。据《行状》记载："方未第时，文潞公以故相判长安，闻先生名行之美，聘以束帛，延之学官，异其礼际，土子矜式焉。"张载的道德学行俱佳，而享有美名，深得文彦博的看重，讲学于学宫。

国寺）①，每到晚上，张载就坐在一张虎皮上，侃侃而谈，解释《周易》的微言大义，听者甚众，无不叹服。可是有一天晚上，二程去拜见张载表叔，他们畅谈了各自的易学观点。张载对二程颇为赞赏，认为二程"深时《易》道，汝辈可师之"②。张载第二天便撤去虎皮，回陕西去了。另外，他们除了面对面的讨论，还通过书信频繁交流学术问题，《答横渠先生书》就是其中一篇。

《答横渠先生书》是程颐给张载的一篇回信，作于神宗熙宁二年（1065 年）。该文的首句便点明他们之间探讨学术的书信来往频繁。正文中即肯定了表叔学术的"至正而严谨"，又有理有据地指出"然词语未能无过"和"小出入时有之"，后面希冀相见之日"句句而论，字字而议"，可见程颐对学术问题至精致微的不懈追求，原文和译文如下。

## 答横渠先生书③

累书所论，病倦不能评说，试以鄙见道其略，幸不责其妄易。观吾叔之见，至正而严谨。如"虚无即气则虚无"之语，深探远赜，其后世学者所尝虑及也？（然词语未能无过。）余所论，以大概气象言之，则有苦心极力之象，而无宽裕温厚之气，非明睿所照，而考索至此，故意屡偏而言多室，小出入时有之。（明所照者，入目所睹，纤维尽识之矣。考索至者，如斗料于物，约见仿佛尔，能无差乎？）更愿完养思虑，涵泳义理，他日自当条畅。何日得拜见，当以来书为据，句句而论，字字而议，庶及精微。牵勉病躯，不能周悉。

今译：

屡次来信所谈到的，因为生病疲倦，不能详细述说，试按自己的浅见大略说一说，希望不要责怪我的荒谬和轻率。表叔的见解，看起来极为正确和严谨。比如"虚无就是气，就没有虚无"的观点，探讨得如此深入，哪里是后代学者所想到过的呢？（但这个话不能没有错。）其余所谈到的，从大概景况来说，确有刻意追求的迹象，而没有宽裕温厚的韵味。不是智慧之光所照见，而是勉力考察求索才得到这种见解，所以心意常常偏颇，言语多有阻塞，小错误时常出现。（智慧照见的，就像眼睛所看到的，一丝一毫都能完全辨认出来。考索得到的，就像揣摩物体，只是大约见到一个仿佛的样子，能够没有差错吗？）愿您进一步调养心力，潜心领会义理，以后自然会顺畅。什么时候能够拜见，将用来信作为依据，句句探讨，字字评议，以期达到精深微妙。勉强支撑带病的身体，不能做到周密详尽。

---

① 北宋时期，兴国寺与相国寺相邻。
② （宋）程颢 程颐著，王孝鱼点校：《二程集》，北京：中华书局 1981 年版，第 436 页。
③ （宋）程颢 程颐著，王孝鱼点校：《二程集》，北京：中华书局 1981 年版，第 596 页。

# 第三节  二 程 书 院

开封二程书院又称明道书院，在于开封市繁塔附近，书院建筑已荡然无存，现在只能通过繁塔、老槐树、石碑等历史遗物和文献资料进行考述。二程书院是双贤留给开封的一幅教育长卷，魏巍繁塔和千年古槐则见证者这一长卷的历史演变。

## 一、书院地标

讲学是程颢、程颐二兄弟在东京开封期间重要活动，特别是程颐主要活动就是讲经传道。学者普遍认为二程讲经处与二程祠、二程书院是同一地点，即现在开封的繁塔附近。对于这一说法学界基本没有异议，而今那依旧存在的"一塔、一碑、一树"则是鲜明的地理标志，我们就从这三个地标开始考察和讲述二程书院。

一塔——千年繁塔[①]

繁（pó）塔（图 2-1）创建于北宋开宝七年（公元 974 年），比二程年长百余岁，位于开封城外东南 1.5 公里的繁台上，繁塔原名兴慈塔，因其建于北宋四大皇家寺院之一的天清寺内，故又名天清寺塔，又因其兴建于繁台之上，故俗称繁塔。它是开封地区兴建的第一座佛塔，也是开封地区现存最古老的建筑，距今已有 1000 多年的历史，繁塔为四角形佛塔向八角形佛塔过渡的典型佛教建筑，具有重要的考古价值。繁塔现为国家重点文物保护单位，由开封市延庆观繁塔文管所管理。

繁塔原为六角九层、240 尺高的巨型佛塔，故有"铁塔只搭繁塔腰"之说，至元代，由于雷击，毁去繁塔两层，但繁塔仍十分高大。明朝国初"铲王气"事件的影响波及繁塔，"塔七级去其四，止遗三级"，清初在残塔上筑六级小塔，封住塔顶，便形成了现在这样状似编钟的独特面貌。现在的繁塔通高 36.68 米，塔基面积 501.6 平方米。

繁塔内各层，镶嵌有各种碑刻 200 余方，碑刻以宋代为主。其中以宋代书法家洛阳人赵仁安所写的"三经"最为著名。三经分别存于塔内上下两层，南门内第一层东西两壁镶嵌刻经 6 方，东壁为《金刚般若波罗密多心经》，西壁为《十善业道经要略》，第二层南洞内东西两壁上镶嵌着《大方广回觉多罗了义经》。以上

---

① 开封旅游网—虚拟旅游频道—繁塔列表页。http://www.kfta.cn/360/fanta/。

图 2-1　繁塔

经均为楷书，有欧、柳书法之长。"三经"刻石四周均饰有莲瓣开花纹图案，雕技精妙。塔内琳琅满目的宋代石刻题记，不仅是研究繁塔历史的宝贵资料，也是书法艺术的珍品。

二程在此处治学讲经，无疑能够更好地吸收佛教的精华，臻达援佛入儒，成就二程的天理道德学问。

一树——千年药槐

在繁塔南 30 米左右有一株依然苍翠的古槐（图 2-2），过去和繁塔一起同属于天清寺。

这棵树是古槐属于国槐的一种。开封市种植国槐的历史悠久，大街小巷到处可见国槐的绿荫。因为国槐不择土壤、对生存环境要求较低，它坚忍、务实、守恒、守矩，所以成为开封文化本质和城市精神的代表之一。民国期间，国槐在开封普遍种植，冯玉祥功不可没，他在 1927 年第二次主豫时，带领士兵在开封各主要街道种植槐树，并写绿化诗歌一首："老冯我在汴州，小树栽的绿油油，谁毁一棵树，就砍他的头。"冯玉祥当年种植的槐树仍绿树成荫、槐花飘香，开封人称"冯公槐"。目前开封市现存挂牌保护的古树名木有 34 株，其中国槐就有 30 株。这株老药槐与朱仙镇清真北寺的"相思槐"、陈桥镇陈桥兵变处的"系马槐"齐名。[①]

据当地人说，这棵老药槐从唐代就长在这里了，所以又称为唐槐，树龄有 1600

---

① 怀梦草：《禹王台之行一：繁塔天清寺千年老药槐：等待千年人生的又一春》，http://blog.sina.com.cn/s/blog_4ea653910100i7o9.html，2013.10.21。

图 2-2　二程书院遗址处千年药槐

多年了。当地人因此称之为"老槐爷"，常有信男信女数人守候着老槐爷，也有人经常为之浇水。树下有简易祭拜设施，树上已挂满了祈福者的各种标志。人们可以在这里拜祭老槐爷，以求祈福去灾。

一碑——创复二程书院碑

关于这"一碑"，还应先从一段文字和一幅照片（图 2-3）说起："在繁塔北墙外十余米处矗立着的古碑，我们很难得知，百年前的这里，也是一方书声琅琅的净土。据方志载，开封最早的书院是始建于宋代的二程书院，因其地为'二程'（程颢、程颐）讲学故地，故名。北宋亡后这个书院即废弃了，到明代的时候曾经重修，但明末又毁于水。清康熙二十六年（1687 年）守道张思明将开封二程书院恢复，康熙三十年（1691 年）再次重修，其时与大梁书院并列为全省最高学府。关于这段历史，该碑记述甚详。该碑上部有双螭碑首，中部碑额篆书两行'创复二程书院碑记'，碑文为守道张思明撰，俞森书，楷书 19 行，行约 80 字；碑底部及碑座现埋在地面以下。该碑上部文字尚能辨识，下部漫漶难辨。该碑立于康熙二十六年，是现存的二程书院的唯一遗存，迄今已 300 余年。"①

之所以先要读这段文字、看上面的照片，是因为我在考察二程书院遗址时为寻找这块石碑费尽了周折。在没有看到上文和上面的照片之前，我在繁塔附近怎么也找不到"创复二程书院碑记"，等到了开封市文物局，文物局的李新建博士送给了我一张照片，根据他所给照片无法确认石碑的位置，后来在繁塔周边的废墟

---

① 熊贤品，高福秋：《开封明道书院今在何》，《寻根》2011 年第 2 期，第 62 页。

图 2-3 创复二程书院碑

上细查，到开封市博物馆细问，仍是一无所获。等到看到该文和该照片后，方知繁塔附近矗立的石碑（图 2-1），就是我苦苦寻找之碑，真是"众里寻他千百度，蓦然回首，那人却在灯火阑珊处。"原因是我也对这通石碑进行了数次仔细观察，可是石碑上除了偶见的纹道外，没法辨认出任何字，后来认定此碑后，我方依稀辨认出一个字，仿佛是"二"，就再也没有新的发现了。不过，通过对比，我在 2013 年 9 月 28 所见到的繁塔附近的石碑，可以确认为是"创复二程书院碑记"，该碑整体现已可见，遗憾的是没有碑文。该碑多数人称之为"二程书院碑"。

不过根据熊品贤所看、所写的内容，我们可以了解到二程书院从宋代已有，明清均有修复，可见开封二程书院的真实可靠，也可以看出这土地自二程以来的大段时间内教育香火一直延续，是名副其实的教育圣地。

通过对二程书院的地标性实物"一塔、一树、一碑"的大略考察之后，我们可以明确在开封这块土地上不同时期、不同称谓的"二程讲经处""二程祠""二程书院""明道书院"等均在此处。这里有千年的古塔、有千年的老槐爷、有记载这一历史的石碑，它们见证着二程书院的历史演变，守护着这块文化沃土。静静伫立其间，仿佛在不停诉说着二程书院的历史变迁。

## 二、历史沿革

通过上文我们知道程颢、程颐兄弟二人在开封生活的 25 年里，除了学习准备科举、做官之外，就是收徒讲学、传经扬道。程颐除在太学讲学以及后来在崇政殿说书外，他在开封更多的教学活动是和哥哥程颢一起在自己的学馆里展开的。广义上讲，二程在开封的私学就是书院，所以有学者认定二程在开封创办了书院，这种书院形式规模不大，以学术研究为主要目的，它对于宋代书院由科考型为主转向学术研究型为主的办学性质变化做出了重要贡献。即便当时不称为书院，称为学馆、讲经处等，不论何种称谓，二程在开封的所拥有的实质性的教学场所是存在的，这也是符合当时北宋名儒办学的时代特征。

宋朝南迁之后，开封属于金的统治之地，直到明朝之前，开封因为政治地位的下移，而且程颐之后尚无资料显示有二程后人、弟子或再传弟子在开封办学。资料显示开封二程书院的再次修建就是明朝的事情了。

二程书院在明代重建时称为"明道书院"，重建时间为明成化二十年（1484 年），当时称为大梁书院，也称玉泉书院，从城区迁至二程祠处，大梁书院始建于明天顺五年（1461 年）。都御史、监察御史及提学副使等为之倡置学田。天启二年（1622 年）巡抚冯嘉会、巡按邱兆麟费银 1200 余两重建。有讲堂、会文堂、二程木主堂、缭垣、坊表、门屏、石桥及高明楼、八角亭、碧玉泉与诸生读书号舍等，置学田 120 亩。《如梦录》中记载"塔后，朝北，有玉泉书院，亦名九仙堂，系分守大梁道官员所建，内祀两程大夫（明道先生和伊川先生）。前有照壁，鹿角，闪墙，大门，角门。内有大堂，台榭，桥梁。后有高阁，上塑八仙并王公九位故名九仙堂。塔后有井眼。水极甘洁，名玉泉，故古院以玉泉为名。"明末，明道书院毁于水患。

清康熙二十六年（1687 年）驿盐分守道张思明在明道书院旧址重建，改名为二程书院，书院祀二程及其门人。同时立碑纪念，该碑这就是我们前文提到的"创复二程书院碑记"。生徒由提学拔取"通省举人之学行兼优者，酌调来院"。一切事宜亦由提学处理，并委山长主持。乾隆七年（1742 年）、道光二年（1822 年）曾两次重修。光绪二十年（1894 年）河南提学邵松年又增修，建讲堂 3 楹，斋屋 12 楹 200 余间，堂舍一新。励诸生"上溯伊洛之渊源，以明善诚身，求所以顺亲、信友、护士、治民之道"，因此又改称为"明道书院"。其间湘潭黄舒昺任山长。教学以考课为主，课程按月、按季考核，内容为"性理经史时务之学"，间亦讲经。[①]

清末河南书院可分为四级，即由河南巡抚衙门直辖的大梁书院和河南学政直辖的明道书院，道辖的河朔书院、豫南书院和各府州县所属书院，明道书院在诸多书院中的级别是相当高的。能入明道书院学习的，大多是学有所长的优秀举、贡、廪生，每月发给正课生膏火银 4 两，附课生减半。二程书院学规很严：学子均住斋学习，黎明击板即起，二更击板方寝，就寝前还要三省身心。在书院的各种活动，甚至诸生之间的称呼都有严格的规定。读的书籍大致是四书五经及一些先儒名臣集，另有史鉴、掌故之类的书。书院章程规定学子天天写日记，写明自己的行止、所看书籍及体会，半个月进行总结，每月朔望日上午会讲，山长登讲

---

① 熊贤品，高福秋：《开封明道书院今在何》，《寻根》2011 年第 02 期，第 64 页。

堂讲学，下午率诸生习礼。清末，黄曙轩先生主持明道书院，另聘提调 3 名，轮流协助山长工作，全院共有教职员 8 人，学子 200 人。教员中有河南著名学者杨凌阁（1857—1918 年）等人，可谓一时之选。

明道书院的办学经费比较充裕，除大梁书院每年拨 600 两外，省内州县每年摊解银 1200 两，还有官员按规定捐献。另外尚有河南学政专门拨款。明道书院的管理也比较严格，《明道书院志》记载："院中书籍，归两斋长共同管理，立簿登明，肄业生取读，另簿注记。"书院规定借书"一次不过两本，随时向斋长更换，不得携出转借他人"；藏书由斋长负责管理，斋长"由学院访查品学端粹而年长者充，月给薪水五两"。在考试方面，明道书院也起着重要的作用，清末河南曾进行五次书院入院考试，均由河南学政主持，而五次入院考试均由明道书院山长黄曙轩、提调吕永辉批阅试卷。另外，在黄曙轩主持书院期间，1895 年曾经刊刻《明儒学案》，后又刊刻张伯行的相关著作，起到了传播文化的作用。其后于 1900 年刊刻有《明道书院志》。从《光绪二十年明道书院章程》中可以更清楚地了解当时二程书院的管理制度。

### 光绪二十年明道书院章程[①]

学院诏谕：照得本院奏请于省城增建明道书院，所以讲明实学，陶育人材，肄业举贡生员。业经本院咨访各省品优长之士，调取来院，在诸生立志圣贤，讲求有素，自无庸重申告诫。惟念事属瓯始，一切规矩，俱宜严肃整齐。本院即已延巳订名师为诸生表率，更优给膏火，俾诸生安心读书。诸生在院者，当顾名思义，敬以持身，勤以自课，读书则精益求精，行事则慎愈加慎，将来学有本源蔚为事业，方不负本院为国家一番作育之意。至提调绅士，尤当督率斋长，时加稽查。并一应用杂人等均不得任意出入，作践喧华，扰乱学规。除学程、学规并书院章程日行颁给外，理合晓谕。为此仰在院肄业举贡生员人等知悉，其各一体遵照毋违，须至告示者。讲章程十条：

一、在书院以经书为根底，以史鉴为作用，尤须熟二程夫子遗书、《朱子全书》、《小学》、及所颁《近思录》、《继近思录》、《广近思录》、吕司寇弟子职《先正学规》、《吟呻语》、《杨园文集》、《三鱼堂文集》、《桴亭思辨录》、《正谊堂集》，皆当留览。《国朝中州名贤集》为此邦先达著作，去世未远。居地甚近，尤诸生所当取法者。

二、读书期于有用，非空谈心性，遂足谬托学道之名。经史先儒语录外，如兵、农、典礼、水利、河集，凡一切吏治，天下郡国利病书，皆当留心。所尤要者《大学衍义》、《大学衍义补》、《皇朝经世文编》。胡文忠、曾文正全

① 任大山：《大梁、明道书院考略》，《河南图书馆学刊》1999 年第 04 期，第 57 页。

集，不可不读。

三、读书贵有课程，计过亦有心史。肄业诸生应照所颁《张清恪公读书日程》，按日登记。此书已刻板存于院中，每年春秋出棚时，按人颁给，每月一册。至《吕子省心记》《陈确庵圣学入门》，宜各于案头置一册，以便省览。

四、学问最忌间断，忌夹杂。所谓间断者，百年为之而不足，一日坠落而有余。又曰一朝失足，万事瓦裂。古人所谓在战战兢兢中过日子者，良有以也。至夹杂之病，时而孙孟，时而释老，时而王道，时而杂霸，以此百年亦甚少完粹。须是时时省察，勿堕此弊。

五、学问忌分别门户，诸生各有师承，学术不必悉合。其取法程朱，固是堂堂正道。有遵陆王之说者，亦不得谓之异端。要在心术能正，取古人之长，略古人之短，各术其是，皆属学问。不得纷纷辨论，至操同室之戈，反被他人讥议。

六、劝善观过，朋友之谊，况诸生一堂讲学，道义相交，尤非寻常可比。切磋琢磨，固是进德之事。倘有过失，俱各忠告善道，虚心听受。斋长为一院表率，尤当束身自矢，规劝兼施，方不负此委任。

七、文以载道，言之无文，行之不远。不可将程子作文害道一语，误会及古今文学，置之高阁，绝不理会。况科举以文取士，书院之设，并非要诸生绝意仕进、方为学道之人，须深味行有余力则以学文之言，与程朱论科举诸说，酌立课程，以期文行并进。其大梁、信陵、辩香三书院官课斋课，悉听诸生往应。

八、每月课程，按季交提调绅转呈学院稽核。间有著述，亦得录呈学院。夏冬回省时，随意出诗文赋题或经解策论考课，不必预定，校阅批还，不分甲乙。或一年中仅以课册空填塞责，毫无著述，考课所作文无精意者，由学院核明，次年不得住院。

九、书院院长，现已聘定湖南湘潭黄曙轩先生。先生志行高洁，学问渊深，为本院所心折。诸生幸模范当前，得所依归，自当敬信，率由虚衷求益，勉为有体有用之学，方不负培植之意。

十、肄业诸生，不准谈论时事，讪谤官长，所作文字不得妄议时政。至于心切忧时，讲求经济实学，自是吾儒职分内事。所当砥石主中流，挽回世远，为宇宙长留元气，为苍生长延福命，为中国读书人大吐口气，大程子兴起斯文，范希文担当天下，窃于诸生有厚望矣。

随着清末新政，书院改学堂的推行，清光绪三十一年（1905 年）明道书院改为河南法政学堂，至此结束了二程书院的历史。光绪三十二年（1906 年），在此办师范传习所。光绪三十三年（1907 年）在此又创办中州公学。1909 年河南省图书馆初创，明道书院的藏书多移送至此，据《大梁书院藏书总目》载，大梁书院共有藏书 2491 种，34876 卷，明道书院的藏书或许也与之相近。现今河南省图书馆所藏的线装书，大部分是明道书院的旧藏。

明道书院培养了一批人才，如李月生、牛景武、郭芳五、万葆真、阎春台、张仲学、白寿庭、施虞琴等，皆有所建树。[①]

进入民国，1913 年中州公学改为河南省公立农业专门学校，1927 年并入河南中山大学，1930 年改为河南大学农学院，至抗战爆发前，河大农学院在此处及附近共有土地 800 余亩，是学院的农艺、果林、畜牧基地，这里成为一方新兴的学术热土。

中华人民共和国成立后，1952 年院系调整，农学院从河南大学分出，成立河南农学院，1956 年河南农学院迁往郑州。院址（图 2-4）成为工厂用地。现在工厂已不见，见到的除了繁塔建院整修外，在老槐爷的周围是建筑物拆后遗留下来的遍地瓦砾和荒草，老槐树在此显得更加高大舒展，它可能是在期盼和欢迎老朋友二程书院的再次归来。

图 2-4　二程书院遗址景图

## 三、何去何从

二程书院的重建也许会成为现实。河南大学新闻中心报道：2012 年 4 月 11 日

---

① 任大山：《大梁、明道书院考略》，《河南图书馆学刊》1999 年第 04 期，第 57 页。

上午，我校在新行政楼二楼会议室举行程道兴兼职教授聘任暨河南大学道兴奖学金启动仪式。校长娄源功，兴亚集团董事局主席程道兴一行 7 人出席聘任仪式。教育发展基金会等单位负责人参加了聘任仪式（图 2-5）。娄源功校长对程道兴一行的到来表示欢迎，他高度评价了企业家在社会发展中的重要推动作用，并对程道兴先生热心公益事业、为河南大学教育事业发展倾注的无私奉献表示感谢。程道兴对河南大学近年来各项事业发展取得的优异成绩表示祝贺，他表示企业家支持教育、支持优秀贫困生顺利完成学业，是企业家应尽的责任和义务。随后，娄源功向程道兴颁发了兼职教授聘任证书，并在与会人员的见证下，双方举行了道兴奖学金启动仪式。

图 2-5　河南大学校长娄源功向程道兴授聘书

根据道兴奖学金协议规定，程道兴先生自今年起在我校设立道兴奖学金，每年奖励、资助优秀贫困生 60 人，每人每年 5000 元，一年 30 万元。奖学金设立十年，共计 300 万元。道兴奖学金评定办法将于近期面向全校发布、实施。

程道兴是河南兰考人，程颐、程颢后裔第三十一世，世界程氏宗亲联谊会会长，大学文化，高级经济师，是兴亚集团控股有限公司、香港国际金融集团有限公司、新加坡国际金融集团公司、基业财富投资担保有限公司、融基伟业资产管理有限公司、兴亚资产管理有限公司、深圳市融基伟业控股有限公司创始人，董事局主席。

据河南大学副校长刘志军教授介绍，程道兴先生希望河南大学创建二程书院。河南大学与"天下第一塔"——开封铁塔相依，是中原文脉所在地之一，这里是后周国子监所在地，北宋太学所在地，河南贡院所在地，千年科举考试终结地，现代高等教育的重要发生地……在此建二程书院对于中华传统文化的弘扬，对于宋代历史文化的研究等均意义重大。二程书院果真在河南大学建成，那么二程书院在开封必将进入更加辉煌的时期，翘首企盼这一天的到来。

现在二程书院仅有繁塔、老槐爷和二程书院碑。将来二程书院何去何从，现在有两种观点，第一种观点主要从开发旅游资源视角，复建二程书院，使其与繁塔、禹王台连成一体，成为开封有已旅游景区。第二种观点是从二程道学研究和传承的视角，重建二程书院，使二程学术财富在新时期得到进一步挖掘整理、研究和传承，主要代表就是上文提到的程道兴先生提到的，希望依托河南大学雄厚的人文社科研究积淀和宋史研究的传统和优势，建立二程书院。笔者认为无论从哪一种视角出发，现在继续做的就是勘察、抢救二程在开封的遗迹，研究二程在开封的学术成果，不要让二程在开封的记忆愈来愈淡。也不论从哪一种观点出发，都应以研究为基础，冷静、客观、历史地对待二程其人、其学术，避免极端对待二程的历史重演，尽可能恢复其客观面目，从而更好地贡献于文化强国的建立。

# 第三章　晋城兴学　程颢书院

## 第一节　誉满晋城

宋英宗治平元年（1064 年），程颢离开上元（今南京），调任晋城令，1067 年，按宋朝官制，三年秩满，程颢离开晋城，升调京师，改任著作佐郎。在这期间程颢做了三年晋城县令，由于他勤于政事、爱民如伤、致力兴学，受到晋城百姓的爱戴和敬仰，留下了千年佳话。程颢书院、古书院、书院社区、书院街、书院矿，无不在传颂着这位让晋城人民引以为荣的旷世大儒。

### 一、今古晋城<sup>①</sup>

晋城古称为泽州、高都郡、凤台县等，凤台有"宿凤高台、有凤来栖"之意。晋城是山西通往中原大地的门户，素有"中原屏翰，冀南雄镇"之美誉。晋城地处河南与山西东南端的交界处，东、南两面与河南接壤。西连运城、临汾，北邻长治。背靠黄河，与河南重镇郑州、开封、洛阳隔河相望。东北远眺河南安阳、河北邯郸，为豫冀晋三省之通衢。现为是中原经济区 13 个核心城市之一。丹、沁两河流入河南，成为豫北平原和泽州盆地的重要分水岭。

---

① 本部分主要参考：（清）朱樟：《泽州府志》，太原：山西古籍出版社 2001 年版；（明）傅淑训：《泽州志》（卷二），《沿革志》；晋城概览_印象晋城_晋城在线 http://www.jconline.cn/2010yxjc/jcgl/，2014-2-1。

晋城历史源远流长，文化遗产丰富，是中华文明的发祥地之一。泽州政区的设置，最早可追溯到 538 年，以后虽历经变化，管辖范围大体一致。其中高都遗址出土文物表明，早在两万年之前的旧石器晚期，这块土地上就留下了人类生活的足迹。

尧舜时期，泽州是冀南之域，隶属"帝都畿内"。市区东南泽州县金村镇境内有龙门峡，丹河水从中流出，相传为大禹治水遗迹。

秦汉先后在此设置高都县、阳阿县、高都郡。

北魏时隶属建州，北齐文宣帝天保七年（556 年）撤阳阿县。

隋开皇三年（583 年）始称泽州。隋文帝仁寿四年（604 年）泽州刺史张伯英跟随汉王杨谅反隋。唐武德三年（620 年）始称凤台县，后几易其名，或称凤台、或称丹川。唐会昌四年（844 年），泽州改隶河阳节度（驻河南孟州）。晚唐哀帝天宝二年（905 年）改阳城县为获泽县。

后梁末帝龙德三年（923 年），获泽县复改称阳城县。

后周世宗显德元年（954 年）三月周世宗柴荣大胜北汉于巴公原（今泽州县北）。

宋太祖建隆元年（960 年）昭义节度使李筠起兵反宋，宋太祖亲征李筠，攻破泽州。宋徽宗靖康元年（1126 年）金兵陷泽州。高宗建炎二年（1128 年）金改泽州为南泽州。

金章宗明昌二年（1191 年）建西关景德桥。

元顺帝至元五年（1339 年）泽州始建州署。元顺帝至正二十八年（1368 年）明军攻取泽州。

明洪武年间省县入州，凤台为泽州州治。

李自成大顺永昌元年（1644 年）九月，大顺义军刘忠破泽州西苇町堡。十月大顺义军攻高平。是年，大顺义军刘芳亮占据泽州。

清雍正六年（1728 年）升泽州为府，析郭置凤台县。民国时复称晋城县。

1948 年 10 月撤晋城县城关镇置晋城市（县级），与晋城县并存，1948 年 8 月撤销晋城市，辖区仍归晋城县。

1958 年，高平、陵川两县并入，1958 年 7 月陵川县分设，1961 年 5 月高平县分设。

1983 年 9 月晋城县改设县级市。1985 年 5 月，晋城市升为地级市，原晋城市（县级）分置为城、郊区。1996 年 8 月，撤销晋城市郊区改设泽州县，辖区不变。

## 二、为政晋城

在程颐所撰的《明道先生行状》中概述了程颢在晋城为令三年的主要事迹，

原文如下：

> 再期，就移泽州晋城令。泽人淳厚，尤服先生教命。民以事至邑者，必告知以孝悌忠信，入所以事父兄，出所以事长上。度乡村远近为伍保，使之力役相助、患难相恤，而奸伪无所容。凡孤茕残废者，责之亲戚乡党，使无失所。行旅出于其途者，疾病皆有所养。诸乡皆有校。暇时亲至，召父老而与之语；儿童所读书，亲为正句读；教者不善，则为易置。俗始甚野，不知为学。先生择子弟之秀者，聚而教之。去邑才十余年，而服儒服者盖数百人矣。
>
> 乡民为社会，为立科条，雄别善恶，使有劝有耻。邑几万室，三年之间，无强盗及斗死者。秩满，代者且至，吏夜叩门，称有杀人者。先生曰："吾邑安有此？诚有之，必某村某人也。"问之果然。家人惊异，问何以知之？曰："吾常疑此人恶少之弗革者也。"
>
> 河东财赋窘迫，官所科买，岁为民患。虽至贱之物，至官取之，则其价翔踊，多者至数十倍。先生常度所需，使富家预储，定其价而出之。富室不失倍息，而乡民所费，比常岁十不过二三。民税常移近边，载往而道远，就籴则价高。先生择富民之可用者，预使购粟边郡，所费大省，民力用纾。县库有杂纳钱数百千，常借以补助民力。部使者至，则告之曰："此钱令自用而不敢私，请一切不问。"使者屡更，无不从者。先时民惮差役，役及则相互纠诉，相邻遂为仇敌。先生尽知民产厚薄，第其先后，按籍而命之，无有辞者。
>
> 河东义勇，农隙则教以武事，然应文备数而已。先生至，晋城之民遂为精兵。晋俗尚焚尸，虽孝子慈孙，习以为安。先生教谕禁止，民始信之。而先生去后，郡官有母死者，惮于远致，以投烈火，愚俗视效，先生之教遂废，识者恨之。先生为令，视民如子。欲辨事者，或不持牒，径至庭下，陈其所以。先生从容告语，谆谆不倦。在邑三年，百姓爱之如父母，去之日，哭声震野。[①]

上述可见，程颢执政晋城，突出表现在以下六个方面：

其一，重视社会教化。教育民众在家庭生活和社会生活中要做到孝悌忠信，知道在家如何尊敬父亲和兄长，在社会上如何与长者和上司相处等，这是程颢所崇尚的圣人之道在社会治理方面的具体运用。他在后来给皇帝的上书中，屡屡提及以圣人之道进行社会教化的重要性。当时，历经唐末到宋的持续混战和频繁的朝代更替，使人们更多相信武力、暴力而逐步远离道德信仰。挽救道德信仰已是北宋社会治理和国家长治久安的奠基工程。程颢在晋城重视教化的执政理念既是他对孔孟之道的信仰，也是时代发展的必然要求。程颢在晋城重视社会教化，善

---

① （宋）程颢 程颐著，王孝鱼点校：《二程集》，北京：中华书局 1981 年版，第 632—633 页。

于调教乡民，取得显著成绩，诚如程颢门人刘立之所记："先生（为政）调教精密，而主之以诚心。晋城之民，被服先生之化，暴桀子弟至有耻不犯。迄先生去，三年间，编户数万众，罪入极典者才一人，然间犹以不遵教（令）为深耻。熙宁七年，立之得官晋城，距先生去已十余年，见民有聚口众而不析异者。问其所以，云守程公之化也。其诚心感人如此。"[1] 另外，程颢在进行社会教化时也重视法律的实施，即德治与法治并举。程颢进行法制教育，制定条例，厘清善恶之行的标准，做到扬善惩恶，劝诫乡民知耻守廉，遵纪守法。

其二，重视注重民生，以救弱为先，以互助为要。程颢根据乡村间距离远近组织伍保，让他们有役互助，有难互帮。让所有鳏寡孤独和残疾之人，都由同乡和亲戚负责赡养，不能让他们流离失所，更不能无人过问。使有病之人都能得到及时养护，让外出奔波在路上的人也有人关照。可见，程颢在试验着"老有所养，病有所医"的小康社会。另外，在扶弱救贫方面，程颢还把晋城县库积存借给民众解决生产或生活困难，并且做到回收自如，使国家资金用而不失。程颢的这一成功之举对于现在各级政府所实施的扶贫工程来说依然有借鉴意义。

其三，组建民兵，保乡护民。晋城民风彪悍，有习武的传统。程颢就因势利导，利用农闲之时把村民组织起来，训练成保乡护民的义勇军，而这些义勇军的战斗力可与精兵一比高下，对改善当地治安发挥了重要作用。

其四，重视文化教育，以办学为中心。晋城文化教育非常落后，程颢在晋城广置学校，致力于乡乡有学校，大有普及教育之势。他在晋城建乡校 72 处，设社学几十处。利用闲暇时间经常走访乡民，并且为儿童勘定教材，对于教书不称职的老师则进行调整，避免误人子弟。另外，程颢选取学习优异的学生集中授课，使很多儒学才俊脱颖而出。其徒刘立之也讲述程颢在晋城兴学之事："为令晋城，其俗朴陋，民不知学，中间几百年，无登科者。先生择其秀异，为置学舍糧具，聚而教之，朝夕督厉，诱进学者，风靡日盛。熙宁、元丰间，应书者至数百，登科者十余人。[2]"这样，在程颢的亲自教育下，晋城由"民不知学"到了"登科者十余人"，大大提高了晋城的教育水平。

其五，爱民如伤，解民之所苦。北宋时，晋城县有税粟移边问题。老百姓缴纳粮秣，不是就近缴纳县府粮库，而是让百姓运送到战事需要的边庭去。那时，边境战事频繁而朝廷又无力运输，就把粮秣边运负担转嫁给老百姓。运输、路费开支，远比粮秣本身高得多。"载往则道远；就籴则价高"，"民以为苦"。为了帮助老百姓解决这个问题，程颢细心调查，选择了一些可靠的富商大贾，让他们提前到缴纳粮秣的地方（或附近）购买足够的粮秣，原地储存，待到朝廷征缴时，

① （宋）程颢 程颐著，王孝鱼点校：《二程集》，北京：中华书局 1981 年版，第 328 页。
② （宋）程颢 程颐著，王孝鱼点校：《二程集》，北京：中华书局 1981 年版，第 328 页。

如数缴纳上去。百姓足不出县，就近把应出的钱粮交给商贾，费用减轻，劳役免除，无不欢雀跳跃。另外，晋城的百姓往往害怕差役，每逢差役下来，百姓们因分派不均而互相纠诉，以致乡邻每每成为仇人。程颢深入下层，体察民情，对各乡村百姓收入的多少尽作了解后，他便根据实际情况，按先后顺序及户籍地亩的多少进行摊派，这样差役负担分派合理，老百姓都很满意，再也没有互相纠诉打架的事情发生了。

其六，简化程序，便民诉讼。古有"八字衙门朝南开，有理无钱莫进来"之说，还有"屈死不告状"之言等，可见古代官场之黑与告状之难。而程颢在晋城为政时，为民所想，简化诉讼程序，使官员和告状都不那么可怕了。程颢审理案件时，老百姓可以不带诉状直接到公堂之上，讲述自己的诉讼缘由，而程颢总是耐心听取百姓的诉讼，认真评判。使老百姓感到官员对自己的关爱可亲而不是威严可怕。这也许就是父母官的真正含义，所以程颢离任晋城时，晋城老百姓对他百般感激，"在邑三年，百姓爱之如父母，去之日，哭声振野"。[①] 另外，程颢精于断案，明察秋毫。据说有一张姓人家，日子过得挺殷实的。一天他的父亲不幸去世，奇巧的是第二天早上便有一个老头找上门来，说："我是你亲生父亲呀，你应该收留赡养我！"张某惊疑，相与来到县衙。老头说："我是医生，经常远道出门为人看病，妻子在家里生了孩子，家贫无力抚养，就抱去给了富户张家。现在张老头死了，我来认领自己的儿子。"程颢要他出示证据。老头从怀里取出一纸文书，递给程颢，上写："某年月日抱儿与张三翁家。"程颢看后问道："按文书记载的年月，那时张某（指去世老人）才四十岁，怎么称'翁'？凭这一点，就说明你的文书是假造的，你是冒充人父。"老头无言可对，扭头就走。

另外，程颢在离任晋城县令前撰写《晋城县令题名记》，提出今后凡任县令者，应"第其岁月先后而记之"，便于"俾民观其名而不忘其政，后之人得从而质其是非以为师戒。"此举类似编修地方志，对于提高官员的执政水平，造福一方确有裨益。《晋城县令题名记》抄录如下：

### 晋城县令书名记[②]

古考诸侯之国，各有史记，故其善恶皆见于后世。自秦罢侯置守令，则史亦从而废矣。其后自非杰然有功德者，或记之循吏，与夫凶忍残杀之极者，以酷见传，其余则泯然无闻矣。如汉、唐之有天下，皆数百年，其间郡县之政，可书者宜亦多矣，然其见书者，率才数十人。使贤者之政不幸而无传，其不肖者复幸而得盖其恶，斯与古史之意异矣。

---

① （宋）程颢 程颐著，王孝鱼点校：《二程集》，北京：中华书局 1981 年版，第 633 页。
② （宋）程颢 程颐著，王孝鱼点校：《二程集》，北京：中华书局 1981 年版，第 461—462 页。

夫图治于长久者，虽圣知为之，且不能仓卒苟简而就，盖必本之人情而为之法度，然后可使去恶而从善。则其纪纲条教，必审定而后下；其民之服循渐渍，亦必待久乃淳固而不变。今之为吏三岁，而代者固已迟之矣。使皆知礼义者，能自始至，即皇皇然图所施设，亦教令未熟，民情未孚，而更书已至矣。倘后之人所志不同，复有甚者，欲新已之政，则尽其法而去之，其迹固无余矣。而况因循不职者乎？噫！以易息之政，而复无以托其传，则宜其去皆末几，而善恶无闻焉。

故欲闻古史之善而不可得，则因谓今有题前政之名氏以为记者，尚为近古。而斯邑无之，乃考之案牍，访之吏民，才得自李君而降二十一人，第其岁月先后而记之，俾民观其名而不忘其政，后之入得从而质其是非以为师戒云耳。来者请嗣书其次。

# 第二节　程颢书院

程颢书院指"晋城古书院"，是程颢任晋城令时所建，在中国教育发展史上具有独特的历史地位。

## 一、石碣为证

清雍正十三年《泽州府志》卷十三《古迹》中载：风台县程子乡校，宋治平三年，程明道先生来令晋城，以五代抢攘，孑遗瘅苦，安定后，未识礼让，乃建乡校七十二处，行县时，亲为儿童正句读；又立社学数十所。虽穷乡曲巷，时闻弦诵声。

清雍正十三年《泽州府志》卷十七《学校》中载：高平县社学，宋晋城令明道先生凡七十余所，元大定中县令郭质修举之，元季兵毁。明弘治八年，县令杨子器恢复，在县者四，在村者三十六，久而渐废。万历三十六年，知县杨应中复修举之。

清乾隆四十八年《风台县志》卷三中载：

学校：传为程子广设乡校，所在崇奉先师理或然也。

社学：宋程于今晋城，于城北建社学一区，亲为民子弟正句读，今尚名书院村。

宋程书院：康熙三十七年知县梅建建。

以上晋城的乡校、社学、书院，尽管在宋明道先生令晋城时有数十所之多，但早已荡然无存。仅在清乾隆年间，在凤台县城北发现一块明天启年间的石碣，上有"古书院"三字，可知为当时程程颢设教之地。

上述出自《程颢与大程书院》一书对程颢晋城办学及后人续办的考证。①可见，程颢在晋城为官设教已是史实。

雍正《泽州府志》载："宋程子令晋城，于城北建社学一区，亲为民子弟正句读，今尚名书院村②"。另有《晋城县志》载："宋治平三年，明道程先生来令晋城，建乡校七十二处，社学数十所。陈迹竟莫可考，惟凤台城西北乡地名书院村，有明天启年间石碣，书'古书院'三字，盖先生设教地也。③"引文所言"书院村"即晋城市城区北街古（后）书院村，"古书院"即当时程颢所建之"程颢书院"所在地。而这一块"古书院"石碣是程颢书院重要的历史证据。

"古书院"应是明代对程颢书院的说法。由此看见，到晋城探寻程颢办学遗迹只有去拜访那块石碣了。石碣可以作为程颢在晋城创建书院的证据。

## 二、走进书院

2013年9月7日上午，我到达晋城书院社区，探寻上文中的晋城"古书院"。

在晋城市地图上可以清晰看到古书院的标志："书院街""书院矿""前书院""后书院""古书院"等。

按照地标和在热情的晋城人的帮助下，我兴致勃勃地探访心中敬仰已久的千年书院。

书院街上人流穿梭，一片繁荣。当一个中年男子把我领到前书院时，我看到是高耸入云的现代化高楼，没看到任何与书院相关的遗迹，在我的心中总认为"前书院"就是一个书院，可现实是前书院和后书院都属于书院村，前后书院都是地名，书院村是对程颢在此处建书院培养人才的纪念。现在的书院社区包括前书院和后书院，前书院已经改造，现名为"兰亭书院"。后书院的改造正在筹划中，依然保持的晋城民居的特点：质朴整齐、精致典雅。我想如果保留这一民居风格可能要胜过再建高楼的意义了。

恨来已晚，"古书院"正在修建，不过我还是有幸见到了我心中的"石碣"，心中的"古书院"（图3-1）。

---

① 郝万章：《程颢与大程书院》，郑州：中州古籍出版社1993年版，第161—162页。
② 雍正《泽州府志》卷17，雍正十三年刻本。
③ 晋城县志编纂委员会编：《晋城县志》，太原：山西古籍出版社1999年版，第956页。

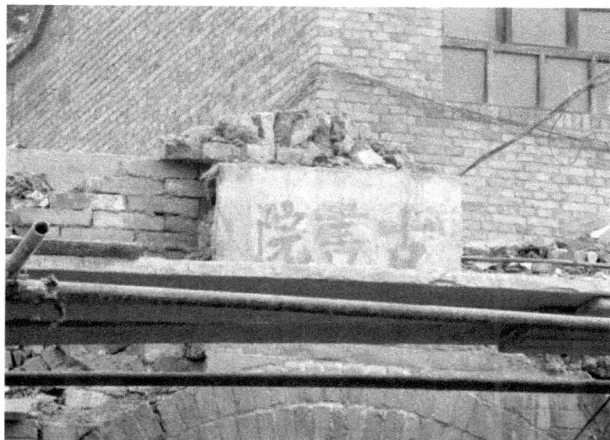

图 3-1　古书院

　　古书院现在是书院社区居民委员会所在地，他们很热亲地介绍了古书院的一些情况。一位长者说古书院就是程颢书院，在他的引领下我看到了在书院村委会南屋大门间墙壁上镶嵌的三通石碑，中间一通是程颢的灵位。

　　书院的东院据说是程颢的居住区——书院阁，书院阁为古书院遗存中比较完整的古代建筑，给人以古朴、精致、大方之印象。只是该院也在整体修建之中，略有残破之感，不过，要不了多长时间它将会以崭新的原貌呈现于世人面前，书院阁的又一春就要到来了。书院阁的正门是南门，南门右侧镶有"市重点文物保护单位"标志，书院阁为现存重要遗迹，有较高的文物价值，从南面进书院村，便可仰面观瞻。

　　整个书院阁（图 3-2）是个四合院式木质小楼建筑，西面小楼与南楼之间有一段墙，此处有侧门与西院的居委会相通。在侧门的西面门上额镶嵌有"竹韵书声"横碑（图 3-3）。

图 3-2　晋城书院社区

书院阁的木雕图案很多，下面是南屋背面檐下雕刻（图 3-4），线条细腻流畅，图案栩栩如生，巧夺天工。残破的房屋也掩饰不住它的精致与瑰丽。

图 3-3　"竹韵书声"横碑

图 3-4　书院木雕

看到书院阁仿佛有人居住。询问当地人后获知，过去这里曾是河南客商的客居地，也许他们觉得在这里可以得到老乡程颢县令的庇护吧。当他们知道我也是河南人时，说道："你是程颢老家人啊。"是的，老家的人来看您了，程明道先生！也许将来会有更多的老家人来看您。

在古书院考察中巧遇晋城在线门户网站的王记者，交谈中了解到他经常到古书院采集一些信息，特别是改建过程中的变化。王记者介绍了这次修建是本着修旧如旧的原则，将来的古书院会更好。

侯生哲先生先于我对晋城"古书院"做了考察和研究，现转引其文并进行一些追溯、补充：①

在风景如画的白马寺山西南麓、晋城市区北部，有一个充满传奇色彩的村庄，它叫后书院。这里居住着 330 多户人家，1130 多口人，无论男女，个个质朴庄重、落落大方，言谈举止颇具文明古风。后书院，原名书院村，或古书院村。所以在村名前加一"后"字，是因村西北 2 里处另立一村也叫"书院"。为了加以区别，新村叫成前书院，这里就叫后书院了。

关于村名来历，清嘉庆二十四年（1809 年），明道祠碑文记："明道祠者，乃宋程明道先生令晋城时讲学处也。斯地，旧无居人，因就教而遂家焉。"这就是说，后书院村原是一片不毛之地，荒无人烟，940 多年前，因程朱理学大师程颢来晋城当县令，选中这块风水宝地，办起乡校，教师家属随从居住，接着有一些农民来这里耕耘定居，逐渐形成村落，慢慢繁华起来。明道祠堂是后人为纪念程颢的功绩修建起来的。近千年来，古书院因与程颢联袂誉满华夏。

古书院建筑在一个凸兀的土丘上，坐北向南，原有南北两个四合院，都是二

---

① 侯生哲：《古书院与程颢》，《晋城职业技术学院学报》2010 年第 04 期，第 3 页。

层楼房建筑。老人们回忆：原书院建有礼圣殿、讲学堂、道统祠、藏书楼、花园等。书院东面是明道祠堂，北面原建有官义庙和文昌阁，书院四周修有女墙，形成城堡式格局。东西两侧为书院河和小后河所拱卫，北边原有偌大一个书院湖，形成三面环水之势。书院大门外原修有望河亭，生员们读书之余，可居高临下，看一看潺潺流水，望一望湖波荡漾，眺一眺白马飞奔，足以愉神悦目，陶冶情操。古书院村东原有一条不宽的中心街道，零售文房四宝、日用杂货、生活用品，因学兴商使书院村成了一个繁华的小集镇。

　　古书院当年的繁华和值得怀念的东西很多已不复存在，仅存南院和北边的半个院落，还有明道祠堂遗址和书院阁。

　　祠堂旧址清代与民国时一直是办学之所。20世纪四五十年代，作了村社办公地。祠堂旧址仅存一个3米宽，3米高、5米长的一个砖卷洞，现在成了南北相通的过道。在这个祠堂旧址的西墙上，镶嵌着三通石碑。这是截止目前研究程颢书院，研究程明道在晋城办学的最有价值的物证。三通石碑，一竖两横。竖碑镶嵌在西墙的正中央，碑高1.60m，宽0.60m，有用宋体字镌刻着的"宋晋城令程明道夫子之神位"12个大字（图3-5）。为清顺治十八年（1661年）遗碑。清嘉庆三年（1798年）重修明道祠堂时，把它安放在墙上。竖碑左右两侧，镶嵌着两块较小的长方形横碑。一块记载着重修祠堂的由来、时间和捐款人姓名；另一块记载着清嘉庆五年（1800年）凤台知县葛周玉处理本村魏、晋两家宅地基纠纷案的判决书。

图 3-5　明道夫子神位碑

### 三、历史影响

程颢在晋城三年，可以说是为官一任、造福一方。他给晋城老百姓做了很多实实在在的好事。可是，应该大书特书的还是程颢的晋城兴学。晋城兴学不只给晋城带来了文化发展、人才辈出，另外的意义还在于它作为郡县兴学的成功试验，为宋朝的第二次兴学提供了典型案例。

程颢在晋城兴学的成功试验反映在其教育名篇《请修学校尊师儒取士劄子》之中，为王安石主持的熙宁兴学提供有力支持。该文之所以能够提出一整套教育方案，可以说是晋城兴学的成功试验给他提供了有力的支撑，两相对照，可见一斑。如程颢以在晋城广置学校的成功试验，本着"邑国论"的观点，他认为国家也可以逐步做到乡乡有校，因此在该文中他写到："渐自太学及州郡之学，择其道业之成，可为人师者，使敦于县之学，如州郡之制。异日则十室之乡达于党遂，皆当修其庠序之制，为之立师，学者以次而察焉。"而在如何强化官员和教师的责任意识，使其敬业于教，该文写到："其学之师与州县之长，无或专其私。苟不以实，其怀奸阁上者，师长皆除其仕籍，终身不齿；失者亦夺官二等，勿以赦及去职论。州县之长，莅事未满半岁者，皆不荐士。师皆取学者成否之分数为之赏罚。"这确实蕴含着他在晋城兴学的经验和体会，在晋城程颢致力兴学，躬身实践，对于教师则有"教者不善，则为易置"的考核方法。就是现代教育而言，对官员和教师的考核也是办好教育不可或缺的重要一环。程颢和王安石都是北宋第二次兴学革的主要酝酿者，朝廷在第二次兴学上虽然主要采用了王安石的主张，可是在地方教育方面和教师考核等方面程颢的贡献也很大，他的有些做法不是与王安石不谋而合，就是王安石汲取了程颢的观点。其实，在改革之初，王安石对程颢是比较信任和重用的，曾委任程颢与曾巩等一起调查改革情况。后来由于彼此对改革的具体做法的分歧越来越大，才分道扬镳。可见，王安石在兴学方面的改革是有程颢的参与和贡献的。

由于程颢的晋城兴学，使晋城人形成了爱读书的好习惯。宋朝著名诗人黄庭坚的叔父黄夷仲在元丰八年，即程颢离开晋城十多年之后，曾实地到晋城一带进行考察，那里"虽穷乡曲巷，时闻弦诵声"的浓厚读书风气深深地感染了他，情不自禁地将自己的所见所闻写成了一首《行县诗》：

> 河东人物气劲豪，泽州学者如牛毛。大家子弟弄文墨，其次亦复跨弓刀。
> 去年较射九百人，五十八人同赐袍。今年两科取进士，落钩连引十三鳌。
> 迩来习俗益趋善，家家门户争相高。驱儿市上买书读，宁使田间禾不薅。
> 我因行县饱闻见，访问终日忘勤劳。太平父老知此否？语汝圣世今难遭。

欲令王民尽知教，先自乡里烝群髦。古云将相本无种，从今着意鞭儿曹。①

清朝朱三才也写《书院村传为程子乡校旧迹》，歌颂程颢晋城兴学。

> 出门寻山水，放辔一驰马。
> 爱此书院村，伫策观其下。
> 名儒乡校传，春风流四野。
> 乡校七十余，至今存者寡。
> 惟此独擅名，遗踪诚非假。
> 白水相萦回，万斛名珠泻。
> 环山开鼓铸，洪□□□□。
> 时闻弦颂声，士气犹潇洒。
> 至今八百年，口碑载民社。
> 我亦读书人，向慕心藏写。
> 俎豆尸而祝，吊古怀大雅。②

程颢晋城兴学对晋城和周边地区产生了深远的影响，侯生哲对此进行了专门考证。③引其文如下：

从《泽州府志》、《凤台县志》等史籍得知：

唐朝（618—907 年）289 年间，泽州所辖 5 县，仅出进士 12 人。其中，晋城县 6 名，陵川县 3 名，阳城县 1 名，高平县 1 名，外籍 1 名。

后晋（937—946 年）2 帝 9 年，泽州 5 县进士及第 4 人。其中晋城县 1 名，沁水县 3 名。

后周（951—961 年），3 帝 10 年，泽州 5 县进士及第 3 人。其中晋城县 1 名，阳城县 1 名，沁水县 1 名。

程颢在晋城办学后，仅北宋一期，9 帝，167 年（960—1127 年）间，泽州 5 县进士及第者递增至 200~300 名。晋城一县即有 149 名。超过唐至五代 476 年的 8 倍。北宋，宋太初，仕至权御史中丞；刘羲叟，仕至崇文院检讨；王献可，仕至泸州知州、英州刺史；王云，仕至资政殿学士；段思恭，官至镇国将军，节度使。

元朝，8 帝，97 年（1271—1368 年），泽州 5 县进士及第者 80 人。金状元李俊民，极受元世祖忽必烈宠爱，朝廷五诏不仕。

元至明、清，泽州 5 县，人材多如繁星。如，元监察御史贾鲁；明监察

① 岳续明：《"先生"程颢》，《山西老年》2003 年第 01 期，第 39 页。
② 晋城县志编纂委员会编：《晋城县志》，太原：山西古籍出版社 1999 年版，第 920 页。
③ 侯生哲：《古书院与程颢》，《晋城职业技术学院学报》2010 年第 04 期，第 6—7 页。

御史茹太素、兵部尚书侯琎、工部右侍郎张翼、礼部侍郎杨砥、云南巡抚杨继宗、南京户部尚书李瀚、大理评事常伦、户部右侍郎王国光、大理寺正卿张五典、刑部右侍郎张慎言等；清文渊阁大学士吏部尚书陈廷敬、清吏部尚书田从典、刑部尚书白胤、封疆大吏祁贡、湖广布政使毕振姬等。

元郝经在《宋两先生礼堂记》中说，程颢在晋城当县令时，以尧舜禹三代的仁德之政治理百姓，以很好的礼仪制度教化百姓，没有几年时间，晋城县穿儒服的就有几百人，这种影响"达乎邻邑高平、陵川，渐乎晋、绛（临汾、运城），被乎太原，担簦负笈而至者日夕不绝，济济洋洋有齐鲁之风焉。"① 对太原、晋绛等地影响如何，暂且不论，程颢在晋城县办学，对泽州 5 县的影响则十分明显。《泽州府志》和《高平县志》，多处记载"宋程明道先生虽为晋城令，教化旁及（高平），士风发生巨变"，多建庙祠以祀。宋、元以降，高平县修建有"晋城书院"、"宋程书院"，而且是多次翻修、扩建。康熙四十五年，泽州衙门下令调查程明道办学遗址，晋城全县仅查到 6 处，高平县却查到 23 处。② 时隔千年，陵川县郝氏后人追忆：祖上曾从师程明道；说郝氏一门人才济济与受程氏教育有关。

现在，程颢与古书院已成为晋城重要的文化遗产，书院矿现立有一座高大的石雕，上面刻着中国朝代表（图 3-6），并雕刻程颢和相关介绍。在传颂着这位让晋城人民引以为荣的旷世大儒。

图 3-6　书院矿中国期代表石雕

---

① （清）朱樟：《泽州府志》，太原：太原出版社 2001 年版，第 831 页。
② （清）朱樟：《泽州府志》第 53 卷，雍正十三年。

最后是说说考察过程中的两件小事，赘于文中与读者"共想"。

一是在前书院社区一位老人很热情地给我介绍古书院的情况，可是他把程颢说成了"程颖"，后来我知道了其中原因：是前书院改造的宣传张贴中把"颢"写成了"颖"。

二是在书院矿前偶遇晋城某中学的几位学生，我随即就他们对程颢和古书院的了解情况进行了调查。一组是四位男生，他们竟然不知道所处书院社区的来历、不知道古书院的来历，也不知道程颢是谁；另一组是 4 位女生，她们依然不知道。原因是"书上没有"，"老师没讲"。可是就在他们不远处的书院矿的石雕中就雕刻着这方面的简单介绍。一位女生倒很热情，告诉我这些知识可以找"百度"，我问了句："百度在哪里？"那位女生略显诧异："手机上。"

# 第四章 扶沟扬道 大程书院

　　……他（程颢）为政期间，清正廉明，宽厚仁慈，关心民瘼，兴利除弊等方面不亚于汉时南阳的召父（召信臣）、杜母（杜诗），他重视农田水利，发展生产，注重教育，兴办学校，为民造福，百代留芳，特别是他在扶沟创建的书院，千百年来，延续至今仍具规模，这在我国书院史上也是为数不多的。就其历史之长，规模之大、影响之广、保存之完善，不亚于全国著名的四大书院……

——《程颢与大程书院·前言》

## 第一节　执 政 扶 沟

### 一、桐丘扶沟[①]

　　扶沟县地处河南省中部，属周口市。古称桐丘，因境内东有扶亭、西有洧水沟，而改为扶沟。公元前 196 年，即西汉高帝十一年置县，迄今已有两千多年的历史。扶沟历史沿革如下：

　　夏商前 21 世纪至前 11 世纪属豫州。

---

　　① 本部分主要参考文献：河南省扶沟县志编纂委员会：《扶沟县志》（1986 年版），郑州：河南人民出版社，1986 年。扶沟县地方史志编纂委员会编，严明中主编：《扶沟县志（评审稿）》上、下，扶沟县地方史志编纂委员会，2011 年。

西周前 806 年属郑国。

东周前 376 年属魏国。

秦前 225 年属三川郡。

西汉前 196 年—公元 25 年属兖州淮阳国，汉高帝十一年设置扶沟县，"扶沟"名始于此，现址催桥小扶城。

东汉公元 25 年到公元 100 年，改属陈留郡（今开封）。

三国魏、西晋 220 年—266 年，属兖州陈留郡。

东晋 317 年属豫州颍川郡，此年扶沟入新汲县，治所在汲乡，县城南迁改属颍川郡。

北魏 420 年属郑州部颍川郡（复置扶沟县），537 年属许昌郡。

北齐、北周到隋 550—581 年属扬州部颍川郡（隋大业末年，新汲县废，并入扶沟。移县治于桐丘，今城北石桥）。

唐 621 年属北陈州，其年改属洧州（其年废除北陈州，改置洧州，州治在尉氏），627 年属许州（贞观元年，废洧州）742 年属颍川郡（许州改颍川郡），758 年属许州。

后梁、后唐、后晋、后汉、后周（907—951 年）属东京开封府。

宋 960 年属京畿开封府。

金 1127 年属南京路开封府。

元 1271 年属汴梁路总管府。

明 1368 年属河南省开封府。

清 1644 年属河南省开封府，1653 年改属陈州府，1724 年属直隶州，1734 年复属陈州府。

清末民国初，属河南开封道，民国十六年（1927 年）改开封道为豫东行政区。

1947 年扶沟解放，改属鄢陵建立的豫皖苏第五区，1949 年归属淮阳专区，1953 年改属许昌专区，1965 年又设周口专区，扶沟归周口至今。

程颢是扶沟最知名的历史人物，"大程书院"是扶沟人引以为荣的历史名胜，2000 年 10 月，"大程书院"被河南省人民政府定为省级重点文物保护单位。


## 二、在扶时间

程颢曾任扶沟知县，期间弟程颐侍从，因此二程在扶沟活动是以程颢为主体的。关于程颢在扶沟的具体时间，现在存有不同说法，一些学者认为程颢在扶沟时间是从宋神宗熙宁八年（1075 年）至宋神宗元丰三年（1080 年），还有一些学者认为是从宋神宗元丰元年至宋神宗元丰三年（1080 年）。这两种观点的不同主要是在于程颢在扶沟担任知县的开始时间上的认定上。具体说来，前者观点的支持者郝万章在其所著《程颢与大程书院》一书中对程颢在晋城的时间进行了如下考释：①

……及其（程颢）何时来扶，说法不一。程颢的门人杨时所写的《明道先生年谱》中认为："（熙宁）八年乙卯，差知扶沟县事，时年四十四。"濮阳县程氏的后代所存放的《程氏世代宗谱》中写为"（熙宁）八年，差扶沟知县事，四十四岁。"在《历代名儒传》中也认为程颢是在熙宁八年任扶沟知县的。

宋神宗熙宁八年冬十月，彗星见于翼轸之间，这在当时被认为是国家的不祥之兆，将会出现大的灾祸。宋神宗为长治久安，诏求直言。程颢应诏站在反对王安石的立场上，对当时朝政的利弊得失分析得很真切，程颢还在宋神宗面前说了些对王安石不利的话，宋神宗都没有听，"既而手批与府界知县，差知扶沟县事。"从"既而"二字的时间关系上看，这段时间很短暂，最迟在这年底程颢就来到了扶沟。这与《明道先生年谱》、《程氏世代宗谱》、《历代名儒传》上所写的程颢来扶沟的时间相吻合。由此分析，程颢调任扶沟的时间应在宋神宗熙宁八年，此年是公元 1075 年，程颢 44 岁。

而根据卢连章所著《程颢 程颐评传》一书中所载，②宋神宗熙宁八年（1075年）至宋神宗熙宁十年（1077 年），程颢居住在洛阳，职务是监西京洛河竹木务，宋神宗元丰元年（1078 年）冬，才差知扶沟县事。到元丰三年（1080 年），程颢罢官，离开扶沟，当年程颐入关中讲学。管道中先生③与卢持相同观点。另外，潘富恩等人认为"程颢'知扶沟县'时间不长，只有一年左右的时间"，这一观点的依据可以在程颐所撰《明道先生行状》中找到，如"先生为官，无强盗者几一年"，"先生在邑岁余"④等。

通过对现有资料的考辨，本书初步认为程颢担任扶沟知县一职的时间是从宋神宗熙宁八年（1075 年）至宋神宗元丰三年（1080 年）；而程颢本人在扶沟的时间是从宋神宗元丰元年（1078 年）至宋神宗元丰三年（1080 年）。相应地，程颐侍兄扶沟的时间也应该是在宋神宗元丰元年至宋神宗元丰三年（1080 年）之间。

## 三、扶沟身影

程颢在前已有在晋城等地的执政经验，并形成了自己的执政理念。因此，他任扶沟县令，依然是宽厚爱民，教化为先。他在扶沟做了很多有利于扶沟当时和后世发展的好事，赢得了扶沟时人的拥护和后人的敬仰。下面择其一二，讲述如下：

---

① 郝万章：《程颢与大程书院》，郑州：中州古籍出版社 1993 年版，第 239—240 页。
② 卢连章：《程颢程颐评传》，南京：南京大学出版社 2013 年版，第 407—412 页。
③ 管道中：《二程研究》，上海：中华书局 1937 年版，第 257—262 页。
④ （宋）程颢 程颐著，王孝鱼点校：《二程集》，北京：中华书局 1981 年版，第 636 页。

惩教结合，维护社会安定。北宋漕运特别发达，当时漕运分四路向京都汴京开封集运：淮汴之粟由江南入淮水，经汴水入京；陕西之粟由三门峡附近转黄河，入汴水达京；陕蔡之粟由惠民河转蔡河，入汴水达京；京东之粟由齐鲁之地入五丈河达京。上述四河合称漕运四渠。而其中的蔡河主要输送陈（今河南淮阳）、颍（今安徽阜阳）、许（今河南许昌）、蔡（今河南汝南）、光（今河南潢川）、寿（今安徽凤台）等州所提供的粮食，可是它所沟通的地区却不仅限于此。自开封沿蔡河南下入颍，由颍入淮，可达长江下游地区。自开封向西南经颍、沙等水可与邓州（今河南邓州市）、襄阳府（今湖北襄樊）等地相通，是仅次于汴河的另一条南北水运要道。当时蔡河流经开封府扶沟县，与广济河相连，所以扶沟的运输业特别繁荣，也形成以抢劫过往客商货船为业的"河盗"，就是在丰收之年，盗贼抢劫的重大案件也不少于十多起。他们每年还要烧掉十多艘船只，以对船主造成威慑，向百姓显示他们的威风，俨然形成了地方恶势力，成为影响扶沟社会安定的严重祸患，对当地经济的发展和老百姓的财产安全带来了严重威胁。程颢来扶沟后，便着手铲除河盗之患，整肃漕运。他让手下先抓捕一个河盗，使他引出了其他同伙几十人，将他们一并抓获。程颢采用惩处和教育相结合的办法，允许他们只要改邪归正，就不再追究过去的罪恶。然后让他们分开居住，让他们以拉船为生，并且对他们进行监督，一旦发现再次犯案的顽固不法分子，就会从严惩处。通过惩教结合的实施，不久扶沟县烧船、抢劫的社会大患便消除了，大大改善了扶沟的治安条件，从而使得漕运安全顺畅，百姓安居乐业。如程颐所言，"先生为官，无强盗者几一年。"程颢在扶沟广施明政，对匪盗惩教结合取得良好效果，对于小偷则更重于宽厚与教化。说是程颢在扶沟为令时，有一个小偷犯案被抓，程颢对他说："如能改行，吾薄你罪。"也就说，如果小偷答应能做到改过自新，自食其力，不再偷盗，程颢将减轻对他的惩罚。小偷立即向程颢磕头表示愿意改过自新，小偷被放。可是几个月后小偷又重操就业，翻墙偷了别家的东西。当县衙捕快到小偷家，将要破门要缉拿之时，小偷痛哭流涕地向老婆说："我已经向程大人保证不再偷盗，可是如今我又偷了别人的东西，真是没脸再见程大人！"说罢，竟然自杀了。

均减赋税，维护公平。当时扶沟县的税收很重，老百姓难以承受。国家为减轻百姓的负担，每年都相应地减免一些赋税，以表示对老百姓的关怀。但实行起来却多有弊端：安分守己的百姓，往往害怕官府的催促责骂，再困难也按规定如数把赋税先交了国家，而那些被减免赋税的却大多是些不遵纪守法的人，他们一直拖到官府减免了他们的赋税才算了事。程颢见到这种不合理的现象后，十分震惊，并坚决给予纠正。他下令让原来没有交赋税而得到减免的，必须按期如数交齐。对于政府所免征的赋税，根据实际情况，依田地的多少，户口大小，给以合理分配。这样官府给老百姓的恩惠人人都能分享到一份，消除了以往那种不合理的现象。

奏免加税，赈济灾民。为官一任，造福一方，就是这样，程颢在扶沟为令，一心为百姓着想。当时北宋根据各家各户财产的多少，主要是占有土地的多少划分为五等，匹配相应的赋税、差役和徭役等。而当时缴纳差役钱的税收制度在全国其他地方已经达到四等户人家，而所处京畿各县只达到三等户人家。为增加国库收入，司农官向宋神宗提出建议，京畿各县也应和全国其他地方一样，实施缴纳差役钱这一税收制度。这一建议当然涉及地处京畿的扶沟县，得知这一消息后，程颢立即上述朝廷，极力奏明这种做法的不妥之处，并被宋神宗采纳。司农官对程颢"不顾大局"的做法非常恼火，他们奏请宋神宗严惩程颢，也许是宋神宗认为程颢所奏合乎情理，也许是因为宋廷认为王安石的变法较为激进，容易引发社会矛盾。社会稳定，特别是京畿的稳定更为重要。最后宋神宗既没有处理程颢，也没有增加京畿所属各县百姓的赋税。

有一年，扶沟县境因大雨造成水灾，很多良田被淹没，人们无法生活。作为父母官的程颢看到这种现象，心中很是着急，便向上级请示：让老百姓先从国家粮库里借贷一些谷物维持生活，待秋粮下来后，再还给国家。与此同时，扶沟的邻县也遭了水灾，他们的知县也向上级提出贷粮的请求，面对各县提出的赈灾要求，司农官很生气，就派人下去调查真实情况。邻县的那些知县迫于畏惧，马上改口说，秋庄稼就要收得了，老百姓不需要再借贷粮食。调查官吏来到扶沟，程颢根据水灾的真实情景，以百姓的苦难为重，不愿背着良心改口，仍然坚持要求为老百姓借贷粮食。调查官吏起初不顾灾情，根本不同意程颢的意见。经程颢极力解释，苦口陈述百姓饥荒，如不借贷粮食就无法生活。调查官吏才同意贷给扶沟县灾民六千石粮食，使扶沟的百姓顺利度过饥荒。粮食虽已借给了老百姓，可管钱粮的官吏出于对扶沟不满，无事生非，借口说贷粮的户数相等，而各户所贷粮的数量不一样，是发放贷粮的人员从中作祟，要求程颢严惩发放贷粮的官吏。程颢向管钱粮的官吏解释说"救济饥民，应当根据实际情况，要以户口的大小，人口的多少为原则，而不应该以户数平均进行贷粮，这是我叫他们这样办的，一切与他们无关。"这才使发放借贷粮食的官吏免受惩罚。

不畏强势，招待从简。程颢在扶沟对于朝廷派来的各类督查官员总是厉行节约，从简招待，不为强势所屈。宋神宗元丰初年，京畿开封所属各县、各保甲都组织民兵，保护地方，提防盗贼。当时内侍都知王中正奉旨到各县巡察保甲情况。王中正当时深受皇帝的宠爱。他每到一县检查都是作福作威，索取钱财，知县们也都迫于他的权势，而屈从相迎，盛情招待，还争着送好礼物，讨好、巴结。扶沟官员得知这一情况后，也建议程颢效仿他县，隆重招待王中正。程颢不同意那种做法，他说："咱们扶沟县很穷，不能效仿其他各县的招待办法。再者，为了向王中正送礼而增加老百姓的负担，这也国家法令所严令禁止的。王大人到访我们县时，不能搞特殊招待，我还有一个破帐子，可以供他住宿时使用。"王中正或许了解程颢的为人为官，也感到自己对程颢也无计可施，因此，王中正到各县巡察时，几次从扶沟县境经过，却从来没有进城打扰过。

掘井修渠，发展农业。程颢在扶沟时，非常注重农业的发展，对于农业生产，程颢既有应急之举，又有长远规划。特别是在灌溉工程的建设方面，程颢极为用心用力。有一年春天，扶沟遭遇大旱，麦苗将要枯死。面对这一自然灾害程颢通过研究，提出"掘井以溉"的自救办法。于是他教给农民打井的办法，这样打一眼井，花费人力物力不多，却能浇灌好几亩地。"掘井以溉"普遍实施后，基本解除了扶沟旱情，庄稼也有了较好的收成。

扶沟地势比较低洼，每年旱涝不均，给农业生产带来很大的困难。程颢根据这种情况，规划设计，在离任之前开沟挖渠进行治理，希望工程得到实施，以利于扶沟农业的长远发展。他说："如果要使扶沟形成完善的沟渠设施，没有几年的时间是不能建成的，我现在已经做出规划，并且开始实施，目的是开个头，让后人知道这样做的好处，才能把治理水患的事情继续做下去。"良苦用心，苍天可鉴。

办校兴学，传播道学。程颢做官期间，总是心系教育，程颢在扶沟除敬业于政务之外，仍旧积极建立学校，教育扶沟子弟。他秉持每乡必有校的宗旨，在扶沟全境建起了乡校、社学多处。还在县衙后建立书院一处，招收扶沟子弟集中教育，他还亲自书写"书院"二字悬挂在书院大门之上。这座书院就是绵延至今的扶沟"大程书院"。程颢在扶沟如同在晋城一样经常到学校巡视，并亲自讲授课程，为儿童勘校课本、正句等。另外，为提高扶沟教育质量，他还请其弟程颐，共同参与扶沟的兴学传道。实质上，在程颢为官扶沟期间，程颐的绝大部分时间也是侍兄扶沟，致力学术研究，帮助其兄兴办学校的。据《宋元学案》所载："伊川以事至京师，一见（游酢，字定夫），谓其资可进道。时明道知扶沟县。兄弟方以倡明道学为己任，设庠序聚邑人子弟教之。召先生（游酢）来职学事，先生欣然往从之。"① 可见，程颐为其兄在扶沟兴学在招聘老师，程颢让游酢在扶沟书院掌学事。后来，游酢成为二程四大高足之一。除此之外，二程在扶沟继续收徒讲学，弘扬道统。据《二程集》所载："谢显道习举业，已知名，往扶沟见明道先生受学，志甚笃。明道一日谓之曰：'尔辈在此相从，只是学某言语，故其学心口不相应。盍若行之？'请问焉。曰：'切静坐。'伊川每见人静坐，便叹其善学。"② 期间，

① （清）黄宗羲原著，（清）全祖望补修；陈金生，梁运华点校：《宋元学案》第一册，北京：中华书局1986年版，第529页。
② （宋）程颢 程颐著，王孝鱼点校：《二程集》，北京：中华书局1981年版，第432页。

蓝田吕大临也来扶沟，拜学二程。可见，当时的扶沟是群儒荟萃，文风鼎盛。

关于程颢在扶沟尽心尽力，为民不懈的执政精神，在《河南程氏外书第十二》亦有文记载如下：

> 扶沟地卑，岁有水旱，明道先生经画沟洫之法以治之，未及兴工而先生去官。先生曰："以扶沟之地尽为沟洫，必数年乃成。吾为经画十里之间，以开其端。后之人知其利，必有继之者矣。夫为令之职，必使境内之民，凶年饥岁免于死亡，饱食逸居有礼义之训，然后为尽。故吾于扶沟，兴设学校，聚邑人子弟教之，亦几成而废。夫百里之施至狭也，而道之兴废系焉。是数事者，皆未及成，岂不有命与？然知而不为，而责命之兴废，则非矣。此吾所以不敢不尽心也。"

## 第二节  大 程 书 院

诚如本章一开始的书摘所言，大程书院"就其历史之长，规模之大、影响之广、保存之完善，不亚于全国营名的四大书院"。笔者通过对其所考察，确有如此感受，并且认同郝万章在《程颢与大程书院》中的观点："在程颢任职地方所建的学校中，如晋城、扶沟是程颢亲自提倡建立的；户县、上元、濮阳均是后人为纪念程颢而建立。而且这些学校、书院，如晋城的学校，在宋时就多达百所以上；上元县的'明道书院'，宋理宗曾为之赐额，荣极一时，户县乾隆年间建的'明道书院'，规模宏大，州县生员都能在此攻读。但这些学校，不管是乡校、社学、书院，也不管建于何时，均从文献记载上可见，而不复有任何遗迹可寻。而真正保留下来，并且具有相当规模的古代书院，只有扶沟大程书院一个而已。"①另外，李兵认为，从现有历史文献而言，从创立的目的、教学活动以及教学效果而言，二程创立的扶沟明道书院是书院和新儒学结合的真正开始。②

笔者到了扶沟，看到大程书院的大门就兴奋万分，因为在对二程兄弟所创建的其他书院遗址进行考察时，还没有见到任何有二程相关标识的书院"大门"，如伊川县内的伊川书院，其大门与周边民居建筑无异，没人介绍或不走进院内仔细辨认，确实令人难以置信那就是曾经的伊川书院。走进大程书院，更是使人感到耳目一新、心胸一亮。通过考察、分析、对比，扶沟大程书院是现在二程兄弟所

---

① 郝万章：《程颢与大程书院》，郑州：中州古籍出版社 1993 年版，第 163 页。
② 李兵：《书院与科举关系研究》，厦门大学 2004 年博士学位论文，第 63 页。

创建书院中保留最完整，包括建筑实物和文字资料，也是专门研究最深入的一所书院，如郝万章编著的《程颢与大程书院》、王勇智编著的《大程书院楹联集萃》等，而二程所创建的其他书院当前尚无专门研究成果出版。让我们走进大程书院，领略其布局，欣赏其建筑风格，并穿越时空隧道，探寻它的历史渊源。

## 一、走进书院

大程书院位于河南省扶沟县城书院街 40 号（图 4-1），扶沟书院街和书院街居民委员会作为地标可以说是对大程书院的永久记忆和见证。大程书院坐北朝南，现存建筑东西宽 39.9 米，南北长 73.65 米，占地面积 2938.6 平方米（原占地 9600 平方米），有房屋 81 间。其中大门 3 间，龙门 3 间，立雪讲堂 3 间，东西廊房各 2 排，每排 13 间，共 52 间，古松 2 株。书院总体为蓝砖布瓦（小青瓦），古代风格的柱廊式建筑。与我国北方传统民居四合院一样，以中轴线呈严整对称布局。大门、二门（龙门）、立雪讲堂依次排列在中轴线上。大门两侧耳房 10 间，东西对称和大门混为一体，雄伟壮观。"龙门"与大门风格相似，面阔三间，两侧有耳房 8 间，由月亮门通向东西耳房，各成小院，清静幽然。东西廊房是当时举行县试的文场，是目前国内保留最好的古代科举考场原貌。

图 4-1　书院街与大程书院

走进书院（图 4-2[1]），迎面是青石台阶，朱漆大门，高柱重梁，砖山瓦顶，重檐叠脊，布瓦跑兽，木雕彩绘引人入胜，大门、龙门、立雪讲堂、东西文场、匾额楹联等浑然一体，体现了中国古典建筑气势恢宏的传统特色，大程书院建筑具

---

[1]　郝万章：《程颢与大程书院》，郑州：中州古籍出版社 1993 年版，第 70 页。

有很高的历史、科学、文化和艺术研究价值。1983 年 2 月被扶沟县人民政府公布为县级重点文物保护单位。1984 年成立扶沟县博物馆，设于大程书院。2000 年 10 月被河南省人民政府公布为河南省重点文物保护单位。2008 年 1 月向社会免费开放。

大门。大程书院大门（图 4-3）面临书院街，大门亦称"中门"、"黉门"。该建筑座北面南，面阔三间，进深两间，六架椽，单檐硬山顶。山墙前后檐均有墀头，砖雕精细。建筑面积 50.7 平方米。大门前额题有"大程书院"四字横匾，由我国著名书法家陈天然先生手书。大门前廊柱有联："桐丘栖凤泊水腾龙中州锁钥流芳远，讲院坐风程门立雪北宋硕儒遗泽长。"该联是中国楹联学会理事胡吉祥先生所撰，由中国书法家协会主席张海先生所书。楹联的内容概括了程知县以德治县的政绩，书体的飘逸象征着程夫子以教育人的风范。大门前墙一侧挂有"扶沟县博物馆"竖牌，馆名是由我国著名书法家吴三大先生题写。扶沟县博物馆建于1984 年 4 月，它与大程书院结成一体，对于保护和宣传大程书院起到了很大的作用，这一模式值得借鉴和推广。穿过大门即见二门，回望大门后门的立柱上亦有楹联一幅，上联是：书院播春风蔚起人文高北斗；下联是：程门腾紫气恢弘教化壮中原。这幅楹联由北京大学东方学系教授、中国楹联学会副会长、北京大学书法学会副会长谷向阳先生撰书。该联高度是对大程书院对培养人才和传承文化的高度赞扬。

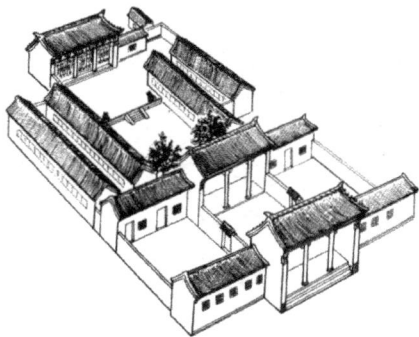

图 4-2　大程书院鸟瞰图

图 4-3　大程书院大门

龙门。大程书院的二门称为龙门（图 4-4），为什么称之为龙门？这里就有故事了：据传说，黄河上的龙门，群山对峙，黄河奔流其间，波涛汹涌，咆哮如雷，《三秦记》中有鱼跃龙门的神话传说：每年三月冰化雪消之时，有黄河鲤鱼从百川汇集龙门之下，竞相跳跃。一年之中能跃上龙门的鲤鱼只有七十二条。一登龙门，云雨随之，天火烧其尾，乃化为龙；登不上龙门者，点额曝鳃，指伤其额。难怪老人传说，过去在黄河上捞鱼的人如果捞到头顶有红的鲤鱼，就立即放回黄河中。学校招生出榜，姓名上点红作法就来源于此。凡是跳不过去，从空中摔下来的，额头上就落一个黑疤。直到今天，这个黑疤还长在黄河鲤鱼的额头上呢。因其不易登越，是为可贵。过去科举时代，把名题金榜的人，叫跃上龙门，即所谓"一登龙门，身价十倍"。后以"鲤鱼跳龙门"比喻中举、升官等飞黄腾达之事，也用来比喻逆流前进、求知探索、奋发向上的求学精神等。把二门取名龙门，意在进入此门的求学人将来必有登弟的希望。千百年来，扶沟县及豫东各地的民众世世代代争先恐后地携带子孙来这里跳龙门，以期带来好运，逐渐形成了风俗，有了"龙门六跳"之说："一跳龙门，金榜题名；二跳龙门，青云直上；三跳龙门，财源广进；四跳龙门，百年好合；五跳龙门，得生贵子；六跳龙门，福寿康宁。"

图 4-4　大程书院龙门

所以，二门的上额悬有河南省著名书法家陈国祯先生所书的"龙门"匾额，下面是两个石龙拦门，二门廊柱上的楹联也与龙门相关："仰先贤振铎传经早有声名同鹿洞；看游客披襟揽胜各抒俊采过龙门。"上联称赞大程书院与南宋理学家朱熹创建并讲学的庐山白鹿洞书院齐名，下联描绘游人乘兴游书院过龙门的情景，形象生动，清新明快。特别是以"鹿洞"对"龙门"十分工巧，浑然天成，读来令人拍案叫绝，心向往之。二门一侧所支一牌，就是关于龙门的来历以及"龙门六跳"的内容介绍。现在，到了大程书院，越来越多的人仿佛只知道"龙门"而不知"二门"了。

龙门前两个月亮门把前院分为东西两院，清静幽然，是程颢当年接待学生、会客、临时休息的场所。现为扶沟县文物局办公用房。

立雪讲堂。跳过龙门，向北即见一座巍峨庄严的大殿，即见大程书院的核心建筑——立雪讲堂（图 4-5）。讲堂高约十米，面阔三间，单檐斗拱，每间"六攒"，每攒三斗两昂，非常紧凑。高大雄伟，蔚为壮观。讲堂山墙槫头的砖雕，比起二门的槫头，似乎更加精致一些，盘头仍然是白色上青灰色圆形凸刻砖雕图案，形似莲花，槫头中部为一只咆哮奔腾的雄狮，柱础作成几案形式，腿部形成一种潇洒的圆钩，上面为一只安详的睡狮，柱头顶部采取叠涩形式，上面饰以植物纹样，柱头的旋涡纹非常有意思，与古希腊爱奥尼克柱式的旋涡极其相似，侧面为爱奥尼克柱头涡卷的倒置形状，正面则像是两个并列倒置的爱奥尼克柱头的涡卷，而且涡卷的 S 形比起爱奥尼克的对称式涡卷更有意思。这也从一个侧面反映了西方建筑文化对中国建筑文化的影响。大程书院和其他书院最大的不同，就是有所为而又有所不为，书院有许多地方，大胆地采取简略方式，完全不施脂粉，追求古朴趣味和乡土气息，而书院当中比较重要的地方，在装饰设计和用料上却都非常讲究，比如立雪讲堂的彩绘，完全可以用金碧辉煌、富丽堂皇来形容，立雪讲堂的木门木窗，虽然没有复杂的人物和动物造型，装饰性却很强，很有特色。立雪讲堂的木门木窗，实际上是一种简单的隔扇装饰，门额整体用小方格形式，门脸和大门整体采用八角形套方形，使上下的隔扇产生对比和变化，由于使用面积大，做工精细，讲堂整个正立面就产生了一种韵律感和特殊的装饰效果。

图 4-5　大程书院立雪讲堂

大门横额悬有"立雪讲堂"金字匾额，墨宝饱满、匀称、大气，由著名书法家吴三大所书。大门两边的廊柱上镶有楹联："立雪见精诚，树尊师以令范；设堂明理性，遗重教之高风。"这副对联既解释了立雪讲堂的意义，又阐明了设立讲堂的作用，而且强调了保护这个讲堂的文物价值和现实作用。该联由中国楹联学会会长、著名书法家马萧萧先生撰书。

　　走进立雪讲堂，可见程颢雕塑（图4-6）端坐在迎门的"讲台"上，他身着红色官服，左手执书，右手微微前伸，面带春风，仿佛在给大家有声有色地讲解道学。史书记载，程颢平时独坐或闭目养神，或思考问题，总是一脸严肃，一动不动，像雕塑一样。而给学生解答问题或待人接物却一团和气，满面春风。留下"满座春风"的典故。据说大程书院的师生关系非常融洽，在这里老师不仅以自己渊博的学识教育学生，同时还以自己高尚的道德情操感染熏陶学生。"程颢"前两侧立柱上镶有楹联，上联："明道先生，泽被大野，身退位卑名重，"下联："桐丘热土，锁钥中州，教兴文蔚士贤。"该联由中华诗词学会常务副会长，中国书法家协会理事，中国煤矿文联主席、书法家协会主席梁东撰书。一旁的立牌是"程颢简介"：程颢（1032—1085年），字伯淳，世称明道先生，河南洛阳人，北宋著名的思想家、教育家、理学的奠基人。宋仁宗嘉祐二年（1057年）进士，先后任户县、上元县主簿、晋城县令、太子中允、监察御史里行、镇宁军节度判官、太常丞、扶沟知县。他在扶沟任上，治理水患、掘井灌田、均釐赋税、减轻百姓负担、赈贷饥民、不阿权贵、注重教化、兴办学校，在扶沟五年，为扶沟人民做了大量的好事，现存的大程书院就是程颢任扶沟知县时所创建的，至今扶沟人民还深深地怀念这位封建社会的清官廉吏。

图4-6　大程书院程颢雕塑

　　在"程颢"的左手边是一组雕塑，再现了程门立雪（图4-7）的典故：屋内程颐正闭目侧坐，屋外的积雪中站立着程门的两个高徒杨时和游酢，他们正透过小窗望着小憩的先生，等候他的召见。在这组雕塑的旁边立有一牌，对"程门立雪典故"和"立雪讲堂"做了简要注解：这幅场面为"程门立雪"。"程"指宋代理学家程颢的弟弟程颐。"立雪"是在雪中侍立，这是指程颐的门人杨时、游酢，一日去见程颐，时值大雪，程颐瞑目而坐，二人遂侍立下去。待程颐醒时，杨时游酢二人仍不肯离去，这时外面积雪已有一尺多深，这个典故就叫"程门立雪"，比喻求学心切及尊敬师长、尊师重道之意。

图 4-7　大程书院程门立雪群雕

此大殿名为"立雪讲堂"，其意表示在此书院求学的学子们，都要像杨时、游酢那样，以虔诚好学的心对待老师，努力学习，将来好鲤鱼跳龙门、荣登金榜，以便仕进，为国效力。

在程颢、程颐雕塑的前方的立柱上镶有对联一幅："大器晚成，大器早成，晚成早成皆大器；程门立雪，程门霁雪，立雪霁雪满程门。"该联别出心裁，上联意指大程、小程二兄弟的成才之道，下联喻意程颢程颐的为师之道，"早成"和"晚成"可以分别指哥哥"大程"、弟弟"小程"，"程门立雪"指程颐传道，"程门霁雪"指程颢讲学。楹联与胡须浓黑的哥哥和胡须雪白的弟弟相对而挂，如此设计，确也别具匠心。此联由中国楹联学会副会长、《中国楹联报》总编辑夏茹冰先生创作，中国书法家协会副主席，辽宁省书法家协会主席兼秘书长聂成文先生手书。驻足该联前，解说员侃侃道来："两程塑像中，哥哥程颢黑发黑须，弟弟程颐白发白须。传说程颢'生而知之'，不费吹灰之力就满腹经纶，而程颐是'学而知之'，刻苦读书，学白了头发，故才有了渊博的学识。其实，程颢虽然是哥哥，但死时才 54 岁，故黑发黑须；弟弟程颐死时 75 岁，当然白发白须。如此传说无非是告诉后人，不论具有什么样的天资，只要刻苦努力，终能获得大学问，成就大事业。"这番设计对于参观者更具教育意义。

在"程颢"的右手边另有一组雕塑，展现的是从大程书院走出的历史名人（图4-8）。在这组雕塑中站位第一的是明代户部、兵部、刑部尚书刘自强，他身着红色官袍、手持书卷，端庄儒雅。另外还有吏部尚书刘泽深，一代才子江南提学副史李梦阳，广东道监察御史杜化中，柳堂、罗赞、曹嘉、卢传元、郝维乔、何出光、何出图等。在群雕的前侧墙壁上挂有"扶沟历代名人简介"匾牌，对群雕人物逐一介绍，观者既可以看到扶沟名人的形象，又可以了解到他们的事迹。如对刘泽深的介绍："刘泽深，字涵元，扶沟县人，明万历二十八年（1600年）举人，二十九年（1601年）进士。初任河北密云县令，改元氏县令，升刑部主事、北平知府。后升为湖广参议，又升为陕西按察使、右布政使，转山西左布政使，后因病回家休养。崇祯十年（1637年）任兵部侍郎，十三年（1640年）升为刑部尚书，以其积劳成疾而卒，赠太子太保。县城西街的'三世叠封'坊即为其任刑部尚书时所立，今已不存。群雕中的位置是南起前排第二位。"置身其中，使人更加感受到程颢和大程书院对扶沟的贡献之大，影响之深，也更加感受到扶沟人民代代对程颢的敬仰。据史料记载，从程颢注重教化、兴建书院，到清朝末年，扶沟县共产生了进士38人，举人123人，副榜、拔贡等564人，居官者342人，其中任尚书的就有3人，布政使、御史及州官吏共有136人。例如，明代贤臣刘自强，官至兵、刑、户三部尚书，为官清廉，朝野称颂；明代文豪李梦阳，诗坛巨擘，独领"前七子"之首；明代何家一母二进士，官清诗隽。进入现代，著名抗日吉鸿昌将军，骁勇善战，屡立战功；抗日名将吉星文，七七卢沟桥事变，打响了中国全民抗战的第一枪，历次对日作战身先士卒，勇往直前，战功卓著。现代画家胡蛮，为首创《中国美术史》的第一个马列主义美术理论家；诗人柳堂创作了许多脍炙人口的诗词等等，都与程颢重教育人的遗风密切相连。[①]他们不仅是扶沟杰出人才的代表，是传承和弘扬中华优秀传统文化和扶沟文化的光辉典范，而且也是扶沟人民的光荣和骄傲。可以说，程颢与大程书院在不同历史发展时期都为扶沟教育的发展做出了重大贡献。

步出立雪讲堂，讲解员自豪地讲道："新中国成立后，扶沟县的教育事业一直处于领先地位，仅从恢复高考制度以来，扶沟县的高考成绩已经连续18年位居周口市之冠，已为国家培养大中专院校优秀学子两万多人，他们当中已经成长为副教授以上及留学国外，获得博士、硕士学位的就有二百多人，已经成长为各条战线上的骨干力量。酒泉卫星发射基础副总工程师朱忠刚就是我们扶沟人。这正如一首《题大程书院》诗中所说：'抚今怀古多感慨，科教兴扶桃李红'"。

东西文场。在通往"立雪讲堂"的中轴线两侧，左左右右对称排列着东西文

---

① 注：本部分主要参考了郝万章所著《程颢与大程书院》（中州古籍出版社1993年版，第78—92页）和《大程书院解说员的讲解。

图 4-8　大程书院历史名人群雕

场，呈南北行向，分为四排，每排各 13 间，是科举考试时代，扶沟县举行童试的场所。东西文场整体建筑结构严谨，布局规整，雕梁画栋，古朴典雅。全为蓝砖布瓦，古代风格的柱廊式建筑，是目前国内保留最完好的古代科举考场之一。

大程书院具有童试功能的建筑成于光绪十一年（1885 年）。之前，每当扶沟县举行童试的时候，就临时采取"支席为舍"的办法，应试者则要"自携几案从事焉"，给考试的进行带来诸多不便，如遇到风雨天就更麻烦了。1871 年至 1878 年杨恩铭任扶沟知县的时候就开始有了建考院的设想，可是没等实施杨恩铭就移官它处了，建考院一事也就停了下来。直到光绪十年（1884 年）在孟宪璋的主持下，在原大程书院的基础上建成了书院与考院于一体的书院格局，结束了扶沟县没有考院的历史，也扩大了大程书院的建筑规模，从谷同顺所绘《曾用作院试的大程书院考场》一图（图 4-9）中足见当时大程书院的宏大规模。现在，从东、西文场门前廊柱上的楹联依然可以感受到科举考试的气息。

图 4-9　曾用作院试考场的大程书院图（谷同顺绘）

文场夺魁识见无形求大道，丹青载誉人生有限葆清明[1]

刺股悬梁磨穿铁砚十年苦，凝神奋笔鼓起征帆万里程[2]

　　步入西文场更使人感受科举的氛围，西文场现为"明清科举制度展"，该展通过生动活泼的图文介绍，栩栩如的"考场"再现等方式全面介绍了我国明清时代科举制度与考场情形。使古老的文场再度焕发活力，肩负起了传播科举文化的历史新使命。东文场为扶沟县博物馆石雕石刻陈列展，已有陈列展品上百件。展品上自新石器时代，下至中华民国，总类有石佛、石碑、墓志、鱼缸、浴盆、花盆、板画、砚台以及生产工具等。如此齐全，在县级博物馆确实少见，也许只有如此才能与历史久远、声名远播的大程书院相媲美。

　　院中景致。参观了主要建筑，踱步在由龙门、立雪讲堂和东西文场形成的敞亮庭院（图4-10）中，欣赏院中的树、石、花、台，就另有一番情趣了。

图4-10　大程书院院中景致

　　"树"指院中的两棵古松，院内这两棵古松，也叫楷树。楷模是汉语中的一个常用词，其意为榜样、模范、法式。关于"楷模"一词的由来，北宋人孙奕在其所编著的《履斋示儿编》一书的卷十三中说："孔子冢上生楷，周公冢上生模，故后世人以为楷模。"这两棵树树龄约三百多年，由清康熙二十八年（1689年）知县缪应缙重建书院时亲手所栽，苍劲挺拔、生机盎然、蔚然成荫，象征着学子们

---

　　[1]　本联由中国楹联学会会员、副研究员杨柳创作；中国书法家协会理事、河南省书法家协会副主席王澄书写。
　　[2]　本联由中国楹联学会常务理事、河南省楹联学会副会长兼秘书长李文郑创作；中国书法家协会副主席，河北省文联副主席，河北省书法家协会主席兼秘书长旭宇书写。

努力向学，立志成为国家栋梁。巍巍古松给书院增添了历史的沧桑感和浓郁的感染力。

"石"指院中的两尊石雕赑屃（bì xì），这两尊赑屃的实际用途是碑座，出土于原清代扶沟县衙。赑屃又名龟趺、霸下、填下，龙生九子之七，貌似龟而好负重，有齿，力大可驮负三山五岳。其背亦负以重物，多为石碑、石柱之底台及墙头装饰，属灵禽祥兽。赑屃和龟十分相似，但细看却有差异，赑屃有一排牙齿，而龟类却没有，赑屃和龟类背甲上的甲片数目和形状也有差异。常被应用于建筑，成为中国古代建筑的重要元素，在全国各地的宫殿、祠堂、陵墓中均可见到其背负石碑的样子。它总是吃力地向前昂着头，四只脚拼命地撑着，挣扎着向前走，但总是移不开步。赑屃是长寿和吉祥的象征，据说触摸它能给人带来福气。关于赑屃还有一个传说，说是在上古时代，赑屃常驮着三山五岳在江河湖海里兴风作浪。后来大禹治水时收服了它，它服从大禹的指挥，推山挖沟，疏遍河道，为治水作出了贡献。洪水治服了，大禹担心赑屃又到处撒野，便搬来顶天立地的特大石碑，上面刻上霸下治水的功迹，叫赑屃驮着，沉重的石碑压得它不能随便行走。

"花"指梅花，院中有梅花数株，种类不一，有直枝梅、垂枝梅、龙游梅、杏梅类、樱李梅类等。梅花是君子之花，仿佛在劝告人们要注重修身，做个君子。梅花是坚毅之花，仿佛在向学子们讲述着"宝剑锋从磨砺出，梅花香自苦寒来"的亘古道理。

"台"就是程台（图4-11）了。立雪讲堂前是一高阔平台，称为程台，又名扶台，由程颢任扶沟县令时的读书处而得名。据说，程台高数仞，古松环绕，上筑庭堂，因程颢接人待物满面春风，故又称春风庭。每当瑞雪纷扬之际，程台巍峨

图4-11 程台

于银色苍穹之中，玉装素裹，缥缈依稀，巍峨壮观。扶沟县将其列为八景之首，美称"扶台晚照"或"程台霁雪"。光绪《扶沟县志》记载"台高数仞，古松环绕，雨雪初霁，有琼楼玉宇之观。座上风暖，门外雪深，伊人何在，盖不胜其神往云。"往景不存，现有前人诗作两首，让我们遐想程台霁雪的美景。

### 程台霁雪
（清）王光第

艳说程门雪，今朝踏雪来。

人如行玉宇，地本胜金台。

瑞日祥云度，披天拨雾才。

苍茫怀古意，夕阳满青苔。

### 程台霁雪
（清）吕阳桐

此处当年栖凤鸾，凤鸾栖处少严寒。

至今雪霁荒台上，犹带春风气一团。


## 二、历史沿革

我们通常把程颢在扶沟所创立的书院称为大程书院，可是它在不同的时期有不同的称谓，功能也有所不同，从其历史沿革中可以清楚地看到这一点。

北宋期间，程颢在扶沟任知县期间在县公署之后创建书院，招收邑民子弟集中教学，并亲书"书院"二字悬于书院门上，这是扶沟县大程书院的开始。此时，程颐、游酢等人也在此执教，使书院成为当时享誉中原的教育重地。

元代，书院改为"明道先生祠"，收徒教学活动中断。随着朝代更迭，兵乱践踏，年久失修，后来就只剩下残垣断壁了。

到了明代，扶沟县开始着手重修明道先生祠，主要有两次，一次是明代宗景泰四年（1453 年），在扶沟知县陈纪主持下重修，当年十月初三动工，次年二月十五日竣工。对此，刘定之撰写的《重修明道祠记》中如是记载："今县令陈君纪有意新之而未果，河南宪副尹公内则按临，嘉是举，使勉成之。于是计工集材，创始于景泰四年十月初三日，落成于明年二月十五日，不为亭而为祠，以先生过化之地，宜尊敬焉而不可狎也。据图肖先生像、冠服如宋时之旧者，存其真也。"另一次是在明成化十九年（1483 年），由扶沟知县胡孔昭主持再修明道祠，严宪撰《重修明道先生祠碑》以示永记：

豫国公程明道先生祠，在扶沟令公廨之前右者，盖以先生仕于其国，尝筑扶台建亭于此，以听政、施教故也。先生以道从祀先圣庙庭，天下之通祀也，扶亭乃得专祀之者何也？因其过化之地，道之所在，思其人，崇其祀，而祠事建焉，系人心崇德化也。肇建莫详所自，历岁既久，祀宇圮坏。成化庚子秋，真定胡公孔昭以京闱进士，来命兹邑。下车之初，躬谒祠下，见其敝隘，既欲重创，第庶务方殷弗果。成化癸卯春，政成民信，遂择胜地，改创于琴堂之西，中为祠堂三间，傍为书斋三间，重门周垣，深邃严密，创塑先生以下遗像，神气秀严，俨然如生，黝垩丹壁，焕然一新，经始于是年春三月，落成于秋七月，于是邑之宿儒、耆老相率请记。予邑人也，奚可以辞？予惟先生以道学君子为扶沟县令，专尚宽厚，以教化为先，禁治强寇，息焚舟患，经画沟渠，捍泄水害，均蠲税之惠，免输役之钱，命民掘井而灌枯槁，请发粟谷而贷饥民，不阿权宠以厉民，不徇民服以免赋，遗爱余迹，班班故在也。此祠事之所为建者，岂特以先生承斯道之统为然哉！昔者循吏有既去而民见思，为之立祠者，所以系人心于无穷，崇德化之有本，殊未可与天下之通祠例论也。乃若胡公之饵道、安民、置渡、便下、约足、逋负优、免科役、擒发巡部伪隶，发仓给种、赈济抚流、移之复业，请灾伤之蠲赋，公余，则延生徒，训于书斋，盖与先生之教化，异世而同符者也。他时慕公之德政，企公之遗爱，未必不立祠以祀公如先生也。虽然先生之道俱在方册，天下后世之所共仰而尊之者，匪徒吾扶为然，而祠宇不称，一旦贤令作兴，伟然壮观，如是后之奉其祀，必也思其人；思其人。必也为其道，此宪之所望于后来，而亦今日所当自勉者，宜记。[1]

到了嘉靖二十五年（1546年），由知县黄铎易主持改建明道先生祠，此次改建在南街西巷，易名为"明道书院"。历经数百年之后，终于恢复了"书院"之名，亦具书院之实。

清代，"明道书院"几易其名，如社学、义学等，到乾隆十二年（1747年）"大程书院"一名诞生。清代既是大程书院的鼎盛期，也是其转型期。以下简要介绍大程书院在清代的历史沿革。

社学。清康熙八年（1669年），知县高锡爵重修明道书院。康熙二十八年（1689年），知县缪应缙在书院旧址建社学。同年扶沟人己巳科进士罗绅主讲书院。当年立《社学记碑》以示纪念，碑文由何际美撰写，内容如下：

天下不可一日无政教，故学不可一日而亡于天下。古者先王既设大学以养成材，而夏设小学以养童蒙，其所以教人之法详而有序，故古之天了，皆可用之材也，然则后世社学之设，其即小学之遗意乎！立社学使乡里童子读

---

① 郝万章：《程颢与大程书院》，郑州：中州古籍出版社1993年版，第70页。

书其中，亦使乡里之贫穷而馆谷不能具者，不至自弃于教外。噫！法诚良矣哉！扶小邑也，止有大学；而社学之举，前此未有，考之邑乘，并无其藉。邑侯缪公甫下车，即思毅然创为之，然苦教者难其人，亦无其地，会有杨生者，负远贾强有力者之债，贫甚，欲售其居，邑侯怜之，即捐金估值，以予其地，宽敞而屋亦坚固。是年举明经者，罗子名绅，能文章而优于行，即延为师，岁出束修二十四金，皆侯俸薪之余也。邑人乐公之举，其童于之俊秀者皆来学，比屋而居，诵读之声达于闾里，每于公务之暇时，进诸童子而考课之，人皆免于学，侯之乐于为善，而成就人才固如是哉！昔明道先生之为令也，诸乡皆有校，暇时亲至召父老与之语，儿童所读书，亲为正句读，有不善则为易置，择子弟之秀者聚而教之。其在晋城与在扶沟皆然，至今扶人尸祝之不忘。今扶为明道先生旧治之邑，其民亦颇易治，而侯又得宜为师者以教其人，吾因信其教化之大行，而风俗之有成也，将与明道先生并美矣，岂可不载之邑乘以兴起来哲乎！是宜书。①

义学。康熙二十九年（1690 年）知县缪应缙在书院旧址奉文立义学并进行了重新扩建。康熙四十三年（1704 年），知县吴士熺将书院改建于化民台旁，此址延续至今。当时书院东为成人有德堂，西为小子有造堂，各三楹，同时建讲堂三楹。是年立《义学碑记》为念，碑文由吴士熺撰写，内容如下：

义学旧在南街，前邑宰缪捐俸买武生杨发早故宅所成。因循相沿，其事寝废，疾风甚雨，墙垣尽颓，仅存破屋五间。教化不兴，亦守上之责也，及登明道先生化民台，见夫祟阁峻基，岌岌欲覆，与义学同惨目焉！夫先生为吾道津梁，讲吏治者在一时一方，而诏后学者在天下万世。何可因循退诿，使其流风余教渐为湮没？两念并兴，事可相济，台畔地基弘敞，若义学移置其中，俾宰是邑者，拜先生之祠，兴教化之念，未必非提撕警觉之一助也，因将义学改址，售罗姓为家庙，得价五十七两，于先生祠左建立讲堂三楹，工未半，适邑宦张绍祖、生员张天枢捐其先人明户科都谏参衡公所筑废阁以助，讲堂既成，环以垣墙，共费三十七金，尚余二十金，化民台之倾颓，亦得以修葺告成焉。余今者老病归休矣，事与愿违，志士所叹，自兹以往，追纵先贤，大兴学校，是所望于来者，是为记。②

大程书院。乾隆十二年（1747 年）至光绪三十年（1904 年）的 158 年间是“大程书院”名实同归时期。这里又可以分为两个阶段：一是纯书院阶段，二是考院、书院同体阶段。1904 年之后传统意义的大程书院已成过去，大程书院作为一个记

① 郝万章：《程颢与大程书院》，郑州：中州古籍出版社 1993 年版，第 72 页。
② 郝万章：《程颢与大程书院》，郑州：中州古籍出版社 1993 年版，第 72—73 页。

忆、一个院落则进入了新的历史阶段。

纯书院阶段。1733 年，清雍正皇帝明令各省建书院，全国书院最盛时达到 2000 余所。兴办书院的热潮也推动了扶沟书院的提升，乾隆十二年（1747 年），署县令吴溶重修，两月告竣。知县杨烛始将书院改为"大程书院"，大程意指程颢。"大程书院"之名自此而始。之前，康熙五十六年（1717 年），知县郁士超还在书院东侧偏后增建了"敬业"、"乐群"二堂。自此，大程书院在管理等方面也进入了更为规范的时期。大程书院由县聘请山长一人，招集全县生员、童生在这里读书，并推选斋长四人，分工管理书院内外事务。按月进行考试，依照成绩优劣，分甲乙两榜张贴于书院大门口，成绩优异者发津贴，以资鼓励。乾隆十四年（1749 年），知县马伯辂建"立雪讲堂"三楹。嘉庆十一年（1806 年），知县殷秉庸对大程书院重修。道光三年（1823 年），书院生员达百余人，设立了分校，书院开支增加，原有学田难以为继，于是通过乡绅捐赠，增加学田，解决了经费问题。《学田膏火记》碑记载了此事，现有碑刻遗文："明道书院自周寨学田之入，诸生籍以为膏火者几六十年。迩来文运日昌，每届课期会者辄百十余人。前邑侯新城江公虑东西斋之不能容也，因别择一区立为义学以分校，来学之士而两处膏皆取资于学田，周寨岁入之租遂不符用已。公又岁捐俸金以助之，然俸金之助不可以数数然也。为久远计，莫若广设学田。于是吾乡好义者相继而起，监生王世孝，捐地二十亩，耆老孙标捐地八亩，监生李祖廷又以所典闲地四亩捐入，并生员万元英于惠庆八年捐地十四亩九分，未及到石，共计地四十六亩零。"①

考院、书院同体阶段。光绪九年（1883 年），知县孟宪璋劝谕绅民捐钱一万五千缗（缗［mín］，古代指穿铜钱用的绳子，一串铜钱即为一缗，一般每缗为一千文）修建书院，并在前任设想的基础上，扩大房舍，创建考院。从光绪十年（1884 年）春至十一年夏，历时一年半将书院全部进行整修。修建了大门、龙门、讲堂、东西文场、官厅、花厅、斋房、执事房、山长院等房舍一百余间。院名仍为"大程书院"。至此，书院集书院与考院于一体，规模宏大，为明清两代修建规模之最，现存建筑为此次所遗。此役颇费一番周折，或言好事多磨，从知县孟宪璋撰文的《扶沟县创修考院碑记》中可略知一二：

> 天下事成败必相其机，机之将成，乘其势而利导之，若金就范，刃破竹，涣然沛然，不烦难而就，理昧乎是，而绳之以难，争之以力，求愈急，机愈窒，有治丝而棼耳，乌能底于成哉！光绪乙卯，余来守兹土，下车观风，知邑有书院，额曰"大程"，以宋明道先生取义。西为先生祠堂，书院基址湫溢，中有立雪讲堂三楹，堂之后东西北屋各三椽。余则蓬篙掩映，无长物焉。月

---

① 郝万章：《程颢与大程书院》，郑州：中州古籍出版社 1993 年版，第 74 页。

进诸生讲习其中，慨焉，有扩充恢广之意，第未决，其机之向背奚属耳。阅明年，奉檄县试，吏人告余曰：此地无试院，则于堂皇之前支席为舍，应试者自携几案从事焉。猝遇风雨，岌岌不可终日。余闻之忧甚，然竟未如之何也。试毕事，乃集诸父老谋所以，善后者，佥曰：襄者杨侯仲和，曾有建修试院之议：就书院旧址拓其地，前为号舍，后为讲堂，俾书院试院二而一之。议甫举，遂大祲，杨侯亦量移去，斯役遂中辍焉。余闻此语，喜其机之可乘也，心益怦怦动，顾以闾阎灾寝，迨未复业，比岁仅中稔，迟迟未发者又三年。迨癸未，雨旸时若，会有转机，复召父老谋，佥欲赞成，而里下莫不踊跃乐输，共襄义举。岁甲申，乃诹吉兴事，程度一仍杨君议。邑绅咸鸠工庀材，日囊事其中，计费万九五千有奇。于是先大门、次龙门、次讲堂，翼以东西号舍，各十三楹，最后为厅事、斋房环之。迤西别院为山长栖迟所，又其西为宋明道、明李空同及节孝等祠，悉筑而新之。囷囷盘盘，遂成钜构。盖经始于甲申之春，而蒇事于乙酉之夏也。落成之日，父老盛集，举觯为寿曰："非宰之力不及此。"余曰："莫为之前，而作之自我，是为创，有凭可藉而仍乎其旧，是为因。是役之成，迹近于创，而其所以得成，则在逢其机，而出之以因。因杨君之旧议，故先事无遗谋，因诸绅之急公，故临事无懈弛，因各里之乐于解囊集赀，放民忘其劳，而后事无怨诽。盖碌碌因人成事者，而宰初何力之有哉！"虽然，余于斯役固不能无厚望也。中州为理学之区，程氏两夫子实开其绪，而是邦又为明道旧治，诸生萃而肄业，相与观摩，苟深绎夫，书院命名之义，以兴起高山仰止之思。先生往矣，先生之心法俱在，力而求之，将居敬、穷理以驯致乎！格致诚正修齐治平之域，遗乎今，乃近于古，是在人之祈响何如耳！诸生勉乎哉，余以吏议，行将去此，诸绅请余文以记，爰述颠末，且以勖诸人士之与斯文者。①

同治十年（1871年）辛未科进士、曾任知府的扶沟人王方田于光绪十二年（1886年）回原籍扶沟掌教于大程书院。

大程书院改名转制。随着清末学制改革的推进，1901年，清朝光绪皇帝诏令各省书院改为大学堂，府、厅、直隶州书院改为中学堂，各州县书院改为小学堂，书院教育遂淡出历史舞台。光绪三十年（1904年），扶沟县知县田载厚出资改"大程书院"为"县立小学堂"，招收农商子弟在此读书。就此，与考院一体的大程书院结束了传统教育模式，步入了新式教育。光绪三十二年（1906年），在小学堂创设师范讲习所一班，十个月毕业。

大程书院进入民国时期，虽然多次易名，此时这个院落主要还是以办学为主，

---

① 郝万章：《程颢与大程书院》，郑州：中州古籍出版社1993年版，第165—166页。

随着现代教育的发展、壮大、普及，大程书院也将随着其新旧教育过渡使命的完成，逐渐退出办学的历史舞台。

民国元年（1912 年），学堂改称学校，名为"县立高等小学校"。大程书院院内另设立"县立乙种蚕桑学校"。民国八年（1919 年），在"五四"运动影响下，大程书院两个学校的学生和青年教师，参加了轰轰烈烈的反帝反封建的爱国运动。

民国十二年（1923 年），大程书院改"县立高等小学校"为"扶沟县立小学校"。民国十六年（1927 年），因吴佩孚军队驻扎扶沟，学校被迫停办。民国十七年（1928 年），学校复学。民国二十三年（1934 年），河南省教育厅督学李再谦来大程书院视察，并给以高度评价。

民国二十七年（1938 年），县立小学校增设初中班，校名亦改为"扶沟县立初级中学"。民国三十一年（1942 年），首届男女生各毕业一班，从本年度开始，男女生合办上课。民国三十三年（1944 年）六月，日寇攻陷县城，学校被迫停办。

民国三十三年六月至三十四年（1945 年）七月，大程书院先后为国民党章荫梧游击队和汉奸吴东亚六十三师的司令部。民国三十四年（1945 年）8 月至三十七年（1948 年）8 月，大程书院为民国县政府的所在地。1948 年 10 月，扶沟全境解放，大程书院改为县人民政府。

新中国成立后，现代教育已经成型，扶沟各乡村基本遍设中小学，大程书院作为办学场所的历史使命业已完成，随着时代的发展，它继续以不同角色奉献社会。

1949 年春改为扶沟县粮食仓库；1952 年改为扶沟县党训班；1957 年改为中共扶沟县委党校；1970 年改为战备盐库；1971 年 8 月上旬改为扶沟县军管组审查站；1980 年 9 月 29 日改为扶构县公安局拘留所。

1983 年 2 月 2 日，扶沟县人民政府将书院公布为县级重点文物保护单位；1983 年 11 月 2 日，省文化局副局长杜希唐、文物局局长刘肃正来书院视察，拨款 4 万元维修书院；1984 年 4 月 7 日，改书院为扶沟县博物馆；1984 年 9 月 8 日，省文物局副局长杨焕成、尤翰青视察古建筑维修情况；1984 年 12 月，周口地区文化局在书院召开全地区古建维修现场会；1985 年 5 月，书院第一期维修工程大门、龙门、立雪讲堂、西文场 35 间竣工；1986 年 7 月，中共周口地委书记朱法勤来书院视察；1986 年 12 月 19 日，中共扶沟县委书记曹万杰、县长白敬亚在书院现场办公，主要解决：拨款 5 万元维修书院，县粮食局归还占用书院房屋之事；1987 年 5 月，书院第二期维修工程东文场 23 间竣工。

1987 年 9 月 26 日，中共扶沟县委书记曹万杰在书院主持召开县四大班子领导会议，决定大程书院按原貌恢复；1987 年 10 月 18 日，原中共周口地委书记张文韵来书院视察；1987 年 10 月 21 日，省博物馆馆长孙传贤等来书院鉴定文物；1987 年 12 月 6 日，省文化厅厅长彭伟来书院视察；1988 年 5 月上旬，大程书院彩绘工程全部结束；1988 年 8 月，由著名书法家陈天然、陈国帧、吴三大所书"大程书院"、"龙门"、"立雪讲堂"匾额分别悬于各门之上；1988 年 12 月 16 日，原省文物局局长刘肃正、省文物局副局长尤翰青来书院视察；1990 年 9 月 10 日，省文物局副局长刘海青来书院检查文物安全保卫情况；1990 年 12 月，大程书院大门两侧临街房及龙门两侧耳房全部维修结束；2000 年，河南省人民政府将大程书院公布为省级重点文物保护单位。

今天的大程书院，已成为弘扬中华优秀传统文化的重要场所，是人们旅游观光、开阔视野、欣赏古代建筑艺术、增长知识、陶冶性情、增进身心健康的好去处。

从大程书院的历史沿革中，我们可以清楚看到，书院的发展变化，兴衰荣辱与国家的教育政策、地方执政长官的执政理念以及各界人士的慷慨捐助有着密切关系。无论是明、清两代的数次修建，还是 20 世纪 80 年代以来对大程书院的修建与保护，均体现了社会各界人士的慷慨解囊对大程书院发展的重要作用。

值得再说一说的是扶沟县博物馆与大程书院合二为一的管理模式对书院的保护与宣传所带来的正能量。自从 1984 年扶沟县博物馆进驻大程书院以来，该馆的干部职工为大程书院做出了大量工作，从 2013 年他们的工作安排中可见一斑：

一是征集文物 12 件；

二是切实做好大程书院暨博物馆安全工作；

三是修缮保护工作。由河南省古代建筑保护设计研究院编制的《大程书院一期单体建筑维修保护方案》已经省文物局批复。河南省财政厅、河南省文物局 2013 年度第一批省级文物保护专项补助经费下达大程书院 20 万元。今年将对大程书院东文场后排进行修缮保护；

四是大程书院暨博物馆陈展提升工程。委托省文博专家正在进行大程书院陈展提升大纲编撰；

五是筹备出版《大程书院》宣传册，再版《程颢与大程书院》（郝万章著）、《大程书院楹联集萃》（王勇智编著）；

六是设立程朱理学文化研究基地，提供学术交流平台；

七是成立大程书画研究院，举办艺术交流展；

八是提升服务水平，做好大程书院免费开放工作。

有理由相信，在扶沟人民的保护下，大程书院的明天会更好。而作为"文物"的大程书院在新的历史时期也将在传承与弘扬传统文化，增强中华民族的凝聚力等方面作出更大的贡献。

## 三、遗诗赏析

程颢于政事和学事之余，还通过写诗抒发人生感悟和理学志趣，下为其诗二首，以供欣赏：

### 郊行即事

芳原绿野恣行时，春入遥山碧四围。
兴逐乱红穿柳巷，困临流水坐苔矶。
莫辞盏酒十分醉，只恐风花一片飞。
况是清明好天气。不妨游衍莫忘归。

### 春日偶成

云淡风清近午天，傍花随柳过前川。
时人不识余心乐，将谓偷闲学少年。

# 第五章 居洛讲学 程氏书院

宋嘉祐元年（1056 年），程珦将其父程遹和祖父程希振的坟茔迁葬伊川，同时把家迁至洛阳履道坊。当年，程颢 25 岁，程颐 24 岁，兄弟二人都在东京开封准备科考。第二年，程颢考中进士，先后在地方和京城做官，宋神宗熙宁五年（1072 年）回到洛阳居住，直到宋神宗元丰八年（1085 年）病逝，除了在扶沟和汝州的两次外出做官外，程颢主要居住在洛阳。程颐从赴开封准备科考开始，其住地主要是开封和父亲程珦任所，很少在洛阳新家居住，他也是到了宋神宗熙宁五年（1072 年），父亲程珦到嵩福宫任职，程颐才回到洛阳居住。此后他曾于 1086 年应召至京师任通直郎充崇政殿说书一年零八个月；又于绍圣四年（1097 年）被削籍送涪州编管三年。除了这两段时间，直到大观元年（1107 年）病死，总计在洛阳居住达三十年之久。[①]二程兄弟同时回洛阳居住讲学的当年，程颢 41 岁，程颐 40 岁，他们已是知名的硕士大儒。他们在洛阳持续的治学、讲学成为洛学创建的主要时期，也铸就了二程书院教育活动的辉煌期。

就当时河南府的辖区而言，二程在河南府办学、讲学的地点很多，如伊川的伊川书院或言鸣皋书院，这是程颐自己所创建的书院，二程洛学的很多著作均在此完成；耙楼山下陆浑山庄，即现在的嵩县二程故里程庄，这也是程颐书院教育活动的最后一站；程颢创始的汝阳春风书院、二程讲学的嵩阳书院、龙门书院等。本章所要探讨的是二程在洛阳城的治学、讲学活动。主要内容包括二程与各学派学者之间的交往及其在履道坊程氏书院收徒讲学诸方面的历史考察。

---

① 王曾惠，贺培材：《程颢、程颐洛阳史迹调查记》，《中州学刊》1982 年第 03 期。

# 第一节 西京洛阳

## 一、圣城洛阳[①]

洛阳位于河南省的西部，是联合国命名的世界文化名城，与耶路撒冷、麦加、雅典一起被称为"世界四大圣城"。

洛阳城位于洛水之北，水之北乃谓"阳"，故名洛阳，又名洛邑、神都。境内山川纵横，西靠秦岭，东临嵩山，北依太行王屋二山，南望伏牛山，兼据黄河之险，自古便有"八关都邑，八面环山，五水绕洛城"的说法，因此得"河山拱戴，形胜甲于天下"之名，"天下之中、十省通衢"之称。

洛阳有着数千年文明史、建城史和建都史，中国古代伏羲、女娲、黄帝、唐尧、虞舜、夏禹等神话，多传于此。从夏朝开始先后有十三个王朝在此定都，有105位帝王在洛阳指点江山（见表5-1）。洛阳是我国历史上唯一被命名为"神都"（神州大地之首都）的城市，是我国建都时间最早，时间最长的城市。

洛阳是中华文化的读本和华夏文化从萌芽、成长走向繁荣、壮大的中心所在。据考证，中国佛教首传于洛阳白马寺。以洛阳学子读书音确定的中原雅音是古代河南的标准话。洛阳是中华姓氏主根、闽南、客家之根。中华民族最早的历史文献"河图洛书"出自洛阳。被奉为"人文之祖"的伏羲氏，根据河图和洛书画成了八卦和九畴。从此，汤、武定九鼎于河洛，周公"制礼作乐"，老子著述文章，孔子入周问礼，洛阳历代科学泰斗、学术流派、鸿生巨儒、翰墨精英，更是照耀史册，灿若繁星。以洛阳为中心的河洛文化和河洛文明，是中华民族文化的核心和源头，构成了华夏文明的重要组成部分。

据不完全统计洛阳古代名人有：伏羲、宓妃、仓颉、后羿、嫦娥、夏桀、杜康、商汤、伊尹、周武王、周公旦、周成王、周平王、老子、苏秦、伯夷、叔齐、白圭、张仪、吕不韦、刘邦、贾谊、桑弘羊、师史、汉光武帝、董宣、班超、班固、班彪、卜式、班昭、蔡伦、张衡、许慎、张仲景、马援、华佗、王充、皇甫嵩、司马懿、关羽、窦宪、蔡邕、蔡文姬、嵇康、阮籍、刘禅、邓艾、袁绍、吕布、司马师、钟会、钟繇、马钧、司马炎、左思、陈寿、祖狄、刘琨、陆机、潘岳、韩寿、刘徽、皇甫谧、裴秀、石崇、绿珠、桓温、杜预、拓跋宏、檀道济、

---

① 本部分内容主要来自洛阳市人民政府网 http://www.ly.gov.cn/mly/lsyg/249778.stml/。

高欢、兰陵王高长恭、杨广、韩擒虎、贺若弼、宇文恺、陈叔宝、独孤信、李世民、长孙无忌、王之涣、宇之问、武则天、太平公主、上官婉儿、李白、杜甫、李隆基、狄仁杰、白居易、玄奘、李贺、韩愈、吴道子、颜真卿、刘禹锡、元稹、刘希夷、朱温、李存勖、李煜、赵匡胤、程颐、程颢、赵普、吕正蒙、李龟年、郭丰铭、司马光、富弼、范仲淹、邵雍、欧阳修、李格非等。

现代名人有：纪登奎、焦裕禄、李立、刘刚、杨立功、吴佩孚、冯玉祥、张钫、武庭麟、王凌云、孙善武、周鹤洋、阎连科、司马武当、程琳、陈明、李准、朱军、石万强、张海、吉炳轩等。

## 二、历史沿革

远在五六十万年前的旧石器时代，已有先民在洛阳一带繁衍生息。新石器时代（距今八九千年前至四五千年前），黄河中游两岸及伊、洛、瀍、涧等河流的土地上，分布着许多氏族部落，新中国成立后在洛阳一带发现的孙旗屯遗址、王湾遗址、矬李遗址等近 200 处聚落遗址，便是当时人们居住、生活的地方。

禹划九州，河洛属古豫州地。洛阳是夏王朝立国和活动的中心地域，太康、仲康、帝桀皆以斟鄩（今偃师二里头）为都。

公元前 1600 年，商朝建立。商汤建都西亳（二里头遗址东北约 6 千米）。商汤之后的数代帝王均以此为都，前后累计 200 余年。

公元前 1046 年，西周代殷后，为控制东方地区，开始在洛阳营建国都。周公在洛水北岸修建了王城和成周城，史称成王"初迁宅于成周"，"定鼎于郏鄏"，曾迁殷顽民于成周，并以成周八师监督之。当时洛阳称洛邑、新邑、大邑、成周、天室、中国等，亦称周南。

周平王元年（前 770 年），周平王东迁洛邑，是为东周，自此，有 23 个国王都居洛阳，前后历经 500 余年之久。

秦庄襄王元年（前 249 年），秦在洛阳置三川郡，郡治成周城。汉王元年（前 206 年），项羽封申阳为河南王，居洛阳。

汉高祖五年（前 202 年），刘邦建汉，初都洛阳，后迁长安，改三川郡为河南郡，治洛阳。辖洛阳、河南（汉置，治王城）、偃师、缑氏、平（偃师西北）、平阴（孟津东北）、新成（伊川西南）、穀成（新安东）及巩、荥阳、新郑、中牟、开封等 22 县。汉武帝置十三州部刺史，河南郡属司隶。

西汉末年，王莽篡政，改洛阳为宜阳，设"新室东都"和"中市"。汉光武建武元年（25 年），刘秀定都洛阳，改洛阳为雒阳，建武十五年（39 年），更河南郡为河南尹。汉永和五年（140 年），河南尹"有户二十万八千四百八十六，有口一百零一万零八百二十七"①。

黄初元年（220年）年，魏文帝曹丕定都洛阳，变雒阳为洛阳，设司隶校尉部。

泰始元年（265年），西晋仍以洛阳为都。太延二年（436年），北魏在洛阳置洛州，太和十八年（494年）孝文帝迁都洛阳。

隋开皇元年（581年），在洛阳置东京尚书省；次年，置河南道行台省；三年，废行台，以洛州刺史领总监；十四年，于金墉城别置总监。大业元年（605年），隋炀帝迁都洛阳，在东周王城以东，汉魏故城以西18里处，新建洛阳城。同年，改洛州（东魏改司州置）为豫州，三年又改河南郡，十四年复置洛州，辖河南、洛阳、偃师、缑氏、阌乡、桃林、陕、熊耳、渑池、新安、巩、宜阳、寿安、陆浑、伊阙、兴泰、嵩阳、阳城等18县。

唐代自高宗始仍以洛阳为都，称东都。武德四年（621年），置洛州总管府，辖洛州、郑州、熊州、穀州、嵩州、管州、伊州、汝州、鲁州等九州，洛州辖洛阳、河南、偃师、缑氏、巩、阳城、嵩阳、陆浑、伊阙等9县。贞观元年（627年），分全国为十道，洛阳属河南道。显庆二年（657年）置东都。开元元年（713年），改洛州为河南府。开元二十一年（733年），于洛阳置都畿道。天宝年间，改东都为东京。洛州、河南府均治洛阳。

武则天光宅元年（684年）始，改东都为神都，对都城进行扩建，修建了明堂、万国天枢等。武则天称帝后，改国号为周，定都洛阳，以更大的规模开凿龙门石窟，奉先寺卢舍那大像龛便是盛唐雕刻艺术的辉煌代表。武则天还令薛怀义为白马寺住持，大规模整修白马寺。唐代，中国佛教臻于鼎盛，佛教史上势力最大、影响最广、流传最久的教派禅宗在洛阳形成。唐玄宗长期居洛，曾敕令大修中岳庙，并赐风穴寺（在今汝州）内佛塔名"七祖塔"。

唐天祐四年（907年），唐室亡祚，其后中原地区相继出现了后梁、后唐、后晋、后汉、后周五个短暂的王朝，史称五代。其中，后梁、后唐、后晋均曾都洛阳，后汉、后周以洛阳为陪都。这一时期洛阳仍是全国政治、经济、文化的中心。

宋以洛阳为西京，置河南府。朝廷设"国子监"于洛阳，名臣遗老和文人学士多会于此，赵普、吕蒙正、富弼、文彦博、欧阳修都曾居住洛阳。理学家程氏兄弟、邵雍等，在洛阳著书讲学。司马光在洛阳完成了史学巨著《资治通鉴》。

金代定洛阳为中京，改河南府曰金昌府，并河南县入洛阳县。时因洛阳旧城毁弃，便在隋唐城东北角另筑新城，周围不足9里，即今日老城之前身，它仅是隋唐洛阳城的一小部分而已。

元代，洛阳不复为京，降为河南府治。

---

① 《洛阳年鉴》编委会编：《洛阳年鉴2012》，郑州：中州古籍出版社2013年版，第46页。

　　明代河南府辖洛阳、偃师、巩县、孟津、登封、新安、渑池、宜阳、永宁、嵩县等 10 县，又是伊王和福王的封地。

　　清代洛阳仍为河南府治。

　　民国元年（1912 年），废河南府，设河洛道，道尹公署驻洛阳，辖洛阳、偃师等 19 县。民国九年（1920 年），直系军阀吴佩孚盘踞洛阳，在洛阳设置了两湖巡阅使公署和陆军第三师司令部。民国十二年（1923 年），河南省长公署迁于洛阳，洛阳成为河南省会。民国二十一年（1932 年），日军进攻上海，国民党政府定洛阳为行都，并一度迁洛办公。"七七事变"后，华北大部分地区沦陷，洛阳成为北方抗日前哨，国民党第一战区长官司令部驻洛阳。民国二十七年（1939 年）秋，河南省政府再次迁洛，洛阳第二次成为河南省会。

　　1948 年，洛阳解放，洛阳市人民民主政府成立，析洛阳县城区为市，与洛阳县并置。次年 12 月，洛阳市人民民主政府改称洛阳市人民政府。1954 年，洛阳市升格为河南省直辖市。次年，洛阳县撤销，一部分并入洛阳市，其余部分划入偃师、孟津、宜阳等县。1956 年，相继建成洛阳市老城区、西工区和郊区，次年成立瀍河区。1982 年，经国务院批准，新成立吉利区。1983 年，新安、孟津、偃师改隶洛阳市。1986 年，洛阳地区撤销，洛宁、宜阳、嵩县、栾川、汝阳、伊川亦改属洛阳市。1993 年，偃师县改为偃师市。2000 年 6 月，经国务院批准，洛阳郊区更名为洛龙区，辖 8 个乡镇，1 个办事处。

　　至 2011 年，洛阳市共辖县（市）区 19 个（1 市 8 县 6 区、1 个洛阳新区、1 个国家级高新技术开发区、2 个省级开发区）。

　　如今的洛阳是首批享有地方立法权的 13 个较大城市之一，中国著名旅游胜地、中华文化圣地。[①]

## 三、西京洛阳[②]

　　在北宋四京之中，西京洛阳（时称"河南府"）的地位远在南京和北京以上，是东京开封之外的又一重要的政治中心、教育重镇、学术圣地，这为二程洛学的创建提供了丰富的资源和便利的条件。

　　都城之外的又一政治中心。从政治上可以表现为两个方面：一是北宋朝廷在洛阳设有西京分司机构，是国事管理的又一重镇；二是北宋官员云集洛阳，并组建有政治会社，成为议论国家大事的又一政治中心。

---

① 洛阳市政府网站 http://www.ly.gov.cn/mlly/lsyg/249778.shtml. 2015-2-1。
② 这部分主要参考了张祥云的士学位论文《北宋西京河南府研究》（河南大学 2010 年），第 87—97 页，第 222—228 页。

西京中央机构。西京当时被称为"然有司百职，莫不具焉"；"王事浩穰，百倍他邑"等。北宋期间西京常设的西京分司机构主要有西京留司御史台、留司礼院、西京国子监、崇福宫等。另外，西京是赵宋皇陵所在地，参与宋皇陵的建设和管理是陪都西京的重要职责，这不仅密切了与宋皇室的关系，也提高了其政治地位，到宋徽宗时期，又建立了专门的中央机构代替了河南府的部分维护管理职能。这些机构是朝廷设在西京的国家机关，其官员为国家级官员，不是地方官员。二程及其父亲程珦在西京国子监和崇福宫官署里均有任职经历。

西京国子监，又称国学、西学、西监，其前身是原河南府学，宋仁宗景祐元年始正名为国子监。西京国子监主要长官的任用，按其资历的不同，西监长官有判、同判、权同判、管勾、同管勾、权同管勾等不同称谓。教授作为学官之设始于宋仁宗天圣兴学，到庆历年间得到普遍设置。其主要职责是"以经术、行义训导、考核学生，执行学规"。多为朝臣荐举名流学者担任，程颐就曾受司马光等人的推荐而"充西京国子监教授"。

嵩山崇福宫在西京地区的众多宫观寺庙中具有十分重要的地位，是西京管辖下的重要宫观分司机构之一。宋人对其重要地位的评价是"惟嵩岳之外祠，实洛师之重地"。崇福宫所在的嵩山，诸峰簇拥，山势挺拔，雄峙中原，素有外方、嵩高、崇高、中岳之称，与泰山、华山、恒山、衡山共称五岳，是我国历史上的名山。不仅吸引了无数墨客骚人、僧道隐士来此游赏隐居，且素来为最高统治者所关注，成为具有很强政治象征意义的"神山"。古书《竹书纪年》、《世本》记载舜十五年曾命禹主祭嵩山。秦汉以降，嵩山中岳大帝的雏形逐渐形成，是国家祀典的五岳之一。秦始皇曾在嵩山上立伺祭祀岳神，西汉汉武帝曾亲率群臣，礼登嵩顶。汉宣帝于神爵元年（61年）颁布诏书，正式确定嵩山为中岳，要求历代祭祀。汉末魏晋，道教的形成进一步扩大了对中岳神的信仰。北魏太武帝于大延元年（435年）在嵩山立庙，凡遇水旱，即命官员来山祈祷。太平真君三年（442年），太武帝还亲至山道场，受符录，备法驾，旗帜皆青，以从道家之色。自后诸帝，每即位皆至。唐宋时期，神仙信仰体系已经趋于完备，中岳大帝作为道教的崇拜神之一，在帝王的奉祀下正式定型。唐武后垂拱四年（688年），武则天祭嵩山，改为神岳，封其神为天中王。万岁通天元年（696年），又尊天中王为帝。自此中岳神正式成为神帝而被后世崇拜。正是有如此的历史和政治背景，宋政府十分重视发挥嵩山的神圣性和影响力，用以维护其统治。

西京崇福宫是位于嵩山脚下的重点宫观之一，宋廷设专官加以管理，拥有较为显赫的地位。该宫的前身是唐代太一观。随着宋真宗大中祥符间进一步尊崇嵩岳，开展系列"神道设教"活动，嵩山太一观逐步受到统治者的重视。"天禧中，章献明肃皇后斥奁具，葺而治之"，更名为崇福宫，兴建会元殿，"以严后土元天大圣后之象"。到宋仁宗天圣、景祐之际，为了纪念宋真宗，就在当年真宗曾游幸过的西京崇福宫保祥殿画像，"以旦望供养焉"。此外，还"塑章献明肃皇后于殿之西阁，加以供奉"，这样使崇福宫成为皇家神御庙之一。其建筑规模，"王畿之西，琳宫真馆，神圣所依，崇福为之冠。"政治地位显著提升，成为宋初在外州府6大宫观之一，专门设有"提举管勾官"。宋神宗熙宁年间，朝廷为安置大量政治异议者和闲散人员，相应增加了崇福宫提举官员编制，政治功能更加提升。宋徽宗大观元年，"诏洛师侈宫楹而大之"，使崇福宫的规模再一次得到扩大。王应麟《玉海》卷一百《天禧崇福宫》条记载了嵩福宫的建筑布局："太一殿曰祈真、三尊殿曰会元。又有保祥殿，奉真宗像。"即太一、三尊和保祥三大殿为其主要建筑。有关该宫的文人吟咏，为我们提供了进一步了解其当年盛况的史料："睿祖开真宇，祥光下紫微。威容凝粹穆，仙仗俨周围。嗣圣严追奉，神游遂此归。冕旒临秘殿，天日照西畿。朱凤衔星盖，清童护玉衣。鹤笙鸣远吹，珠蘂弄晴晖。瑶草春常在，琼霜晓未晞。木文灵像出，太一醴泉飞。醮夕思飙驭，香晨望绛闱。衰迟愧宫职，萧洒自忘机。"可见，肃穆的宋真宗神御像、严整的仙仗旗帜，朱凤、道童，飞鹤、鸣笙……构成了一幅人间仙境图。

崇福宫在北宋时期的政治功能有三：一是崇福宫所奉神灵对宋政权有护佑作用。二是发挥着优贤储才的政治功能。礼遇文臣勋旧是北宋王朝的一贯政策，往往把一些老臣或政治异议人士暂时安置到环境优美的崇福宫，既体现国家对崇福宫管理的重视、对臣僚的礼遇，必要时又能随时起用，有利于政治运行，可谓是一石三鸟，功效甚好。三是对其他宫观建设具有引领导向作用，如宋政府在修建江西玉隆万寿宫时，就要求"准西京崇福之旧制"加以建设。程珦长期在领嵩福宫任职，二程也常来这里，所以他们在与嵩山嵩福宫相邻的嵩阳书院有讲学经历，成为现在嵩阳书院重要的历史记忆。

另外，到宋徽宗时，由于皇族人数大增，为减轻京师开封人口的压力和财政困难，宋徽宗诏令一部分宗室迁居洛阳，谓之"西外"。为此，宋政府成立了西京宗正司及敦宗院，专门管理这些宗室移民，西京已成为北宋的"皇家之地"，其政治地位大大提升。

官宦群居与会社议政。根据《河南志》的记载，整个北宋一代，继承五代之遗风，官僚们在洛阳安家者比比皆是。北宋中期以后，官僚们向洛阳建宅的情况仍未间断，如宰相富弼、司马光、御史中丞王拱宸等均在洛阳建有府第。熙宁年间，王拱宸在洛阳道德坊"营第甚侈，中堂起屋三层，上曰朝元阁。"被人戏称为"巢居"。这种三层楼住宅，在全国其他城市中还不多见。北宋的官僚之所以看中洛阳，有地理因素，也有政治因素。这里距开封较近，只有六个驿程，自然条件又好，所以，有的官僚在东京有居第，而洛阳园宅又不愿舍弃，有的退休之后，不愿住东京，而愿住西京。因此，洛阳成了士大夫的渊薮。当时有这样的谚语："生居洛阳，死葬朱方。"

洛阳官僚云集，一些政见相同者利用会社形式，组成某种团体。如宋仁宗时的"洛中七友"：欧阳修、张尧幅、伊师鲁、杨子聪、梅圣瑜、张大素、王几道等。再如神宗时反对变法派的"耆英会"，以前任宰相富弼（79岁）为首，另有文彦博（77岁）、司封郎中席汝言（77岁）、朝议大夫王尚恭（76岁）、太常少卿赵丙（75岁）、秘书监刘几（75岁）、卫州防御史冯行己（75岁）、太中大夫充天章阁待制楚建中（73岁）、朝议大夫致仕王拱宸（71岁）、太中大夫张问（70岁）、龙图阁直学士通议大夫张涛（70岁）、端明殿学士见兼翰林侍读学士太中大夫司马光（64岁）等。在西京洛阳，还有文彦博组织了一个"同甲会"，与会的有司马光的哥哥司马旦、二程的父亲程珦，以及席汝言等，后来程颢、程颐向这班人靠拢。另有司马光的"直率会"等。很显然，程颢、程颐在政治立场上是与上述三会一致的。

可见洛阳在政治方面既有中央机关，也有政治团体，真是北宋时期仅次于东京开封的名副其实的政治中心。

教育重镇。文化洛阳作为帝都之城，有着深厚的文化积淀、良好的教育氛围。北宋时期，西京河南府的文化教育发达，是京师开封之外的又一文化与教育重镇。西京可谓官学遍设，私学昌盛。西京官学中国家级的就有西京国子监、西京宗学等，同时各县也遍设官学，成为西京教育的主体。名师硕儒荟萃洛阳，成就了洛阳私学的昌盛。早在宋初，名臣李建中就因蜀平，"侍母居洛阳，聚学以自给。"此后的二程、邵雍、司马光、尹惇等名师硕儒不断汇聚西京，他们创办私学，延纳生徒。一时间，西京出现了"千古师资，孰与洛中之比"的盛况。而二程在洛阳的私学更为突出，"日以读书讲学为事，士大夫从学者盈门。自是身益退，位益卑，而名益高于天下"。书院教育独树一帜，成为洛阳私学昌盛又一写照。当时洛阳各州县有书院9处：即龙门书院（洛阳）、河洛书院（洛阳）、嵩阳书院（登封）、颍谷书院（登封）、鸣皋书院（伊川）、和乐书院（嵩县）、嵩洛书院（嵩县）、同文书院（不详）、首阳书院（偃师）。而当时京师开封、南京应天府总共建有书院才6所，远远少于西京洛阳。[①] 发达的西京教育为国家培养了大量栋梁之才，如钱若水、沈伦、赵普、吕蒙正、张齐贤、王随、富弼等，甚至开国皇帝赵匡胤也是在洛阳接受的私学教育。欧阳修有言："冠盖盛西京，当年相府荣。曾陪鹿鸣宴，遍识洛阳生。"[②] 可见西京培养人才之多。

学术圣地。洛阳自古就是学术研发中心，北宋时期的洛阳依然是学术圣地。首先西京洛阳藏书丰富。这一方面是洛阳城内前朝案籍档案存量丰富，在西京大

---

① 张显运：《简论北宋时期河南书院的办学特色》，《开封大学学报》2005年第04期，第3页。
② （宋）欧阳修著：《欧阳修集》，北京：中国戏剧出版社2002年版，第64页。

内诸省寺、銮和诸库以及留司御史台存储有大量的唐、五代档案材料，成为学者治史和进行学术研究的不可或缺的珍贵资料。另一方面是众多官宦文士私家藏书风气鼎盛，如富弼家居洛藏书"无虑万卷"、司马光聚书独乐园"文史万余卷"，等等。其次，宋代的洛阳是知识阶层集中的地方，除了周敦颐和张载之外，北宋思想史特别是理学史上的几个最重要的学者，如邵雍、程颢、程颐，都曾居住在洛阳，这些学者都与闲居在洛阳的司马光、文彦博、富弼等有相当深的交往。于是，在洛阳渐渐形成了当时学术与文化的重心，形成了一个以道德伦理为标榜，以思想与学术为号召的知识集团，表达着当时知识、思想与信仰世界的另一种声音。最后，在如此丰富的藏书和云集的大儒为基础，西京产出了丰硕的学术成果。据张祥云梳理，当时西京 45 位学者留书 100 多卷（部）。这些著述种类繁多，既有启蒙读物《蒙学》，也有高深的学术读物《大学定本》；既有文艺著述《画评》、《书判》，也有军事书籍《人事军律》、《五行阵图》；既涉及高深莫测的《易学》知识，也包含严谨精密的天文内容；既有对当时社会产生重大影响的《三礼图》，也有流传千古的闻见杂录、严谨厚重的历史著作等等。这些书籍既展现了西京学人的学术创新能力，也丰富了西京乃至我国古代文献典籍，对当时和后世产生了积极的学术和社会影响。这些著述里也包括程珦的《太玄补赞》，程颢的《大学定本》、《中庸解》，程颐的《程子诗说》、《孟子解》、《易传》、《尧舜禹典解》、《程子书说》、《春秋传》、《大学定本》、《论语说》、《河南经说》、《祭礼》、《伊洛礼书》、《伊洛遗礼》。

　　西京洛阳特殊的人文环境，为二程居洛讲学和创立、发展洛学提供了丰富的资源。

## 第二节　二 程 居 洛

　　二程居洛讲学，可分为两个阶段：从程颢 41 岁回洛阳至去世为第一阶段。在这一阶段，二程兄弟同住洛阳，共同治学、讲学，相互合作，成为洛学创建的主要时期；第二阶是程颢过世后至程颐晚年迁龙门之前。在这一阶段，程颐坚持讲学、治学，苦心孤诣，终于成就洛学，奠基理学，实现了二程接续道统的人生抱负。我们权且把第一阶段称为"兄弟居洛"，第二阶段称为"余弟居洛"。二程在洛阳的讲学活动从广义上讲包括治学和讲学，即包括收徒讲学、学术研究等，这些活动相互交织，形成了二程居洛讲学的主要内容。以下分阶段探寻、剖析。

## 一、同在洛阳

从狭义上讲，二程兄弟同居住洛阳，交友讲学，包括从宋神宗熙宁五年（1072年）至宋神宗元丰元年（1078年）的7年和"程颢为令扶沟"之后，"二程随父颍昌"与"监汝州酒税"中间的1年，即宋神宗元丰五年（1082年），共8年的时间。

宋神宗熙宁五年（1072年），41岁的程颢，40岁的程颐回到洛阳居住讲学，他们与罢官闲居洛阳的吕公著、司马光等人来往密切，经常在一起饮酒咏诗，议论时政，批语王安石新法及其新学，同时也提高了二程居洛讲学的声望。

宋神宗熙宁八年（1075年）十月，天空中出现彗星，诏求直言，程颢仍然坚持自己的政治立场，朝廷不满。程颐代吕公著写《应诏上神宗皇帝书》，阐述了敬天保民思想。二程同时为此写文，可见他们当时在学界和政界的声望。

宋神宗元丰五年（公元1082年），杨时寄书问《春秋》，程颢答之。冬，刘绚来洛阳以师礼相见。第二年八月，刘绚再来洛阳拜见程颢。

二程兄弟这段时间居洛讲学期间，朱光庭、刘绚等人纷纷来洛阳拜师从学，杨时等人求教书信不断，一时洛阳履道坊程氏书院成为学子的向往之所，二程更是声名远播，史料有如下记载：

> 太中公得请领崇福，先生（程颢）求折资监当以便养。归洛，从容亲庭，日以读书劝学为事。先生经术通明，义理精微，乐告不倦。士大夫从之讲学者，日夕盈门，虚往实归，人得所欲。""先生以亲老，求为闲官，居洛阳殆十余年，与弟伊川先生讲学于家，化行乡党。家贫，疏食或不继，而事亲务养其志，赒赡族人必尽其力。士之从学者不绝不馆，有不远千里而至者。"①

> 既不用于朝，而以奉亲之故，禄仕于官库以为养。居洛几十年，玩心于道德性命之际。有以自养其浑浩冲融，而必合乎规矩准绳。盖真颜氏之流，黄宪法刘迅之徒，不足道也。洛实别都，乃士人之区薮，在仕者皆慕化之。从之质疑解惑，闾里士大夫，皆高仰之。乐从之游，学士皆宗师之。讲道劝义，行李之往来过洛者，苟知名有识，必造其门。虚而往，实而归，莫不心醉，查袏而诚服。于是，先生身益退，位益卑，而名益高于天下。"②

宋神宗元丰八年（1085年）六月十五日，程颢病逝，享年54岁。十月，程颐将明道葬于伊川先茔，吕大临致哀词，文彦博题其墓曰："明道先生。"后赐谥纯公，封河南伯。之前，周敦颐、邵雍、张载也相继过世。这样，从唐代的韩愈为代表的倡导道统、到宋初三先生的开学术新风气，再到北宋五子对"新儒学"的

---

① （宋）程颢 程颐著，王孝鱼点校：《二程集》，北京：中华书局1981年版，第329，333页。
② （宋）程颢 程颐著，王孝鱼点校：《二程集》，北京：中华书局1981年版，第332页。

联袂构建，几代学人为儒学再造苦心竭力，前赴后继。随着"北宋五子"中的周敦颐、邵雍、张载、程颢的相继离世，儒学再构的历史重任自然地落到了程颐肩上。同时，也为二程最终成为理学奠基人提供了千载难逢的历史机遇。当然这一切都需要程颐耗费余生孤身奋斗了。

## 二、余弟居洛

哥哥程颢去世后，程颐居洛讲学主要有两个阶段：第一阶段大致有 9 年，即从宋哲宗元祐四年（1089 年）八月程颐被罢崇政殿说书之职，差勾西京国子监，居洛讲学至宋哲宗绍圣四年（1097 年）十一月程颐流放涪州这段时间；第二阶段有 4 年左右时间，从宋哲宗元符三年（1100 年）至宋徽宗崇宁三年（1104 年），即从程颐自涪陵归洛至迁居龙门。

第一阶段（1089—1097 年）

程颐做了短暂几年的崇政殿说书，再次回到洛阳讲学，在他回到洛阳的第二年，宋哲宗元祐五年（1090 年）正月十三日，父亲程珦在西京国子监公舍去世，享年 85 岁。

程珦早年命二程拜师周敦颐，确立了二程的学术发展，后来程珦与王弼、文彦博、司马光、邵雍等人交往密切，进一步拓展了二程学术资源，支持二程居洛讲学，可以说程珦不只是在物质方面养育了二程，在学术发展上也是二程的坚强后盾。程珦七十岁时自撰墓志铭："予历官十二任，享禄六十年。但知廉甚宽和，孜孜夙夜，无动劳可以报国，无异政可以及民，始终得免瑕谪，为幸多矣。葬日，切不可用干求时贤，制撰铭志。既无事实可纪，不免虚词溢美，徒累不德尔。只用此文，刻于石，向壁安置。若或少违遗命，是不以为有之也。"[①]程颐按父亲的遗命，于宋哲宗元祐五年（1090 年）四月十日，葬父于伊川先茔，并撰写《先公太中家传》为念。

宋哲宗元祐五年（1090 年）尹焞拜程颐为师。尹焞（1071 年—1142 年），字彦明，一字德充，洛（今河南洛阳）人。靖康（1126—1127 年）初召至京师，不欲留，赐号和靖处士。绍兴四年（1134 年）授左宣教郎，充崇政殿说书。八年（1138 年）权礼部侍郎，兼侍讲。尹焞祖河内先生，讳源，字子渐。叔祖，河南先生，讳洙，字师鲁。考，虞部员外郎，讳林。妣，陈氏，洞上陈公廙，字叔易之女。尹焞是伊川先生之高足，嘉遁涵养，志尚高洁。今有《和靖先生集》及《论语解》传世。

---

① （宋）程颢 程颐著，王孝鱼点校：《二程集》，北京：中华书局 1981 年版，第 646 页。

宋哲宗元祐七年（1092 年），程颐服除，除直秘阁，判西京国子监（《王公系年录》）；四月，程颐极论儒者进退之道，再辞，而监察御史董敦逸奏，以为有怨望轻躁语；五月，改授勾管崇福宫，以治疗为由，没有到任。宋哲宗绍圣元年（1094 年）春，复直秘阁判西京国子监，程颐再辞不就。有史料记载程颐刚上任判西京国子监时，遇到的一件很别扭的事，从而可以证明程颐回洛之后确实曾在西京国子监任职。

伊川曰："凡物有形则有名，有名则有理，如以小为大，以高为下，则言不顺，至于民无所措手足也。"先生判西京国子监，谓门人曰："今日供职，只第一件便做它底不得。吏人押申转运司状，某不曾签。国子监自系台省，台省系朝廷官，外司有事合行申状，岂有台省倒申外司之理？只为从前人只计较利害，不计较事体……今日第一件便如此，人不知一似好做作，只这些子某便做他官不得，若久做，他时须一一与其理会。"①

宋哲宗元祐八年（1093 年）五月，杨时、游酢来洛，拜程颐为师，诞生了"程门立雪"这一流传千载的经典教育故事："游、杨初见伊川，伊川瞑目而坐，二子侍立。既觉，顾谓曰：'贤辈尚在此乎？日既晚，且休矣'。及出门，门外之雪深一尺。"②

杨时和游酢尊敬老师，努力向学，成为程门高足，特别是杨时在继承和发展二程理学方面起到了关键作用，其再传弟子朱熹，成就了体系完备的程朱理学，成为宋之后中国帝王时代的主流文化，并影响到日本、韩国、马来西亚等亚洲诸国。

宋哲宗绍圣元年（1094 年）三月，程颐撰《祭朱公掞文》。朱光庭（1037 年—1094 年），字公掞，河南偃师人，十岁能属文。辞父荫擢第，调万年主簿。数摄邑，人以"明镜"称。历四县令。为官期间，广施仁政，深受百姓爱戴。朱光庭师从胡瑗，后又从学于二程，《河南程氏外书》卷一、卷二为《朱公掞录拾遗》。文中程颐对朱光庭赞道："自予兄倡学之初，众方惊异，君时甚少，独信不疑。非豪杰特立之士，能如是乎？笃学力行，至于没齿；志不渝于金石，行可质于神明。在邦在家，临民临事，造次动静，一由至诚。"③

宋哲宗绍圣四年（1097 年）二月，党论起，程颐被追毁出身以来文字，放归田里；十一月，遣涪州编管，程颐这一阶段居洛讲学结束。

第二阶段（1100—1104 年）

宋哲宗元符三年（1100 年）四月，程颐赦复宣德郎，回到洛阳，六十八岁的

---

① （宋）程颢 程颐著，王孝鱼点校：《二程集》，北京：中华书局 1981 年版，第 288 页。
② （宋）程颢 程颐著，王孝鱼点校：《二程集》，北京：中华书局 1981 年版，第 429 页。
③ （宋）程颢 程颐著，王孝鱼点校：《二程集》，北京：中华书局 1981 年版，第 644 页。

他心境坦然，一如既往地全力致力于讲学、著述。"党祸起，谪涪州。先生注《周易》，与门人讲学，不以为忧；遇赦得归，不以为喜。"① "先生归自涪州，气貌容色髭发，皆胜平昔。"②

程颐虽然回到洛阳，可是这段时间朝廷政策反复无常，程颐亦起伏不定，几经蹂躏、折磨。元符三年（1100 年）四月，王朝天恩，程颐赦复宣德郎，十月，复通直郎，权西京国子监。年近七十的老人似乎有了较好的归宿，可是第二年五月朝廷就追所复官，而后灾难纷至。宋徽宗崇宁元年（1102 年）五月，七十高龄的程颐被列入元祐党，同年九月与文彦博、司马光、吕公著、苏轼等三百零九人被列为奸党，可入元祐奸党碑，以示"永世不得翻身"："己亥，御批复中书省：'应元祐责籍及元符末叙复过之人，各具元籍定姓名进入。'"于是蔡京籍文臣执政官文彦博等二十二人（文彦博、吕公著、司马光等），待制以上官苏轼等三十五人，余官秦观等四十八人（内有程颐），内臣张世良等八人，武臣王献可等四人，等其罪状，谓之奸党，请御书刻石于端礼门。③宋徽宗崇宁二年（1103 年）四月三十日，程颐学术研究再受钳制。"诏：'追毁程颐出身以来文字，除名，其入山所著书，令本路监司觉察'"；……"又言：'程颐学术颇僻，素行谲怪，劝讲经筵，有轻视人主之意；议法太学，则专以变乱成宪为事。'故有是诏。范致虚又言：'颐以邪说诐行，惑乱众听，而尹焞、张绎为之羽翼，乞下河南尽逐学徒。'颐于是迁居龙门之南，止四方学者，曰：'尊所闻，行所知，可矣，不必及吾门也。'"④接下来，同年七月，程颐之子端彦受连累外放："乙巳，吏部言程颐子端彦，见任鄢陵县尉，即系在京府界差遣，宜放罢，从之。因下诏：'责降人子弟毋得任在京及府界差遣。'"⑤九月，"壬午，诏：'诏令宗室不得与元祐奸党子孙及有服亲为婚姻，内已定未过礼者并改正。'""臣僚上言：'近出使府界，陈州人士有以端礼门石刻元祐奸党姓名问臣者，其姓名虽尝行下，至于御笔刻石，则未尽知。近在畿甸且如此，况四远乎！乞特降睿旨，以御书刊石端礼门姓名下外路州军，于监司长吏厅立石刊记，以示万姓。'从之。"⑥十一月，再次下诏禁止元祐学术传播："庚辰，诏：'以元祐学术政事聚徒传授者，委监司举察，必罚无赦'。"⑦

就是在这样恶劣的环境中，程颐依然是门徒紧随，著述丰硕。其间，张绎、孟厚先、周孚、马伸、吕舜（吕希哲之子）等先后拜学，罗从彦、尹和靖请教《易

① （宋）邵伯温著，李剑雄，刘德权点校：《邵氏见闻录》卷 15，北京：中华书局 1983 年版，第 164 页。
② （宋）程颢 程颐著，王孝鱼点校：《二程集》，北京：中华书局 1981 年版，第 345 页。
③ 《续资治通鉴》卷八十八。转引卢连章：《程颢 程颐评传》下，南京：南京大学出版社 2011 年版，第 433 页。
④ 《续资治通鉴》卷八十八。转引卢连章：《程颢 程颐评传》下，南京：南京大学出版社 2011 年版，第 1892—1893 页。
⑤ 《续资治通鉴》卷八十八。转引卢连章：《程颢 程颐评传》下，南京：南京大学出版社 2011 年版，第 1898 页。
⑥ 《续资治通鉴》卷八十八。转引卢连章：《程颢 程颐评传》下，南京：南京大学出版社 2011 年版，第 1899 页。
⑦ 《续资治通鉴》卷八十八。转引卢连章：《程颢 程颐评传》下，南京：南京大学出版社 2011 年版，第 435 页。

学》等等。其中尹焞、张绎一直随侍从学，马伸在程颐学术受压制最残酷之时依然前来拜师学习。据《宋元学案·刘李诸儒学案》载："马伸，字时中，东平人，绍圣四年进士；历西京法曹，因张绎求见伊川程子，时学禁方兴，伊川固辞。先生十反愈恭，毅然对曰：'使伸朝闻道，夕死何憾！'自是公暇日一造请，卒受中庸以归。"足见程颐学术魅力和士人求道之决心。在面授的同时，程颐此时仍坚持以书信形式解答门人问题，撰有《答杨时书》、《答杨迪书》（杨时之子）、《答门人书》、《答鲍若雨书并答问》等，在著述方面完成了《礼序》、《春秋传序》等理学经典。

## 三、鸿儒之交

二程居洛家讲学期间，吕公著、司马光等都被罢官闲居洛阳，与程珦、程颢、程颐来往密切，经常在一起饮酒咏诗，议论时政，评说王安石新法及其新学。此时，邵雍早已迁居洛阳安乐窝居住，常和程氏父子往来，而张载这一阶段也常来洛阳。一时间，洛阳程真可谓名儒荟萃。二程与他们的交往促进了洛学的构建。如果说二程与吕公著、司马光之间的交往有政治方面的因素，而与以教学为生的邵雍和致力于关学的张载之间更多的应是学术探究与教学方面的交流了。随着理学泰斗、北宋五子中的周敦颐、邵雍、张载"三子"相继去世，构建理学的重任自然落到二程肩上。这三人对二程洛学的贡献都产生了重要影响，周敦颐，濂学创始人；张载，关学创始人；邵雍，象数易学的继承者和创新者，广义上洛学的创建人之一，这三位加上二程代表了北宋关、洛、濂三大学派，打造了我国学术史上春秋战国时期之后又一巅峰。正如王育济教授所言："北宋中叶，在思想文化全面复兴，各个领域的巨人如群星璀璨的历史背景下，在一种活跃的学术争鸣的氛围中，号称'北宋五子'的周敦颐、邵雍、张载、程颢、程颐几乎联袂而起，他们一方面以'卫道者'的坚定姿态出现，力倡儒学道统；另一方面，又以'思想家'的冷静目光，审视和反思传统儒学的缺陷和弊端，以较为开放的心态汲取和学习佛、道二家的思想，对传统儒学进行建构……在建构儒学的过程中，周敦颐、邵雍一改传统儒学知人而不知天的弊端，为理学构建出一个天地万物生成的宇宙自然观，引出了宋代理学的主题；张载用物质性的'气'对抽象的，无形无状的'太极'作了唯物主义的规定，开始步入理学的主题；而二程自家体贴出'天理'确立了理学的主题。[①]周、邵、张的去世，某种意义上讲，可谓濂学、关学、洛学三学学归一，二程洛学成为当时北宋道学各派的聚合，也可以说二程洛学，或言二程天理之学从周敦颐、邵雍、张载处均有不同程度的继承或借鉴。至此，

---

① 王育济：《理学·实学·朴学—宋元明清思想文化的主流》，济南：山东友谊出版社 1993 年版，第 24 页。

应该大略梳理与总结二程与周、邵、张之间的渊源了。

### 1. 二程与周敦颐

癸丑，宋神宗熙宁六年（1073 年）六月七日，理学开山鼻祖周敦颐去世。对于自己老师的过世，二程既没有前去吊唁，也没有写悼文，更没有给老师写墓志铭，同时周敦颐也没有委托二程写任何相关的文章。更有意思的是，周敦颐生前和自己的遗文中，从不提及收二程为弟子之事；二程终其一生，也没有尊周敦颐为师，不称"先生"，常称"周茂叔"，而对于胡瑗却称为"先生"。这对于师道尊严的传统中国以及对此极力倡导的二程来说，简直是不可思议，甚至是大逆不道，这也就成了道学的一宗悬案。自南宋以来学者们对此不停探讨、争议，其历程基本由"是否有师徒关系的两端争议"发展到学界基本认同二程是周敦颐的门徒这一事实。当然，持不同观点者亦有，如钱穆先生说："近世论宋学者，专本濂溪《太极图》一案，遂谓其导源方外，与道、释虚无等类并视，是岂为识宋学之真哉！"① "后人以濂溪为宋学开山，或乃上推之于陈抟，皆非宋儒渊源之真也。"② 英国人葛瑞汉认为"二程的哲学根本不是什么周敦颐学说的发展，两者的大前提完全不同。"③ 继而研究的焦点转移到二程为什么不认师，为什么对"周先生"表现得如此冷淡，特别是对老师逝世此等大事，似乎无动于衷；而对于学术之友邵雍、张载等人的过世，二程却能撰写悼文，且表现出极大的悲痛。是什么原因造成了二程与周敦颐之间如此严重的隔阂？近有学者张泽槐撰文认为"在周敦颐与二程之间存在着三大鸿沟，即政治上的鸿沟、道德上的鸿沟、学术上的鸿沟。"④ 张泽槐的观点颇有说服力，此处略作介绍，权作对周程隔阂问题的解答。

政治鸿沟。周敦颐与二程虽为师生，但他们的政治思想或者说政治理念并不相同。周敦颐是倾向变革的，二程则是倾向守旧的。具体讲，在对待王安石变法问题上，周敦颐同情、支持王安石变法，二程则是坚决反对王安石变法头面人物。这种政治立场、政治观点的不同，是导致二程回避与周敦颐师生关系的重要原因之一。

在当时的情况之下，二程不承认自己同周敦颐之间的师生关系，主要是出于政治需要，表示自己与周敦颐不是同路之人，最起码可以说是与周敦颐划清了界线。这一点，我们还可以从另一方面予以证明。这就是二程的四传弟子朱熹，极力地否定蒲宗孟所撰周敦颐《墓碣铭》中有关周敦颐支持王安石变法的内容。朱熹这样做，无非是为尊者讳，使周敦颐与王安石划清界线，使自己的祖师爷周敦颐免遭骂名。二程与朱熹的做法不同，却有着异曲同工之妙。

---

① 钱穆：《中国近三百年学术史》，北京：九州出版社 2011 年版，第 5—6 页。
② 钱穆：《中国近三百年学术史》，北京：九州出版社 2011 年版，第 3 页。
③ ［英］葛瑞汉著，程德祥译：《二程兄弟的新儒学》，郑州：大象出版社 2008 年版，第 236 页。
④ 张泽槐：《试论周敦颐与程颢、程颐微妙关系》，《湖南科技学院学报》2012 年第 03 期，第 25 页。

道德鸿沟。周敦颐和二程的道德伦理观基本上是一致的。他们都看到了伦理道德在维系封建统治秩序方面的重要作用，都主张加强个人道德修养，为"至圣"而努力。但是，在一些具体问题上，他们又有着不同的看法与主张，从而导致了道德观念上的障碍与鸿沟。（如在对待妇女的社会地位上）周敦颐并没有专门对妇女提出什么具体要求。二程继承发展了周敦颐的道德伦理思想，并提倡在家庭内形成像君臣之间的关系。特别是程颐还反对妇女改嫁，宣称"饿死事极小，失节事极大"，对后世产生了深远的影响。更严重的是，程颐反对妇女改嫁，恰好是在自己与老师周敦颐之间划下了一道巨大的鸿沟。这是因为，周敦颐的生身母亲郑氏就是改嫁之人。程颐反对妇女改嫁，而老师周敦颐的母亲就是再嫁之人，无论程颐是有意为之还是无意为之，都是没有为尊者讳。程颐作为当时赫赫有名的大儒，他所倡导的道德观念，当然会很快影响到社会风气。当反对妇女改嫁成为社会普世价值时，程颐自己已经被逼到墙角，没有任何退路，没有任何其他选择，只好选择不尊周敦颐为师。在这种情况下，周敦颐也被逼到了墙角，没有了任何退路，唯一可以选择的，就是不再提及自己有程颢、程颐这两个学生。因此，反对妇女改嫁这个问题，可能是程颢、程颐不尊周敦颐为师，周敦颐也不再认程颢、程颐为自己弟子的重要原因，甚至可以说是终极原因。

学术鸿沟。理学是一种具有划时代意义的理论创新成果。从理学的酝酿、产生、成熟、完善，到理学统治地位的确立，是一个漫长的历史过程。这一历史过程凝聚了宋代诸多大儒的共同智慧，绝非一人之力，亦非一日之功。其中，对宋代理学创立贡献最大的莫过于四大学派，即以周敦颐为代表的濂学，以程颢、程颐为代表的洛学，以张载为代表的关学，以朱熹为代表的闽学。此外，当然还有以邵雍为代表的象数之学，以陆九渊为代表的心学也是宋代理学的重要组成部分。在濂、洛、关、闽四大学派中，濂、洛、闽三大学派还有着师承关系。然而，恰恰在濂、洛两大学派的师承关系上出现了问题。

程颢曾说过："吾学虽有所受，'天理'二字却是自家体贴出来。"程颢的这句话是一句大实话。二程的学术思想确实是有所受，而且是师承周敦颐，这是历代学界的共识。"天理"二字确实是二程所悟。作为哲学范畴，"理"并非由二程所首创。但把儒家传统的"天人合一"思想用"天人一理"的形式表述出来，把"理"或"天理"作为世界万物的最高本原和封建伦理纲常的化身，用"理"来代替中国上古哲学中"天"所具有的本体地位，应该说是从二程开始的。同时，二程以"理"为哲学的核心和最高范畴，集本体论、认识论、辩证法、人性论、伦理观、历史观为一体，形成了一个有机的思想体系，这是二程对中国哲学的一大贡献。由于二程长期从事讲学，程颐还曾被授"崇政殿说书"，也可以说是给皇帝当老师，因此二程门人如织，弟子众多，其中很多人如杨时、侯仲良等，后来都成为宋代大儒。然而，这只是问题的一个方面。另一方面，由于政治上的鸿沟与道德上的鸿沟，二程始终不尊周敦颐为师。那么，在学术思想上，二程当然也不能说自己源于周敦颐，或者说师承周敦颐。为此，他们在讲学过程中始终不提及周敦颐的学术思想，始终不介绍周敦颐的学术著作，以示自己与周敦颐没有学术上的师承关系。

不过本书认为，宋神宗熙宁六年（1073 年）六月七日周敦颐的去世，二程绝不会无动于衷，他们应该处于痛苦与纠结之中，他们不会忘记跟随周先生学习的经历，更不会忘记周先生对二人学术发展、人格修养等方面的深远影响。行文至此，有必要对周程关系进一步梳理和探讨。

周敦颐，宋营道楼田堡（今湖南道县）人，北宋著名哲学家，是学术界公认的宋明理学开山鼻祖。他的千古绝唱《爱莲说》广为传颂，其中"出淤泥而不染，濯清涟而不妖"更是耳熟能详。对于二程师从周敦颐的事实，学界主要依据是张伯行的《周濂溪年谱》所载："庆历四年，濂溪先生为南安军司理参军（今江西大庚县和南康县一带）。庆历六年，大理寺丞知虔州兴国县程公珦，假倅南安；视先生气貌非常人，与语，果知道者，因与为友；令二子师事之。"对于程珦安排二程师从周敦颐已有共识，但是多人认为二程南康师事周敦颐在时间上不足一年，原因是二程拜学周敦颐当年的冬季，周敦颐由王逵推荐调往彬州彬县做县令去了。

对于二程师从周敦颐的这段经历学基本成为共识，可是随着研究的进一步深入，现在有学者考证二程师从周敦颐不止一次，时间上也不止"不足一年"。尚有第二次在郴州、桂阳（今湖南省郴州市汝城县）连续两年多的师徒经历。朱慧芳对二程二次师事周敦颐做了如下考证：[①]

第二次的时间起于皇祐元年（1049 年）下半年，止于皇祐三年底或皇祐四年初。当时程珦受命移任广西龚州知州，从江西赴任广西途中经过郴州，携二子一道会见了时任郴州郴县令的周敦颐。考虑到广西正值兵乱过后，"欧希范"之乱余孽未除，岭南蛮侬智高作乱始兴，社会仍然动荡不定，自己又重任在身，既无法分心教育二子，又当心二子的安危，加之二程兄弟在南安时从学于周敦颐时间不长，故让二子留在郴州伴随周敦颐继续学习，自己与夫人赴任。据《先公大中家传》记载程珦知广西龚州只二年。《（雍正）广西通志》载："大中任龚州只二年，皇祐四年已出岭在道，则移龚当是元年。……"皇祐二年，周敦颐改任桂阳令，二程随周子到桂阳从学。后因二程母亲患瘴疠，二程于皇祐三年底或四年初到龚州护送母亲北归。皇祐四年二月二程母亲逝世于江宁。因此，二程第二次师周子的时间有两年多，其中在桂阳时间有一年半以上。但因在宋时，桂阳是一个偏僻

---

① 朱惠芳：《周敦颐于汝城开阐理蕴传授二程初考》，《湖南城市学院学报》2012 年第 06 期，第 23—24 页。

且经济文化较为落后的地方，故二程在桂阳从学周子的史实在各类年谱和传记中并未记载。但桂阳的历届县志中还依稀可见一些记载。如民国《汝城县志》记载："予乐窝，在县城西五里江口，二程从学濂溪至此。"① 又载："《春游》，(《春日偶成》)宋，程子，从周子在桂阳时所作。"②

朱慧芳通过考证还指出："周敦颐任桂阳县令期间，二程再次师事周子，(宋仁宗)皇祐二年(1050年)的春夏之交，周敦颐携二程郊游城郊朱家湾时，发现了朱家湾的天然太极图，并手授《太极图说》予二程。"③

为纪念周敦颐，汝城人民于宋宁宗嘉定十三年创建濂溪书院，书院中的"六君子祠"铭记了从周敦颐到二程再到朱熹的这一理学渊源。后人为此留下了不少诗文，其中清乾隆知县凌鱼的《过予乐亭》更是脍炙人口："孔颜真乐妙难名，吟弄千秋想二程。问柳喜逢云正淡，临川欣对水长清。应时禾黍皆含绿，适意鸢鱼更不惊。偶憩石亭思往事，风流谁得似先生。"这些进一步佐证了二程二次随学周敦颐的事实。

另外，宋仁宗嘉祐二年(1057年)春，26岁的程颢高中进士，二程前往合州(今重庆市合川区)再次拜访周敦颐。据诸星杓编《程子年谱·明道先生》云："先生(程颢)再见周子于合州。"周敦颐是在宋仁宗嘉祐元年(1056年)出任合州通判的，他在那里做了五年的通判。现有文《周敦颐合州办学种莲养心》④讲述了周敦颐在合州为官的史实，文中说周敦颐在嘉陵江畔修筑养心亭、并写下了不朽佳作《爱莲说》。程颢及第的当年(1057年)与弟弟程颐去合州看望老师，既是汇报，也是报喜。这至少是二程第三次拜见周敦颐了。可见，在此之前周程之间的交流是密切的，不过佐证尚需进一步挖掘。

二程两次师事周敦颐。第一次授学，二程受周子的影响主要在传授诸子百家，四书五经上。故有"遂厌科举之业，慨然有求道之志"的感慨。二程第二次师事周子时，周敦颐传授了二程两方面的内容：一是寻求"孔颜乐处"，二是手授二程《太极图》。

周敦颐所谓孔颜乐处，就是指内圣外王之学，是培养和扩充人的道德伦理和道德精神境界的基础，以"圣希天，贤希圣，士希贤"为人道德精神的发展方向和人生价值的实现途径，从而达到"见大而心泰"，"心泰则无不足"的精神境界。"孔颜乐处"在宋儒即已视作"二程之于濂溪，口传心授的当亲切处"，其后成为

---

① 江苏古籍出版社选编：《中国地方志集成 湖南府县志辑 30 民国汝城县志》，南京：江苏古籍出版社 2002 年版，第 124 页。
② 江苏古籍出版社选编：《中国地方志集成 湖南府县志辑 30 民国汝城县志》，南京：江苏古籍出版社 2002 年版，第 522 页。
③ 朱惠芳：《周敦颐于汝城开阐理蕴传授二程初考》，《湖南城市学院学报》2012 年第 06 期，第 23 页。
④ 张望：《周敦颐合州办学种莲养心》，《重庆晚报》2012 年 5 月 26 日。

了宋明理学的一个重大课题。① 这从《程氏粹言》（卷一）中亦可得以佐证：子谓门弟子曰："昔吾受《易》于周子，使吾求仲尼、颜子之所乐。要哉此言，二三子志之！"② 另外，程颐游太学时所作《颜子所好何学论》一文，直接受到周敦颐所授"孔颜乐处"的影响，所以写起来得心应手，成就了一篇上乘佳作，亦是程颐的成名之作。胡瑗看后大惊，遂授其学职。对此，明代最后一位儒学大师、宋明理学的殿军刘宗周（蕺山先生）一语道破"天机"："伊川得统于濂溪处。"③ 当然二程在后来对周敦颐的"孔颜乐处"有所发展和创造："周敦颐认为孔颜乐处的'乐'就是与天地万物的'诚'合为一体而展现出的'乐'，周敦颐的与'诚'一体，与'天道'合一的'乐'，是一种'得道'之乐，包含了人与人、人与自然、人与社会的和谐之乐。程颢则继承和发展了周敦颐的'生生之仁'观，用'生生之理'来解释'生生之仁'，将'仁'与天道合而为一，成为了一种新儒学追求的'得道'之乐。程颢认为'孔颜乐处'就是'浑然与物同体'的最高表现，着重强调的是人本身内心的和谐带来的平和之乐；程颐继承和发展了周敦颐的'伦理道德规范合一之乐'，把'孔颜乐处'阐释为'循理'之乐。他认为要想获得'孔颜之乐'，就要通过'循理'的途径，只有先'识理'，才能'循理'。"④

研究证明，包括《太极图》与《太极图说》在内的周敦颐所著《通书》均是由二程最早刊印的，朱熹称之为"二程本"。⑤ 由此也可进一步佐证周敦颐面授二程《太极图》的事实。而胡宏之说"今周子启程兄弟以不传之学，一回万古之光明，如日丽天，将百世之利泽，如水行地，其功盖在孔孟之间矣"⑥ 实不为过。下面之语可以看出周敦颐对二程学术道路的选择影响之深刻："先生（程颢）为学，自十五六时，闻汝南周茂叔论道，遂厌科举之业，慨然有求道之志。未知其要，泛滥于诸子百家，出入于老、释者几十年，返求诸《六经》而后得之，明于庶物，察于人伦。知尽性至命，必本于孝悌；穷神知化，由通于礼乐。辨异端似是之非，开百代未明之惑，秦、汉而下，未有臻斯理也。"⑦ "从汝南周茂叔问学，穷性命之理，率性会道，体道成德，出处孔、孟，从容不勉。"⑧

在学术的研究范式上，二程颇受周敦颐引道释入儒做法的影响，稍有不同的是周敦颐偏重借鉴道教，二程则以借鉴佛教为主。

另外，还有学者研究了周敦颐不只是在道学方面对二程有所启发，在诗辞方

① 朱惠芳：《周敦颐于汝城开阐理蕴传授二程初考》，《湖南城市学院学报》2012年第06期，第24页。
② （宋）程颢 程颐著，王孝鱼点校：《二程集》，北京：中华书局1981年版，第1204页。
③ （清）黄宗羲原著，（清）全祖望补修；陈金生，梁运华点校：《宋元学案》第一册，北京：中华书局1986年版，第644页。
④ 洪梅，李建华：《寻"孔颜乐处"的生态价值取向——从周敦颐到程颢、程颐》，《齐鲁学刊》2012年第04期。
⑤ 张泽槐：《试论周敦颐与程颢、程颐微妙关系》，《湖南科技学院学报》2012年第03期，第26页。
⑥ （宋）胡宏：《胡宏集》，北京：中华书局1987年版，第161页。
⑦ （宋）程颢 程颐著，王孝鱼点校：《二程集》，北京：中华书局1981年版，第638页。
⑧ （宋）程颢 程颐著，王孝鱼点校：《二程集》，北京：中华书局1981年版，第328页。

面周敦颐对二程，尤其是对程颢的影响颇深，所以程颢尝自言："自再见周茂叔之后，吟风弄月以归。有'吾与点也'之意。"[①]龚祖培认为："如果说程颢得了周敦颐道学思想之衣钵，那么他同时也得了周敦颐文学的心印。"[②]事实上程颢也是宋代留诗较多的道学家。

陈延菊对周敦颐与二程的关系进行了系统研究，她认为：周敦颐、二程的学术上具有共同的时代特征，一方面吸取佛道的思想，以图建立具有本体论和哲学思辨色彩的新儒学；另一方面其学风异于重章句训诂的汉唐训诂义疏之学，转向重视对义理的阐发，其对儒家伦理道德的维护也是一致的。在同为理学的前提下，周敦颐与二程的学术又存在不同之处，从根本上说，周敦颐的哲学以"无极"为本体，讲自无极而为太极，以"主静"为人生修养之要；二程的哲学以"理"为本体，以"主敬"为人生修养之要，绝口不提太极、无极之语，这是二程与周敦颐的明显不同。并且二程引入张载的"气"概念，在心性论、认识论等方面展开了深入的论述，而这些是周敦颐学说所欠缺的。由此可见，周敦颐与二程的学术有相同之处，但其不同占主导地位，二程哲学受到周敦颐的影响并不大。[③]

"名师出高徒"这一中国之传统教育理念，现在依然熠光闪闪。二程受周敦颐的影响是其接续道统、构建理学的重要因素。故有宋理学萌发于周敦颐，构建于二程，集大成于朱熹之公说。事实上，宋代的儒学再造是众多学者的共同追求和努力，二程理学是吸取了众家之学的，包括周敦颐和张载等等。不过，周敦颐对于二程学术道路的选择起到了关键作用，同时也影响了二程学术研究范式。仅此两点而言，周敦颐作为二程的导师当之无愧。笔者认为：周敦颐是影响二程理学构建的第一人，宋明理学萌发于周敦颐之公说无异。

或许二程也无法回避周敦颐给予他们睿智而慷慨的指导，或许这是二程在居洛讲学期间最痛心和纠结之事，痛苦与纠结埋在心中，装作"无动于衷"吧。此时对于二程来说，还有更重要的问题需要思考，更紧要的事需要做：周敦颐的仙逝标志着濂学的第一阶段结束，濂学对于继续纲常、接续道统的贡献也告一段落，作为周敦颐的得意门生如何肩负起弘扬道统的历史重担应该是二程更重要的问题和更紧要的事。周敦颐的过世，使已过不惑之年的二程顿感生命苦短，责任重大，使其更加努力于道统的构建与传播。

### 2. 二程与邵雍

邵雍（1011—1077 年）北宋哲学家、易学家，北宋五子之一，有内圣外王之

---

① （宋）朱熹编纂，（清）江藩纂，（清）江藩纂：《伊洛渊源录》，济南：山东友谊出版社 1990 年版，第 23 页。
② 龚祖培：《周敦颐与"二程"的文学特点比较》，《湖南城市学院学报》2012 年第 05 期，第 8 页。
③ 陈延菊：《周敦颐与程颢程颐关系研究》，四川师范大学 2012 年硕士论文，第 16 页。

赞誉。汉族，字尧夫，谥号康节，自号安乐先生、伊川翁，后人称百源先生。其先范阳（今河北涿县）人，幼随父迁共城（今河南辉县）。少有志，读书苏门山百源之上。仁宗嘉祐及神宗熙宁中，先后被召授官，皆不赴。创"先天学"，以为万物皆由"太极"演化而成。著有《观物篇》、《先天图》、《伊川击壤集》、《皇极经世》等。其思想渊源于陈抟道家思想，朱震说："陈抟以先天图传种放，放传穆修，修传李之才，之才传邵雍。"① 而朱熹则认为邵雍传自陈抟，陈抟也有所承传。其作《周易参同契考异附录》云："邵子发明先天图，图传自希夷，希夷又自有所传。"从朱震、朱熹记载看，邵雍的思想源于道家系统，而直接传授者是李之才。蔡方鹿认为："邵雍重视对经典的诠释，把注经与体用论、心性之学联系起来，重视仁义礼智的道德培养和教化功能；又提出心本论、道本论和太极说，一定程度地把哲学本体论与儒家伦理学结合起来；修正汉唐儒家经学重训诂而轻哲理的倾向，强调礼乐诗书之道的自新，批评单纯引用讲解而不知道的学风；批评佛教不讲儒家纲常伦理，抛弃君臣、父子、夫妇之道的宗教出世主义。在批评佛教和传统经学流弊的同时，重人事、实事，提倡和肯定儒家伦理的价值；强调穷理尽性以至于命，将儒家经学由原来的重训诂注疏传统转换为重义理阐发、重人情物理的心性之学。大力促使经学学风的转向，预示着新思想的产生，开宋代经学义理化、哲理化之先声和新经学诠释法的新路，从而体现出邵雍在经学史和理学史上所占有的重要地位。"② 邵雍长二程二十多岁，与程珦兄弟相称，邵雍与周敦颐被称为宋理学的开创者，二程以"先生"称邵雍，他们之间的交往很密切，对彼此的学术都有较高的评价，确为亦师亦友的关系。在长期的交往中邵雍的理学思想对二程的学术建构产生了重要影响。

二程与邵雍交往长达三十多年，《二程集》中有相应佐证："晁以道常说，倾尝以书问伊川先生云：'某平生所愿学者，康节先生也。康节先生没，不可见，康节之友惟先生在，愿因先生问康节之学。'伊川答书云：'某与尧夫同里巷居三十年余，世间事无所不论，惟未尝一字及数耳。'"③ 有研究指出："二程曾祖父程希振任尚书虞部员外郎，赐第洛阳天门街履道坊。据《宋史》和古代《黄陂县志》记载，程希振于大中祥符元年（1008 年）去世，葬河南伊川（今洛阳），全家又从开封迁至洛阳。祖父程遹便是生于洛阳履道坊宅第，后赠开府仪同三司吏部尚书。父程珦生于开封泰宁坊，以祖荫之故先后任职于黄陂、龚州、凤州、磁州、汉州等地，官至太中大夫，晚年因反对王安石变法致仕归洛。"④ 由此可见二程很早就开始与邵雍交往了。而且两家之间的关系很密切，嘉祐八年（1063 年），邵雍就以

① （宋）朱震：《汉上易传·表》，北京：九州出版社 2012 年版，第 3 页。
② 蔡方鹿：《论邵雍经学的义理化倾向及其历史地位》，《中州学刊》2007 年第 03 期，第 145 页。
③ （宋）程颢 程颐著，王孝鱼点校：《二程集》，北京：中华书局 1981 年版，第 444 页。
④ 邵明华：《邵雍交游研究——关于北宋士人交游的个案研究》，山东大学 2009 年博士学位论文，第 96 页。

诗表达了对程邵之间的至深情谊：

### 思程氏父子兄弟因以寄之二首①

年年时节近中秋，佳水佳山漫烂游。

此际归期为君促，伊川不得久迟留。

 

气候当如日，山川似旧时。

独来又独往，此意有谁知！

此时，程珦、程颢在外地做官，不在洛阳，程颐或居住开封，或随父任所等，偶尔回次洛阳，也是"不得久迟留"，足见邵雍对程氏父子的思念之情，而"独来又独往，此意有谁知"更揭示了邵程之间不只是一般朋友，而是难得之知己。可以想象北宋五子之间的交往绝不是简单的酒兴和山水之情，探究"内圣外王之道"才是他们的雅致和至高追求，学术切磋的酣畅淋漓才是正真的尽情足兴。这样的知己当然难得，再次见面的渴望之情可想而知。其实，早在嘉祐二年（1057 年）邵雍就表达过此种心情："居洛八九载，投心唯二三"②。

程珦回到洛阳在嵩福宫任职，二程居洛讲学，成为程邵交往的黄金阶段。"一日，二程尝侍太中公访先生于康节之庐。先生携酒畅游月陂堤上，欢甚，语其平生学术出处之大（致）。明日，怅然谓门生周纯明曰：'昨从尧夫先生游，听其议论，振古之豪杰也。惜其老矣，无所用于世。'纯明曰：'所言何如？'曰：'内圣外王之道也。'"③ 此事可见二程与邵雍之间无间的交往与真正的相知，邵雍为此写诗表达了自己的愉悦心情。

草软波平风细溜，云轻日淡柳低摧。

狂言不记道何事，剧饮未尝如此杯。

好景只知闲信步，朋欢那觉大开怀。

必期快作赏心事，却恐赏心难便来。④

程颢亦以诗相和：

### 和尧夫西街之什二首

先生相与赏西街，小子亲携几杖来。

行处每容参剧论，坐隅还许沥余杯。

槛前流水心同乐，林外青山眼重开。

---

① （宋）邵雍：《伊川击壤集》卷 5，《四部丛刊》，景明成化本，第 54 页。

② （宋）邵雍：《伊川击壤集》卷 1，《四部丛刊》，景明成化本，第 7 页。

③ （宋）邵伯温著，李剑雄，刘德权点校：《邵氏闻见录》卷 15，北京：中华书局 1983 年版，第 161 页。

④ （宋）邵伯温著，李剑雄，刘德权点校：《邵氏闻见录》卷 15，北京：中华书局 1983 年版，第 161—162 页。

时泰心闲两难得，直须乘兴数追陪。

先生高蹈隐西街，风月犹牵赋咏才。
暂到邻家赏池馆，便将佳句写琼瑰。
壮图已让心先快，剧韵仍降字占挼。
只有一条夸大甚，水边曾未两三杯。①

### 游月陂

月陂堤上四徘徊，北有中天百尺台。
万物已随秋色改，一樽聊为晚凉开。
水心云影闲相照，林下泉声静自来。
世事无端何足计，但逢嘉日约重陪。②

彼此之诗可谓唱和契合，如邵雍之"必期快作赏心事，却恐赏心难便来"之担心，程颢则以"世事无端何足计，但逢嘉日约重陪"相和，可见程邵之间的交往是心相通，神相交。

另外，程颢还有《和邵尧夫打乖吟二首》、《和尧夫首尾吟》③等，一并摘录如下：

### 和邵尧夫打乖吟二首

打乖非是要安身，道大方能混世尘。
陋巷一生颜氏乐，清风千古伯夷贫。
客求妙墨多携卷，天为诗豪剩借春。
尽把笑谈亲俗子，德容犹足慰乡人。

圣贤事业本经纶，肯为巢、由继后尘。
三币未回伊尹志，万钟难换子舆贫。
且因经世藏千古，已占西轩度十春。
时止时行皆有命，先生不是打乖人。

### 和尧夫首尾吟

先生非是爱吟诗，为要形容至乐时。
醉里乾坤都寓物，闲来风月更输谁。

---

① （宋）程颢 程颐著，王孝鱼点校：《二程集》，北京：中华书局 1981 年版，第 481 页。
② （宋）程颢 程颐著，王孝鱼点校：《二程集》，北京：中华书局 1981 年版，第 482 页。
③ （宋）程颢 程颐著，王孝鱼点校：《二程集》，北京：中华书局 1981 年版，第 481 页。

死生有命人何预，消长随时我不悲。

直到希夷无事处，先生非是爱吟诗。

邵雍针对程颢的《和邵尧夫打乖吟二首》，还回应了一首《谢伯淳察院用"先生不是打乖人"》："经纶事业须才者，弃理功夫有巨臣。安乐窝中闲偃仰，焉知不是打乖人。"如此交流，彼此之间可谓知根知底、相敬有嘉。

比较而言，程颐与邵雍之间的交往，少了些风月之情和诗人般的浪漫，多了些剖根问底、无所不谈。下引是程颐与邵雍之间"雷起于何处"的经典之谈。

邵尧夫谓程子曰："子虽聪明，然天下之事亦众矣，子能岂尽知邪？"子曰："天下之事，某所不知者甚多。然尧夫所谓不知者何事？"是时适雷声起，尧夫曰："子知雷起处乎？"子曰："某知之，尧夫不知也。"尧夫愕然曰："何谓也？"子曰："既知之，安用数推也？以其不知，故待推而后知。"尧夫曰："子以为起于何处？"子曰："起于起处。"尧夫瞿然称善。①

上引中程颐的回答揭示了他"凡物皆有理"的理学观点，曾经有人把这故事解读为"一对傻瓜"的对话，你读后该作何想？

程颐与邵雍频繁的交往中常常包含着智慧的交流与"较量"，实属高手过招之，再看下面邵雍之子邵伯温所记二事。

伊川又同张子坚来，方春时，先君率同游天门街看花。伊川辞曰："平生未尝看花。"先君曰："庸何伤夫？物物皆有至理，吾侪看花，异于常人，自可以观造化之。"伊川曰："如是，则愿从先生游。"②

程颐没有看花的习惯，却有寻"理"的执着。邵雍却说，我们看花，其实也是在探究"物物皆有理"。

异日，伊川同朱公掞访先君，先君留之饮酒，因以论道。伊川指面前食桌曰："此桌安在地上，不知安在甚处？"先君为之极论天地万物之理，以及六合之外。伊川叹曰："平生惟见周茂叔论到此，然不及先生之有条理也。"③

被认为是宋代理学开山鼻祖的周敦颐初步创立起一套粗略的理学体系和理学框架，既突破了传统儒、道、释之旧说，又开启了新儒家—宋代理学之端门④。程颐以老师周敦颐与邵雍相比，认为邵雍比周敦颐的论述更进一步，可见程颐对邵雍的敬佩和尊重。邵雍生病期间，二程常去看望、护理，在邵雍生命的最后时刻，

---

① （宋）邵伯温著，李剑雄，刘德权点校：《邵氏闻见录》卷19，北京：中华书局1983年版，第215页。
② （宋）程颢 程颐著，王孝鱼点校：《二程集》，北京：中华书局1981年版，第674页。
③ （宋）程颢 程颐著，王孝鱼点校：《二程集》，北京：中华书局1981年版，第674页。
④ 姜锡东：《北宋宋五子的理学体系问题》，《文史哲》2007年第05期，第138页。

二程也护守在前，足见程邵感情之深厚。邵伯温记载了他们之间的最后一次交往，从中也可看出邵雍对程颐的关爱之情。

> 先君病且革，伊川曰："先生至此，他人无以致力，愿先生自作主张。"先君曰："平生学道，固至此矣，然亦无主张。"伊川犹相问难不已，先君戏之曰："正叔可谓生姜树头生，必是生姜树头死也。"伊川曰："从此与先生永诀矣，更有可以见告者乎？"先君声气已微，举张两手以示之。伊川曰："何谓也？"先君曰："面前路径，须常令宽。路径窄，则自无著身处，况能使人行也？"①

可见邵雍对程颐的了解是多么深刻，邵临终没有为自己提出要求，而是不忘对程颐的关心与呵护。程颐若能够做到处事豁达、待人宽容，将来的路走得会好些。可能程颐没有领会邵雍话语的含义，也可能是"秉性难改"，后来程颐在京为官遭排挤，以及编管涪陵等屡遭不幸，虽说原因种种，可是与其严厉的性格不无关系，如果他能改变一下自己的性格，其境遇也许不会那么糟糕。当然，也许程颐的性格不利于为人处世却有利于学术研究。

邵雍去世后，程颢为他写了墓志铭，这也是邵雍临终的选择，足见他对程颢的信任。通过邵雍的墓志铭我们既可以了解他的一生，又可以感知程邵之间交往之深，理解之深。

> 熙宁丁巳孟秋癸丑，尧夫先生疾终于家。洛之人吊哭者，相属于途。其尤亲且旧者，又聚谋其所以葬。先生之子泣以告曰："昔先人有言，志于墓者，必以属吾伯淳。"噫！先生知我者，以是命我，何敢辞？
>
> 谨按：邵本姬姓，系出召公，故世为燕人。大王父令进，以军职逮事艺祖，始家衡漳。祖德新，父古皆隐德不仕。母李氏，其继杨氏。先生之幼，从父徙共城，晚迁河南，葬其亲于伊川，遂为河南人。先生生于祥符辛亥，至是盖六十七年矣。雍，先生之名，而尧夫其字也。娶王氏，伯温、仲良，其二子也。
>
> 先生之官，初举遗逸，试将作监主簿，后又以为颖州团练推官，辞疾不赴。
>
> 先生始学于百源，勤苦刻厉，冬不炉，夏不扇，夜不就席者数年，卫人贤之。先生叹曰："昔人尚友于古，而吾未尝及四方，遽可已乎？"于是走吴适楚，过齐、鲁、客梁、晋。久之而归，曰："道其在是矣"，盖始有定居之意。
>
> 先生少时，自雄其材，慷慨有大志。既学，力慕高远，谓先王之事为可必致。及其学益老，德益邵，玩心高明，观天地之运化，阴阳之消长，以达

---

① （宋）程颢 程颐著，王孝鱼点校：《二程集》，北京：中华书局 1981 年版，第 675 页。

乎万物之变，然后颓然其顺，浩然而归。在洛几三十年，始至蓬荜环堵，不蔽风雨，躬爨以养其父母，居之裕如。讲学于家，未常强以语人，而就问者日众。乡里化之，远近尊之，士人之道洛者，有不之公府而必至先生之庐。

先生德器粹然，望之可知其贤。然不事表暴，不设防畛。正而不惊，通而不污，清明坦夷，洞彻中外。接人无贵贱亲疏之间。群居燕饮，笑语终日，不取甚异于人，顾吾所乐何如耳？病畏寒暑，常以春秋时行游城中，士大夫家听其车音，倒屣迎致，虽儿童奴隶，皆知欢喜尊奉。其与人言，必依于孝悌忠信，乐道人之善，而未尝及其恶。故贤者悦其德，不贤者服其化。所以厚风俗，成人材者，先生之功多矣。

昔七十子学于仲尼，其传可见者，惟曾子所以告子思，而子思所以授孟子者耳。其余门人，各以其材之所宜为学，虽同尊圣人，所因而入者，门户则众矣。况后此千余岁，师道不立，学者莫知其从来。独先生之学为有传也。先生得之于李挺之，挺之得于穆修伯长，推其源流，远有端绪。今穆李之言及其行事，概可见矣。而先生浮一不杂，汪洋浩大，乃其所自得者多矣。然而名其学者，岂所谓门户之众，各有所因而入者与？语成德者，昔难其居。先生之道，若就所至而论之，可谓安且成矣。

先生有书六十二卷，命曰《皇极经世》，古律诗二千篇，题曰《击壤集》。先生之葬，附于先茔，实其终之年孟冬丁酉也。铭曰：

呜呼先生，志牵力雄；阔步长趋，凌高厉空；探幽索隐，曲畅旁通。在古或难，先生从容。有《问》有《观》，以饮以丰。天不慭（读音 yìn）遗，哲人之凶；鸣泉在南，伊流在东。有宁一宫，先生所终。①

邵雍高尚的品质，自成一体的学术思想均被中肯地书写在墓志铭里，可以说没有很高的学术修养，没有对邵雍学术特征的准确把握，如此高水平的墓志铭是难以完成的。邵雍去世时，其子邵伯温学业未成，人生之路尚远，邵伯温当然成为邵雍去世时的最大牵挂，二程收邵伯温为徒，尽心教诲，使其最终完成了学业，再现程邵二家的至深交情。

二程非常推崇邵雍的学问，"程、邵之学固不同，然二程所以推尊康节者至矣。盖以其信道不惑，不杂异端，班于温公、横渠之间。则亦未可以其道不同而遽贬之也。"② 另外，邵雍学术深受道家学术影响，从二程辟佛而不辟道而言，二程是深受邵雍影响的。而面对邵雍"内圣外王治之道"的"无所用于世"则促使二程建构经世致用的学术体系。就程邵易学而言："相比之下，程颐借助易学建构理学，

---

① （宋）程颢 程颐著，王孝鱼点校：《二程集》，北京：中华书局 1981 年版，第 502—504 页。
② （清）黄宗羲原著，（清）全祖望补修；陈金生，梁运华点校：《宋元学案》第一册，北京：中华书局 1986 年版，第 469 页。

在宇宙本体论方面创新并不多，未能超越周敦颐、邵雍、张载的宇宙本体论模式，他的易学主要探讨道德心性的修养功夫。在思维方式上，程颐不似邵雍所重视的道家、老庄的思路，而是更多地受到儒家思孟学派的影响。程颐重视四书，注意运用四书中的伦理道德观念来解说《周易》，突出人的价值和意义，突出道德伦理、纲常名教在社会、人生中的意义。他把人性善看成是天或理所赋予的，并将其作为人之所以为人的内在根据，明确提出了'性即理'的命题，将性与天理相通，将之视为同一层次的本体范畴，由此直接提升了人在宇宙中的地位和价值。他将仁义、性善视为人所固有的本质属性，由此也直接为儒家伦理道德提供了形而上的依据，实现了儒家心性道德学说的更新……由于程颐易理直接突出了人伦道德的重要性，并就道德修养的功夫作了细致论证，使得他与邵雍重视象数之学相比，更突出了现实人生的指导意义，具有更强的现实适应性。"①章启辉先生认为："二程与邵尧夫同里巷居住三十年余，二程之学得力于邵子之处并不比濂溪少。二程辟老较辟佛少，且常杂以称许，其原因或是二程，特别是伊川受邵子之陶融多，受周子之影响少；从融会佛道的角度来说，二程从周子游主要取其以佛会儒，从邵子游主要取其以道会儒。"②一言以蔽之，邵雍的学术成果对于二程来说，不论是赞成还是反对，都是不可多得的学术资源，是构建其天理学说的重要基础之一。

### 3. 二程与张载

张载（1020—1077 年），字子厚，世居大梁（今河南开封）。幼时因父亲卒于涪州任上，而家贫无力归田，遂与弟张戬（jiǎn）侨居凤翔县横渠镇。因久居横渠镇讲学，创立了洛学，世人尊为横渠先生。张载的伦理道德学说受到后世儒者的推崇。张载的道德观是以人性论为基础的，二者融为一体。因为他在这方面的历史贡献，极"有功于圣门"，"有补于后学"，故被追谥"明公"，加封"眉伯"，而"从祀孔子庙庭"。

二程与张载既是亲戚，又是五子之中学术交流最密切之人，也是学术观点最相近的两个学派。二程与张载之间除了有几段时间面对面切磋之外，还通过频繁的书信进行学术探讨。二程居洛讲学期间，张载应诏赴京任职，往（1076 年）返（1077 年）均经洛阳与二程见面，留下了著名的《洛阳议论》，这事发生在张载退居横渠潜心治学的七年之后。此时，张载的《正蒙》已经完成，自成一体的关学已经成熟。1077 年张载从京城辞官过洛阳与二程之间的会晤，形成《洛阳会议》，这是二程与张载之间的最后会晤，这次张载还看望了邵雍。当年十一月张载在离

---

开洛阳回家的途中病逝。作为亲戚和学侣的张载正值学术盛年离世，二程万分悲痛，程颢写下了《哭张子厚先生》以示悼念：

> 叹息斯文约共修，如何夫子便长休！
> 东山无复苍生望，西土谁共后学求？
> 千古声名联棣萼，二年零落去山丘。
> 寝门恸哭知何限，岂独交亲念旧游。

从诗文我们可以看出程颢对张载的高度评价："西土谁共后学求"，也可以看出程颢对于张载的悲痛之情更多是其离世给学术带来的损失。有人认为："张载与二程、邵雍等人之间的交往，可谓中国思想史上的'大事因缘'。在旧的规模今渐趋衰落的儒家思想，经由此三数人的努力，遂在短时间内绽放出异彩，堪称文化史上的奇迹。而自宋初以来的累积之渐，也在这一集中绽放中结成硕果。"[①] 由此，我们有必要对程、张之间交往和学术关系稍作深入探讨。

先说说他们之间的交往。除书信交往外，二程与张载会晤的机缘大致有三次。

嘉祐元年（1056 年）至嘉祐四年（1059 年）前后是程张之间第一次会晤，这次是他们在京城应试前后，是北宋五子之中的三子初露锋芒之时。这次二程与张载议论易学，彼此敬佩有加，详情第二章已有介绍，这里不再赘述。通过这次交往，奠定了各自的学术方向，也确定了他们之后的交往主题。在此后二程与张载的书信交往中也以谈论学术为要。如游酢所记程颢任户县主簿时，张载和程颢之间的书信往来："逮先生之官，犹以书抵户，以定性未能不动致问。光生为破其疑，使内外动静，通道为一，读其书可考而知也。"[②] 因为他们有亲戚关系，不排除之前他们有见面机会，但就学术意义的交往而言，这应该是第一次。

第二次是在宋英宗治平四年（1067 年）至宋神宗熙宁三年（1070 年），程颢在京为官京师期间，二程与张载之间的交往。宋神宗熙宁二年（1069 年）闰十一月，御史中丞吕公著推荐张载为崇文院校书。宋神宗亲自召见，令往明州勘苗振狱。程颢上《乞留张载状》为谏，指出让儒者治狱，是"非所以尽儒者之事业"，故"伏乞朝廷别赐选差"。[③] 由是，张载任崇政殿校书。这期间程颢与张载相见机会很多。此时程颐虽在汉州，他和张载之间也是书信往来频繁，讨论学问。如程颐曾写《答横渠张子厚先生书》、《再答》等。程颐认为："所论，以大概气象言之，则有苦心极力之象，而无宽裕温厚之气。非明睿所照，而考索至此，故意屡偏而言多窒，小出入时有之。更愿完养思虑，涵泳义理，他日自当条畅。"又认为，"有

---

① 杨立华：《气本与神化：张载哲学述论》，北京：北京大学出版社 2008 年版，第 22 页。

② （宋）程颢 程颐著，王孝鱼点校：《二程集》，北京：中华书局 1981 年版，第 334 页。

③ （宋）程颢 程颐著，王孝鱼点校：《二程集》，北京：中华书局 1981 年版，第 456 页。

所事，乃有思也，无思则无所事矣。孟子之是言，方言养气之道如是，何遽及神乎？气完则理正，理正则不私。不私之至，则神。"①这是程颐对张载修养论提出的不同看法，故他在《程氏遗书》卷 18 中说："子厚谨严，才谨严，便有迫切气象，无宽舒之气。"②

第三次就是上文提到的张载最后一次往返东京途经洛阳之时了。从熙宁二年（1070 年）张载回到横渠镇"潜心天地，参圣学之源"，"著《正蒙》数万言"，真正地形成了自己的思想体系。熙宁九年（1076 年），张载入知太常礼院，来回经洛阳与二程交谈，是关洛两大学派掌门人的最后一次会晤，留下了前文所说的《洛阳议论》。在《洛阳议论》中所议论内容，一是"穷理尽性以至于命"的哲学命题，二是关于政治问题，即对治理国家的大政方针发表的各自看法，包括论政、论礼、论井田等问题，其实这也是他们学以致用之学术研究的有机组成。

对于这次张载往返东京途径洛阳的会见，史料有明确记载：

宋神宗熙宁九年（1076 年），张载应诏赴京过洛，与程颐会晤。《河南程氏粹言》卷二《君臣篇》载："张子厚再召如京师，过子曰：'往终无补也，不如退而闲居，讲明道义，以资后学，犹之可也。'子曰：'何必然？义当往则往，义当来则来耳。'"

《续资治通鉴长编》（卷 283）载：张载（宋神宗熙宁十年，1077 年）七月乙卯"兼知太常礼院，载议礼于有司不合，亟罢归。"归途经过洛阳时与二程兄弟论学，内容即是苏季明所录的《洛阳议论》（《程氏遗书》卷 10）。

另据《师说》所载："张子厚罢太常礼院归关中，过洛而见程子。子曰：'比太常礼院所议，可得闻乎？'子厚曰：'大事皆为礼房检正所夺，所议惟小事尔。'子曰：'小事谓何？'子厚曰：'如定谥及龙女衣冠。'子曰：'龙女衣冠如何？'子厚曰：'当依夫人品秩，盖龙女本封善济夫人。'子曰：'某则不然。既曰龙，则不当被人衣冠。矧大河之塞，本上天降佑，宗庙之灵，朝廷之德，而吏士之劳也。龙何功之有？又闻龙有五十三庙，皆曰三娘子，一龙邪？五十三龙邪？一龙则不当有五十三庙，五十三龙则不应尽为三娘子也。'子厚默然。"③

二程和张载之间的相会主要是学术交流，除了面对面的研讨外，他们还通过频繁的书信往来进行交流，其中《答横渠张子厚先生书》是最著名的一篇。

《答横渠张子厚先生书》是二程在东京开封与张载论易的延续，是程颢给张载的回信，程颢信中论述的中心是"定性"，定性就是定心，不动心。程颢不同意张载把物我、内外相分离，认为"与其非外而是内，不若内外之两忘"，即要达到物

---

① （宋）程颢 程颐著，王孝鱼点校：《二程集》，北京：中华书局 1981 年版，第 596—597 页。
② （宋）程颢 程颐著，王孝鱼点校：《二程集》，北京：中华书局 1981 年版，第 196 页。
③ （宋）程颢 程颐著，王孝鱼点校：《二程集》，北京：中华书局 1981 年版，第 270 页。

我无间，内外如一，无心无情，无私无欲的境界。程颢认为，人的情只能是万物的自然运动而不是私欲的萌发。"顺物"就是要顺应支配万物的"天理"。"定性"就是"存天理，灭人欲"。关于定性问题，程颢在少年时代就有所思考，他十岁时就以诗论理"中心如自固，外物岂能迁？"意思是只要心中意志坚定，外物怎么能改变？小程颢常常独自吟诵这两句诗。可见程颢从小对学术、对定性就有独特的思考。这篇著名的书信被后来的理学家命为《定性书》，成为二程理学著作的重要组成部分，也成为宋明理学的经典之一。通过原文和译文我们可对其作进一步解读：

## 答横渠张子厚先生书①

### 程颢

承教，谕以"定性未能不动，犹累于外物"，此贤者虑之熟矣，尚何俟小子之言？然尝思之矣，敢贡其说与左右。

所谓定者，动亦定，静亦定，无将迎（将：送。语本《庄子·应帝王》，庄子的原意是：圣人之心像镜子，能照出一切，而自身不动，物来不应，物去不送），无内外。苟以外物为外，牵己而从之，是以己性为有内外也。且以性为随物于外，则当其在外时，何者为在内？己有意于绝外诱，而不知性之无内外也。既已内外为二本，则又乌可遽言定哉。

夫天地之常，以其心普万物而无心；圣人之常，以其情顺万物而无情。故君子之学，莫若廓然而大公，物来而顺应。《易》曰："贞吉悔亡。憧憧往来，朋从尔思。"苟规规于外诱之除，将见灭于东而生于西也，非惟日之不足，顾其端无穷，不可得而除也。

人之情各有所蔽，故不能适道，大率患于自私而用智。自私则不能以有为为应迹，用智则不能以明觉为自然。今以恶外物之心，而求照无物之地，是反鉴而索照也。《易》曰："艮其背，不获其身，行其庭，不见其人。"孟氏亦曰："所恶于智者，为其凿也。"与其非外耳内，不若内外之两忘也。两忘则澄然无事矣。无事则定，定则明，明则尚何应物之为累哉？

圣人之喜，以物之当喜；圣人之怒，以物之当怒。是圣人之喜不系于心而系于物也。是则圣人岂不应于物哉？乌得以从外者为非，而更求在内者为是也？今以自私用智之喜怒，而视圣人喜怒之正，为如何哉？夫人之情易发而难制者，惟怒为甚。第能于怒时遽忘其怒，而观理之是非，亦可见外诱之不足恶，而于道亦思过半矣。

心之精微，口不能宣，加之素拙于文辞，又吏事匆匆，未能静虑，当否

---

① （宋）程颢 程颐著，王孝鱼点校：《二程集》，北京：中华书局1981年版，第460—461页。

仁报。然举其大要，亦当尽之矣。道近求远，古人所非，惟聪明裁之。

今译：

承蒙您的教诲，告诉侄儿"定性不能不动，还要受外物牵制"。这个问题您思考得很成熟了，何必再让我谈论呢？但是我也曾经思虑过这一问题，就大胆地向您说出我个人的一些想法。

所谓定，动也定，静也定，没有动静的变化，也没有内外的区别。如果把外物当作外面的东西，牵着自己去随从它，这是认为自己的心有内外。而且认为心随着事物处于外面，那么当他在外面的时候，什么东西是在内的？这是有意去杜绝外物的诱惑，却不知道心没有内外。既然把内外看做两个本原，又怎么可以一下子谈到定呢？

天地的常态，是因为它的心遍存于万物，因而没有心；圣人的常态，是因为他的情顺应万事，因而没有情。因此君子治学，不如胸怀广阔而大公无私，事物来到眼前就顺应它。《周易》说："正而无私则吉利，没有灾祸。心意往来不定，就只有自己关心的事进入你的思虑。"如果只拘泥于消除外物的诱惑，将会看到消灭于东而产生于西，不仅没有那么多的时间，而且其头绪无穷，不可能得以消除。

人的感情各有被遮蔽之处，因此不能达到道，大约毛病在于自私和用心计。自私便不能把有所作为看做是顺应事物，用心即便不能把明白醒悟看得很自然。现在用厌恶外物的心，而想要观察理解无物之处，这是把镜子反过来而希望照见东西。《周易》说："背对一切，不见其身，走在庭中，不见一人。"孟子也说："讨厌用心计的原因，是因为它牵强很不自然。"与其否定外而肯定内，不如内外两忘。两忘就淡漠无为了。无为就定，定就明白，明白则还有什么应接事物的负担呢？

圣人的喜悦，因为万物应当喜悦；圣人发怒，因为万物应该发怒。这就是圣人的喜怒不在于心而于物。这样圣人难道不是顺应万物吗？怎么能认为顺应外物的是错，而再去寻求内在的作为对呢？现在拿自私用心计的喜怒，来比一比圣人正确的喜怒，又怎么样呢？人情中容易激发而难于控制的，只有怒最厉害。只要能在发怒时很快忘掉怒，而辨析道理的是非，也可以看到外物的诱惑不必厌恶，而对于道也就明白一大截了。

心的精深微妙，言语不能形容，加之我历来不善文辞，而且公事匆忙，没能精细思考，正确与否，我恭候您的答复。但是列举其主要观点，也应当接近事物的道理了。道理在身边而到远处去寻求，是古人批评的，望明察斟酌。

关于二程与张载之间有没有师承关系，二程门人和再传弟子曾有张载从学二程的言辞，不过现在普遍认为程张之间在学术上确有相互影响，没有师承关系，而且，由于张载先逝，二程在学术建构更多的借鉴了张载的学术思想。

吕大临原来是张载的弟子，张载去世后，又拜二程为师。他在所撰《横渠先生行状》中说：嘉祐二年（1057 年），张载在开封考进士时，与二程见面后，"共语道学之要，先生涣然自信曰：'吾道自足，何事旁求！'乃尽弃其学而学焉。"后来又改为"乃尽弃异学，淳如也"。总之是说，张载受了二程的影响，或者是说张载见了二程之后，去掉了自己的驳杂思想，而变为纯儒了。朱熹曾说："横渠之学，实亦自成一家，但其源则自二先生发之耳。"① "若张公之于先生，论其所至，窃意其犹伯夷伊尹之于孔子。"② 从理学形成的角度看，张载创立的关学，至少有这几个方面是值得提出来的。杨时称："横渠虽细，务必资于二程。"张载的门人吕大临在作《横渠先生行状》时说：张载见二程，"尽弃其学而学焉"。程颐严厉批评这种说法，说："表叔平生议论，谓颐兄弟有同处则可，若谓学于颐兄弟，则无是事。顷年属与叔删去，不谓尚存斯言，几于无忌惮。"③

从程颐之语可见，二程否认张载师从。相反地，二程很推崇张载，如《河南程氏遗书》所载：

> 子厚则高才，其学更先从杂博中过来。（《河南程氏遗书》（卷二上）
> 世之信道笃而不惑异端者，洛之尧夫、秦之子厚而已。（《河南程氏遗书》）
> 某接人多矣，不杂者三人：张子厚、邵尧夫、司马君实。（《河南程氏遗书》（卷二上）

二程认为，张载才智高明，其思想学说是从博采众家之学中，经过自己的加工而建立起来的，所以比较纯正，而不为异端之学所迷惑。二程认为："子厚以礼教学者，最善，使学者先有所据守。"

二程高度赞扬张载的《西铭》，从《河南程氏遗书）卷十八所载程颐与弟子的对话中可见一斑：

> 问："《西铭》何如？"曰："此横渠文之粹者也。"曰："充得尽时如何？"曰："圣人也。""横渠能充尽否？"曰："言有多端，有有德之言，有造道之言。有德之言说自己事，如圣人言圣人事也。造道之言则知足以知此，如贤人说圣人事也。横渠道尽高，言尽醇，自孟子后儒者，都无他见识。"
>
> 问："横渠之书，有迫切处否？"曰："子厚谨严，才谨严，便有迫切气象，无宽舒之气。孟子却宽舒，只是中间有些英气，才有英气，便有圭角。英气甚害事。如颜子便浑厚不同。颜子去圣人，只毫发之间。孟子大贤，亚

① （宋）朱熹：《朱子全书·伊洛渊源录》，上海：上海古籍出版社 2002 年版，第 1002 页。
② （宋）程颢，程颐撰：《四库家藏 二程语录集》，济南：山东画报出版社 2004 年版，第 376 页。
③ （宋）程颢 程颐著，王孝鱼点校：《二程集》，北京：中华书局 1981 年版，第 414—415 页。

圣之次也。"

"自孟子后儒者，都无他见识"之语是二程对张载的高度评价，对于《西铭》的传播起到了很大的推动作用，诚如张金兰所言："千百年来，中国的学者们之所以对张载《西铭》赞不绝口，就因为他对传统儒学思想进行了最经典、最通俗的概括。而二程对《西铭》的表彰与阐释对其传播与发展起了很重要的作用。"① 所以，本书认为二程和张载之间是学侣关系，是建构北宋道学的亲密合作伙伴。

唐君毅认为二程学术的构建是在张载基础之上的，也就是说张载的终点正是二程的起点："程子之学无论其自觉不自觉，吾人皆可说之乃以横渠之学之所终，为其学之所始。"② 从张载先逝，张载的徒弟吕大临转而投奔二程门下，关学走向洛学化的发展而言，唐氏所言确有客观依据。

张金华在对关学和洛学关系进行系统研究后认为："二程不管是批评抑或赞扬张载，在很大程度上，二程的思想都是接着张载的思想继续发展，二程不如张载那样重视宇宙论问题，但是二程对人生论哲学的探索与挖掘却比张载更深入细密。③

另外，我们再说说二程居洛期间与司马光、吕公著等人的交往活动，他们之间的交往既有政治方面的议论，更有学术方面的探讨。基于共同的政治观点与学术志趣他们结下了深厚的友谊。邵雍将程颢与司马光、富弼及吕公著同列"四贤"："三先生（司马温公、吕申公、程明道）俱从康节游，康节尤喜明道，其誉之与富韩公、司马温公、吕申公相等。故康节《四贤诗》云："彦国之言铺陈，晦叔之言简当，君实之言优游，伯淳之言调畅。四贤洛之观望，是以在人之上。有宋熙宁之间，大为一时之状。"则康节之所以处明道者盛矣。④ 朱熹把司马光与北宋五子并列为"北宋六子"，亦见他们在北宋学界的地位。在与他人的交往中，比较而言，哥哥程颢的性格比较宽厚随和，善于交往常常扮演"和事老"角色，且看下例。

> （熙宁）十年春，公（吕公著）起知河阳，河阳尹贾公昌衡率温公、程伯淳饯于福先寺上东院，康节以疾不赴。明日，伯淳语康节曰："君实与晦叔席上各辩论出处不已，某以诗解之曰：'二龙闲卧洛波清，几岁优游在洛城。愿得二公齐出处，一时同起为苍生。'"⑤

这件事发生在宋神宗熙宁十年（1077 年），吕公著将要去今河南孟县任职，当时的河南府尹约好友司马光、程颢、邵雍等为吕公著饯行，邵雍有病在身没能参

---

① 张金兰：《关洛学派关系研究》，陕西师范大学 2010 年博士学位论文，第 140 页。
② 唐君毅：《中国哲学原论·原教篇》，北京：中国社会科学出版社 2005 年版，第 82 页。
③ 张金兰：《关洛学派关系研究》，陕西师范大学 2010 年博士学位论文，第 152 页。
④ （宋）邵伯温著，李剑雄，刘德权点校：《邵氏闻见录》卷 15，北京：中华书局 1983 年版，第 161 页。
⑤ （宋）邵伯温著，李剑雄，刘德权点校：《邵氏闻见录》卷 12，北京：中华书局 1983 年版，第 226 页。

加。第二天程颢看望邵雍并告诉他宴饮情况，席上司马光和吕公著辩论不已，无奈只得自己作诗解围。席间，程颢所作之诗有《和花庵》、《送吕晦叔赴河阳》、《赠司马君实》、《和诸公梅台》等。通过作诗很巧妙地化解了酒席之上的尴尬局面，可见程颢确实是一位有才华的和事老。四首诗一并摘录如下，以供品赏、借鉴。

### 和花庵

得意即为适，种花非贵多。一区才丈席，满目自云箩。

静听禽声乐，闲招月色过。期公在康济，终奈此情何！

### 送吕晦叔赴河阳

晓日都门毡旗旌，晚风铙吹入三城。

只君是为苍生起，不是寻常刺史行。

### 赠司马君实

二龙闲卧洛波清，今日都门独饯行。

愿得贤人均出处，始知深意在苍生。

### 和诸公梅台

急须乘兴赏春英，莫待空枝谩寄声。

淑景暖风前日事，淡云微雨此时情。

# 第三节 程 氏 书 院

此处所指程氏书院是指二程及其父亲在洛阳履道坊所办私学，是二程在洛阳治学、讲学的主要场所。二程在此收徒讲学，声名远播，促进了洛学创立、发展与传播。

## 一、书院特点

### （一）履道坊考

二程在洛阳居住于履道坊，对于程家何时居住于此及其所在位置下文略作考证。

据考证，洛阳天门街履道坊程家住宅，是二程的曾祖父程希振任上书虞部员外郎时，皇帝所赐府邸。程希振于大中祥符元年（1008 年）去世，全家从开封泰宁坊迁至洛阳。祖父程遹便是生于洛阳履道坊宅第，后赠开府仪同三司吏部尚书，回到开封泰宁坊居住，父程珦生于开封泰宁坊。前面所说的"宋嘉祐元年（1056年），程珦将其父程遹和祖父程希振的坟茔迁葬伊川，并把家搬到洛阳履道坊"之说，应该是程家二度迁居洛阳了。对于程家居住地履道坊，笔者曾到洛阳考察，无果而返。后从看到上世纪八十年代王曾惠、贺培材所撰《程颢、程颐洛阳史迹调查记》一文中得知洛阳程家履道坊的大体位置。

　　据元《河南志》记载，隋代洛阳就有履道坊，隋文帝长女乐平公主的宅第即在这里。入唐以后履道坊改称履道里。唐代名人如源巨赞、高力牧、崔群以及大诗人白居易、杜牧等都在这里住过。

　　中国社会科学院考古研究所洛阳工作队，经过长期勘察和发掘，基本搞清了隋唐洛阳城的城垣、街道、里坊的位置、布局，并分别于 1961 年和1978 年发表了两篇勘察发掘报告。后一篇报告比较具体地介绍了唐洛阳城街道、里坊的布局情况，并附有《唐洛阳城实测图》和《唐洛阳东都里坊复原示意图》（见《考古》1978 年第 6 期）。我们仔细阅读了这篇报告，对照这两张图作了研究，大体弄清了履道坊的位置。原来它的故址就在今洛阳市的东南郊，位于贺村（属郊区李楼公社）以西，狮子桥（属郊区安乐公社）以东，军屯（安乐公社）的东南和董家村（李楼公社）的西南面。这个报告也进一步表明了唐代履道里和宋代履道坊是一个地方。《方舆纪要》记载"宋西京大抵皆因隋唐之故。"勘察证明这个说法是正确的。宋代洛阳比之唐代洛阳城虽有所增损调整，但洛河以南的大多数街坊包括履道坊在内，都依然如故。[①]

上述的贺村现属洛阳市洛龙区李楼乡，安乐公社现为洛阳市洛龙区安乐镇，狮子桥现为狮子桥村，董家村现为董村，均属于洛阳市洛龙区安乐镇。依据王曾惠、贺培材所考，从图 5-1 可推断出履道坊的大致位置。以"贺村"为参照，图中董村、狮子桥村、军屯村所在位置清晰可见，从而推知履道坊的方位。而且邵雍所居安乐窝也在现在的安乐镇，程颐曾言"某与尧夫同里巷居三十年余。"[②]程邵两家相距不远之说亦可进一步佐证王、贺所考可信。

---

① 王曾惠，贺培材：《程颢、程颐洛阳史迹调查记》，《中州学刊》1982 年第 03 期，第 45 页。
② （宋）程颢 程颐著，王孝鱼点校：《二程集》，北京：中华书局 1981 年版，第 444 页。

图 5-1　洛阳履道坊方位图①

## （二）书院特点

书院有不同的类型，如胡青所言："书院是中国古代复杂的教育机构。从举办者看，或个人举办，或宗族兴建，或乡里修造，或官方建立；从教育功能看，或静修德业，或举业考课，或精研学术，或宣讲教化；甚至从名谓称呼看，也有许多不同，或称书院，或称书堂，或称精舍，或称学塾。"②

靳伟燕按照兴办主体的不同把北宋书院类型划分为：家塾型书院、官学延伸式书院和私塾式书院三种，并对其进行阐释："私塾式书院，由私家延师置馆，以教育家族子弟为主，如江南陈氏东佳书堂、胡氏华林书院和洪氏雷湖书院三所书院是典型的家塾型书院；官学延伸式书院，由地方官员创建、以地方经费为支撑，教学内容和教学方式与地方官学相差无几，但没有被纳入国家教育体系中，仅作为官学延伸方式存在，如岳麓书院、白鹿洞书院等；私塾式书院，由教授之人创建，如孙复的泰山书院，石介的徂徕书院等。"③

上述可见，二程居洛讲学所在之地履道坊应属私塾式书院或家族式书院，应起于程珦办的家庭教育场所，程家子弟在此就读，有收徒讲学、学术研究的书院功能则成于二程。李兵把其称为"程氏书院"。本文采用李兵的说法，把履道坊二程办学之所称为程氏书院。这里称之为程氏书院亦有程珦在场之义，也有程氏子弟在此就读之家学意蕴。这也是洛阳程氏书院的重要特点，而开封二程书院则没有这两方面的含义。

---

① 截图网址：http://ditu.so.com/?ie=utf-8&src=hao_360so&t=map&k=%E6%B4%9B%E9%98%B3.2016-12-18。
② 胡青：《北宋书院研究》序，《江西教育学院学报》（社会科学）2012 年第 10 期，第 132 页。
③ 靳伟燕：《析北宋三次兴学对书院的影响》，《牡丹江师范学院学报》（哲社版）2013 年第 04 期，第 53 页。

　　就书院性质而言，洛阳程氏书院是一所研究型书院，书院的主要任务是再构道统，传播学术。从而大大淡化了预备科举考试的功能。其实，这也与北宋兴学的时代背景有着密切关系。"庆历科举改革将书院排斥在科举制度之外，使其不再承担起官学的职能，改变作为官学替代机构的性质就成为书院发展的必然选择。特别是宋明新儒学的奠基人周敦颐积极创办书院，将书院教育和宋明新儒学的研究和传播结合起来，使书院逐渐成为以研究、传播学术和培养道术和品德双馨的人才为目标。"① 程氏书院更是凸显了理学研究与传播相互结合的特点，成为洛学创建和传播的重要基地。

　　程氏书院的教育是弘扬道统，学为圣人，强调学以致用，不以科举考试为办学方向。二程认为"今之学者有三弊：溺于文章，牵于训诂，惑于异端。苟无是三者，则将安归？必趋于圣人之道矣"②。教学内容是与承继道统、学至圣人相关的《四书》等儒家经典和二程的学术研究成果。教学方法上讲究循序渐进："先生教人，自致知至于知止，诚意至于平天下，洒扫、应对至于穷理尽性，循循有序。病世之学者舍近而就远，处下而窥高，所以轻自大而卒无得也。③教学形式既有师生共聚的面授，也有通过书信答疑解惑的函授。

## 二、讲学著述

　　二程在洛阳程氏书院讲学著述，成为洛学的构建与传播的关键时期。对其教学和著述情况下面以例解读。

### （一）教学例举

#### 程颢《识仁篇》

　　《识仁篇》是程颢在洛阳向弟子们讲述的重要内容之一。程颢的仁学思想是二程理学的重要组成。宣讲仁德、继承儒家道统是构建天理学说的关键。从《识仁篇》中可以看到程颢非常重视"仁"，他认为学习者首先应该学习"仁"，而"义、礼、知、信"都属于"仁"。仁者就是浑然与天地万物一体，臻至孟子"万物皆备于我"的境界。程颢认为只有以"诚敬"存自己所固有的"仁"才能达到仁之境界，不能向自身之外求索。程浩认为，仁的道理极其简约，关键在于自身的体认与坚守。进一步解读请看原文。

---

① 李兵、宋宙红：《论庆历兴学对北宋书院发展的影响》，《集美大学学报》2003 年第 04 期，第 45 页。
② （宋）程颢 程颐著，王孝鱼点校：《二程集》，北京：中华书局 1981 年版，第 1185 页。
③ （宋）程颢 程颐著，王孝鱼点校：《二程集》，北京：中华书局 1981 年版，第 638 页。

## 识仁篇

### 程颢

学者须先识仁。仁者，浑然与物同体。义、礼、知、信皆仁也。识得此理，以诚敬存之而已，不须防检，不须穷索。若心懈则有防，心苟不懈，何防之有？理有未得，故须穷索。存久自明，安待穷索？此道与物无对，大不足以名之，天地之用皆我之用。孟子言"万物皆备于我"，须反身而诚，乃为大乐。若反身未诚，则犹是二物有对，以己合彼，终未有之，又安得乐？《订顽》意思，乃备言此体。以此意存之，更有何事？"必有事焉而勿正，心勿忘，勿助长"，未尝致纤毫之力，此其存之之道。若存得，便合有得。盖良知、良能元不丧失，以昔日习心未除，却须存习此心，久则可夺旧习。此理至约，惟患不能守。既能体之而乐，亦不患不能守也。[①]

程颢《师训》选要

《师训》是程颢在程氏书院讲学的部分语录，语录紧扣圣人之学，有解读、有阐发，精炼、深刻。下选取数段，以供欣赏。[②]

敬以直内，义以方外，敬义立而德不孤。

道，一本也。或谓以心包诚，不若以诚包心；以至诚参天地，不若至诚体万物，是二本也。知不二本，便是笃恭而天下平之道。

夫子之道忠恕而已矣。

以己及物，仁也。推己及物，恕也。忠恕一以贯之。忠者天理，恕者人道。忠者无妄，恕者可以行乎忠也。忠者体，恕者用，大本达道也。此与"违道不远"异者，动以天尔。

以物待物，不以己待物，则无我也。圣人制行不以己，言则是矣，而理似未尽于此言。夫天之生物也，有长有短，有大有小。君子得其大矣，安可使小者亦大乎？天理如此，岂可逆哉？以天下之大，万物之多，用一心而处之，必得其要，斯可矣。然则古人处事，岂不优乎！

"乐天知命"，通上下之言也。圣人乐天，则不须言知命。知命者，知有命而信之者尔，"不知命无以为君子"是矣。命者所以辅义，一循于义，则何庸断之以命哉？若夫圣人之知天命，则异于此。

"仁者不忧，知者不惑，勇者不惧"，德之序也。"知者不惑，仁者不忧，勇者不惧"，学之序也。知以知之，仁以守之，勇以行之。

① （宋）程颢 程颐著，王孝鱼点校：《二程集》，北京：中华书局1981年版，第16—17页。
② （宋）程颢 程颐著，王孝鱼点校：《二程集》，北京：中华书局1981年版，第117—128页。

圣人言忠信者多矣，人道只在忠信。不诚则无物，且"出入无时，莫知其乡"者，人心也。若无忠信岂复有物乎？

学之兴起，莫先于《诗》。《诗》有美刺，歌诵之以知善恶治乱废兴。礼者所以立也，"不学礼无以立"。乐者所以成德，乐则生矣，生则恶可已也？恶可已，则不知手之舞之，足之蹈之也。若夫乐则安，安则久，久则天，天则神，天则不言而信，神则不怒而威。至于如此，则又非手舞足蹈之事也。

天地万物之理，无独必有对，皆自然而然，非有安排也。万物莫不有对，一阴一阳，一善一恶，阳长则阴消，善增则恶减。

### 程颐《与吕大临论中书》

依教学形式而言，程颢讲《识仁篇》属于面授，而程颐的《与吕大临论中书》可谓是"函授"教学形式。

吕大临（1040—1092 年），字与叔，京兆蓝田（今属陕西）人，理学家。初学于张载，后师事二程，为"程门四先生"之一。本文是程颐和吕大临往复辩论"中"的书信，全文今已不存，《二程集》所载为吕大临所记。程颐在《上仁宗皇帝书》中自称"臣所学者，天下大中之道也"。在书信中，程颐论述了什么是"中"，"中"与"道"、"中"与"和"、"中"与"性"的关系问题，以及"性"、"命"、"道"的异同，对这一传统思想作了重要发挥。通过下面的《与吕大临论中书》的原文和译文我们可以进一步理解该文思想。

大临云：中者道之所由出。

今译：大临说：中是道从中产生的东西。

先生曰："中者道之所由出"，此语有病。

今译：先生说："中是道从中产生的东西"，这个话有毛病。

大临云：谓"中者道之所由出，此语有病"，已悉所谕。但论其所同，不容更有二名；别而言之，亦不可混为一事。如所谓"天命之谓性，率性之谓道"，又曰"中者天下之大本，和者天下之达道"，则性与道，大本与达道，岂有二乎？

今译：大临说："中是道从中产生的东西，这个话有毛病"，您的教诲我已知道。但论事情的相同之处，不容许再有第二个名字；分别而言，也不可以混为一事。比如所谓"天赋予的叫做性，顺从本性叫做道"，又说"中是天下的根本，和是天下的常道"，那么性和道，难道有不同吗？

先生曰：中即道也。若谓道出其中，则道在中外别为一体矣。所谓"论其所同，不容更有二名；别而言之，亦不可混为一事"，此语固无病；若谓性与道，大本与达道可混而为一，既未安。在天曰命，在人曰性，循性曰道。性也，命也，各有所当。大本言其体，达道言其用，体用自殊，安得不为二乎？

今译：先生说：中就是道。如果知道道产生于中，那么道在中之外另外就是一个东西了。所谓"论事情的相同之处，不容许再有第二个名字；分别而言，也不可混为一事"，这个话当然没有毛病；但如果说性和道、根本和常道混而为一，就不妥。在天叫命，在人叫性，顺性叫道。性、命、道，各有适用的地方。"大本"说道的实体，"常道"说它的功用，体用自然不同，怎么能部分为两件事呢？

大临云：既云"率性之谓道"，则循性而行莫非道。此非性中别有道也，中即性也。在天为命，在人为性，由中而出者莫非道，所以言"道之所由出"也，与"率性之谓道"之义同，亦非道中别有中也。

今译：大临说：既说"顺性叫做道"，那么顺着本性而行动莫不是道。这不是性中另外有道，中就是性。在天是命，在人是性，从中而出的无非是道，所以说"到从中产生的东西"，和"顺性叫做道"的意思相同，也不是道中另外有中。

先生曰："中即性也"。此语极未安。中也者，所以状性之体段，（若谓性有体段亦不可，姑借此以明彼。）如称天圆地方，遂谓方圆即天地，可乎？方圆既不可以谓之天地，则万物绝非方圆之所出。如中既不可谓之性，则道何从称出于中？盖中之为义，无过不及而立名。若只以中为性，则中与性不合，与"率性之谓道"其义自异。性、道不可合一而言。中止可言体，而不可与性同德。

今译：先生说："中就是性"，这个话极不妥当。中，是用来形容性的态势，（如果说性有态势也不可以，姑且借此来说明它。）如称天圆地方，便说方圆就是天地，可以吗？方圆既然不可以叫做天地，那么万物绝不是方圆产生出来的。人中既不可以叫做性，那么道凭什么称产生于中？中所具备的意义，是从没有过分和不及而得名。如果只把中当做性，那么中和性不合，与"顺性叫做道"其意义自然不同。性、道不可以混为一谈。中只可以说是性的体现，而不可以和性具有同样性质。

又曰：观此义，谓不可与性同德，字亦未安。子居对以中者性之德，却为近之。

今译：又说：看这个意思，说不可以与性具有同样性质，用语也不妥当。子居用"中是性的性质"来回答，倒是接近愿意。

> 又曰：不偏之谓中。道无不中，故以中形道。若谓道出于中，则天圆地方，谓方圆天地所自出，可乎？

今译：又说："不偏叫做中。道没有不中的，因此用中形容道。如果说道产生于中，那么天圆地方，说方圆是天地从中产生的东西，可以吗？

### （二）研究著述

程氏书院是一所研究型书院，二程的教学是以研究为基础的。二程在程氏书院也有丰硕的研究成果产出，如《答杨时论西铭书》和《礼序》就是其中的经典之作。《答杨时论西铭书》既是程颐通过书信解答弟子的疑惑，又是一篇经典的理学佳作。《礼序》阐述了程颐"礼学"的主要观点。二文欣赏如下：

**答杨时论西铭书**

本篇是程颐和杨时讨论《西铭》的回信，作于宋哲宗绍圣三年（1096 年）。《西铭》原为北宋张载所著的《正蒙·乾称篇》的一部分，独立成篇后称《订顽》，是宋代理学的重要作品。这篇书信借为《西铭》辩护，论述了"理一分殊"这一重要命题。作者认为，"理"只有一个，但其中具体体现则不同。运用到道德伦理方面，就是既不能像墨子那样亲疏贵贱不分，爱无差等。又不能让"私心胜"，而失掉"仁"这个理。这就把传统伦理道德规范上升到哲学的高度，从哲学上论证了这种道德规范的合理性，为其提供了理论根据。关于个别和一般的关系，周敦颐、张载等人已有论述。程颐对此作了进一步发挥，并集中表述为"理一分殊"，因此朱熹赞扬他是"可谓一言以蔽之矣"。通过《答杨时论西铭书》原文和译文我们可以进一步了解。

> 前所寄史论十篇，其意甚正，才一观，便为人借去，俟更仔细看。《西铭》之论，则未然。横渠立言，诚有过者，乃在《正蒙》。《西铭》之为书，推理以存义，扩前圣所未发，与孟子性善、养气之论同功，（二者亦前圣所未发。）岂墨氏二本而无分。（老幼及人，理一也。爱无差等，本二也。）分殊之蔽，私胜而失仁；无分之罪，兼爱而无义。分立而推理一，以止私胜之流，仁之方也。无别而迷兼爱，至于无父之极，义之贼也。子比而同之，过矣。且谓"言体而不及用"，彼欲使人推而行之，本为用也，反谓"不及"，不亦异乎！[1]

译文：先前所寄史论十篇，其用意很正，才看一遍，便被别人借去，等以后

---

[1] （宋）程颢 程颐著，王孝鱼点校：《二程集》，北京：中华书局 1981 年版，第 609 页。

再仔细看。关于《西铭》的论述，却不对。横渠立说，确实有错误的，是在于《正蒙》。《西铭》这篇著作，推究道理以坚持义，发挥前代圣人所没有揭示的道理，和孟子性善、养气的论述有同等功劳，（这两点也是前代圣人所没有揭示的。）哪里是墨子所能比的呢！《西铭》阐明理只有一个，名分有不同，墨子却主张两个本根而没有分别。（尊老爱幼推及他人，是一个理；爱无差别等级，是两个本根。）名分不同的弊病，是私心胜而失掉仁；没有分别的罪过，是兼爱而没有义。名分确立而推究一个理，来遏制私心胜的流弊，是实行仁的方法；没有差别而迷惑于兼爱，走到没有父亲的极端，是义的大敌。你把二者相比而等同起来，这就错了。而且你说《西铭》"说实体而没有涉及功用"，张横渠想让人推行，本身就是为了用，你反而说"没有涉及"，不是很奇怪吗！

《礼序》

程颐作《礼序》，①文中他指出了礼的重要作用和礼制的由来、《礼记》的形成等。下为全文。

经礼三百，威仪三千，皆出于性，非伪貌饰情也。鄙夫野人卒然加敬，逡巡逊却而不敢受，三尺童子拱而趋市，暴夫悍卒莫敢狎焉。彼非素有于教与邀誉于人而然也，盖其所有于性，物感而出者如此。故天尊地卑，礼固立矣；类聚群分，礼固行矣。

人者，位乎天地之间，立乎万物之上；天地与吾同体，万物与吾同气，尊卑分类，不设而彰。圣人循此，制为冠、婚、丧、祭、朝、聘、射（燕）、享之礼、以行君臣、父子、兄弟、夫妇、朋友之义。其形而下者，具于饮食器服之用；其形而上者，极于无声无臭之微，众人勉之，贤人行之，圣人由之。故所以行其身与其家与其国与其天下，礼治则治，礼乱则乱，礼存则存，礼亡则亡。上自古始，下逮五季，质文不同，罔不由是。然而世有损益，惟周为备。是以夫子尝曰："郁郁乎文哉！吾从周。"逮其弊也，忠义之薄，情文之繁，林放有礼本之问，而孔子欲先进之从，盖所以矫正反弊也。然岂礼之过哉？为礼者之过也。

秦氏焚灭典籍，三代礼文大坏，汉兴购书，《礼记》四十九篇"杂出诸家传记，不能悉得圣人之旨。考其文义，时有牴牾。然而其文繁，其义博。学者观之，如适大通之衢，珠珍器帛随其所取；如游阿房之宫，千门万户随其所入；博而约之，亦可以弗畔。盖其说也，粗在应对进退之间，而精在道德性命之要；始于童稚之习，而终于圣人之归。惟达于道者，然后能知其言；

---

① （宋）程颢 程颐著，王孝鱼点校：《二程集》，北京：中华书局 1981 年版，第 668 页。

能知其言，然后能得于礼。然则礼之所以为礼，其则不远矣。昔者颜子之所从事，不出乎视听言动之间，而《乡党》之记孔子，多在于动容周旋之际，此学者所当致疑以思，致思以达也。

## （三）师生情深

二程在与弟子们相处相学的过程中结下了浓浓的师生情谊。宋哲宗元祐七年（1092 年）门人杨国宝卒，程颐作《祭杨应之文》以表达自己的沉痛之情。[①]下为原文：

### 祭杨应之文

呜呼！昔予与君，邂逅相遇于大江之南，言契气合，遂从予游，岁将三纪，情均骨肉。忽闻来讣，何痛如之！呜乎应之！谁谓君而止于此乎？高才伟度，绝出群类；善志奇蕴，曾未得施；天胡为厚其禀而啬其年？人谁不死？君之死为可恨也，奚止交旧之情，悲哀而已？管城之原，归祔先兆；属予衰年，惮于长道；不能临穴一恸，以伸余情，姑致菲薄之奠。魂兮其来，歆此诚意！

---

① （宋）程颢 程颐著，王孝鱼点校：《二程集》，北京：中华书局 1981 年版，第 644 页。

# 第六章　洛学重地　嵩阳书院

　　二程创立了北宋道学三大学派之一的洛学，奠基了程朱理学，开启了陆王心学。二程兄弟的重要讲学之所——洛阳嵩阳书院（图6-1）则是洛学形成与传播的主阵地，是后续洛学研究和发展的见证，这也是其跻身"四大书院"、誉为"儒学标本"的主要依据，更是研究二程书院教育活动的重要组成。

图 6-1　嵩阳书院

## 第一节　嵩 阳 书 院

### 一、嵩山之阳

嵩阳书院位于嵩山太室山南麓，背靠峻极峰，面对双溪河（又称书院河），因坐落在嵩山之阳，所以称为嵩阳书院。嵩山是道教全真教圣地，古代又称为岳山、外方、嵩高、崇高等，位于河南省西部登封市西北，由于地处中国的中部，故有中岳嵩山之说，与南岳恒山、北岳衡山、东岳泰山、西岳华山并称中国五岳。嵩山总面积约为 450 平方公里，由太室、少室二山组成，共 72 峰。海拔最低为 350米，最高处是连天峰 1512 米。东西绵延 60 多公里，东依河南省会郑州，西临十三朝古都洛阳，南依颍水，北邻黄河。素有"汴洛两京、畿内名山"之称。嵩山因其奇峰峻岭、宫观林立而有中原"第一名山"之称。曾有 30 多位皇帝、150 多位著名文人亲临嵩山，而洞天福地更使人联想众仙相聚的神奇传说。中国第一部诗歌总集《诗经》赞曰："嵩高惟岳，峻极于天"。北宋时朝廷直属的崇福宫就在嵩阳书院的附近。

登封市历史悠久，文化灿烂。我国第一个朝代夏王朝定都阳城，即今天的登封告成，西汉武帝刘彻游嵩山，正式设立崇高县，隋大业初年（605 年）改为嵩阳县。公元 696 年，武则天登嵩山、封中岳，以示大功告成，改嵩阳县为登封县，改阳城县为告成县。北宋时登封隶属西京洛阳河南府。金占时期将两县合并为登封县。历史上，登封隶属洛阳，1983 年登封县划归郑州市管辖。1994 年 5 月 30日，经国务院批准登封县撤县设市。少林寺是佛教禅宗祖庭，中岳庙是五岳之中规模最大的道观，嵩阳书院则是北宋鸿儒程颢、程颐兄弟讲学之所，是宋明理学的发源地之一。绵延数千年的文化积淀，使登封成为"佛道儒"三教荟萃之地，成为中国传统文化"三教合一"的一个缩影。悠久的历史、厚重的文化为登封留下了许多宝贵的历史文化遗产，特别是一文一武两大文化发源地使登封成为享誉国内外的历史名城、文化名城。

## 二、历史沿革[①]

嵩阳书院与江西的白鹿洞书院、湖南长沙的岳麓书院、河南商丘的睢阳书院（又称"应天府书院"）并称为北宋"四大书院"。嵩阳书院在"四大书院"中创建最早。公元 934 年，庞氏聚徒讲学于此，可谓书院的开始，这一时间比白鹿洞书院早 6 年，比岳麓书院早 40 年，比应天府书院早 3 年。"无论从创建时间、皇帝赐额、赏经，还是在中国儒学发展史上的地位和影响，嵩阳书院都是最早和最重要的，无愧于中国古代四大书院之首这一称号。"[②] 嵩阳书院在不同的历史时期称谓有所不同，功能也有所变化。以其名称的变化和功能的不同，大致可以划分为

---

① 本部分主要参考了常松木的《嵩阳书院》（大众文艺出版社 2012 年版）和宫嵩涛的《嵩阳书院》（当代世界出版社 2001 年版）等文献。

② 常松木编著：《嵩阳书院》，北京：大众文艺出版社 2012 年版，第 2 页。

前书院时期，书院时期，后书院时期和新书院时期（或称为"嵩阳书院的新发展"）等几个阶段。

## （一）前书院时期

前嵩阳书院时期是指尚未命名为"书院"，尚无聚徒教学之书院功能，这一时期从公元484年建立嵩阳寺至公元934年庞氏于此聚徒讲学。前后近半个世纪，嵩阳寺多次易名，其主要功能是弘扬佛法、宣扬道教，尚无书院性质的聚徒讲学功能。

### 1. 嵩阳寺

北魏孝文帝太和八年（484年），大德生禅师创建嵩阳寺，即为嵩阳书院的前身，嵩阳寺的创建时间比少林寺还要早11年。嵩阳寺在当时香火旺盛，远近闻名。刻立于东魏太平二年（535年）的《中岳嵩阳寺碑铭序》记载了大德生禅师开辟嵩阳寺，建造佛殿、塔庙的功德及雕刻造像的经过。嵩阳寺的主要功能当然是弘扬佛法的佛教场所了。

### 2. 嵩阳观

"嵩阳寺"历经127年，到了隋炀帝八年（612年）更名为"嵩阳观"。原因是潘诞道士在此为隋炀帝炼制长生不老的金丹。"初，嵩高士潘诞自言三百岁，为帝合炼金丹。帝为之作嵩阳观，华屋数百间。"[1]此时嵩阳书院这块圣地由佛转道，成为道教活动的重要场所。由于皇家的支持，嵩阳观得以更好地发展。

### 3. 奉天宫

因为道教的创始人是李聃，李唐尊奉道教，因此嵩阳观由隋入唐其传播道教的功能没有变化。唐代，嵩阳观成为历代皇帝游览中岳嵩山的行宫，如唐高宗、武则天在拜访嵩山著名道士潘师正时，曾两次把嵩阳观作为行宫，并在麟德年间将嵩阳观更名为"奉天宫"。唐开元年间，在嵩阳观一旁建筑天封观。据清乾隆《登封县志》记载："嵩阳观、天封观为一地，盖二观旧址，本不相远，而彼废彼兴，实通为一地。"道士孙太冲曾在嵩阳、天封二观为唐玄宗李隆基炼制仙丹。李隆基服用孙太冲的仙丹而病愈，为此，唐玄宗命李林甫撰写碑文以示感谢。天宝三年（744年）刻立"大唐嵩阳观纪圣德感应颂碑"，简称"大唐碑"，（图6-2）该碑见证了当时嵩山道教活动的鼎盛，大唐碑现在依然屹立在嵩阳书院大门前，一旁有

---

[1] （宋）司马光：《资治通鉴》（卷一八一），北京：中华书局1956年版，第5658页。

中、英、日三种文字介绍，其中汉语内容为：大唐碑，全称大唐嵩阳观纪圣德感应之颂碑，刻立于唐玄宗天保三年（744 年），由碑座、碑身、碑额、云盘、碑脊五层雕石组成，碑高 9.02 米，宽 2.04 米，厚 1.05 米，碑制宏大，雕刻精美，为河南省最大的石碑，内容主要叙述了嵩阳观道士孙太冲为唐玄宗李隆基寻长生不老之术而炼丹九转的故事。大唐碑的书法艺术、雕刻图案与碑体造型被誉为该碑的"三绝"，具有很高的历史、艺术价值，历代金石名录均给予了很高的评价。

图 6-2　嵩阳书院大唐碑

## （二）书院时期

"书院时期"是指嵩阳书院从公元 934 年至公元 1905 年近千年的时间，这一阶段被称为书院时期，主要基于两方面的因素：一方面这一时期嵩阳书院体现了聚徒讲学的书院性质，且以儒学为核心教学内容；另一方面其称呼也以"书院"为主。这一时期，嵩阳书院既有朝廷赐匾赠地之荣光，也有改为他用之厄运，可谓命运多舛、跌宕起伏的书院千年。

### 1. 书院萌生

大唐沉沦，历史进入了战乱纷争的五代十国，社会动荡不安，天下易主频繁，官学遭到严重破坏。在此社会环境下，学者纷纷遁隐山林，传授儒学，书院渐起。后唐清泰元年（934 年）至清泰三年（936 年），进士庞氏、道士杨纳、南唐著名学者舒元等在嵩阳观聚徒讲学，"儒道相济"，萌生了书院。五代后周显德二年（955

年），周世宗应学者们的奏请，改嵩阳观为"太乙书院"，并建藏书楼、斋房等。在朝廷的支持下，太乙书院成为儒家活动中心，真正步入书院时期。这块圣地由"佛"至"道"，再到"儒"，成为名副其实的三教浸润之地。

### 2. 蓬勃发展

宋初，太乙书院由于社会需要和朝廷的重视得到蓬勃发展。北宋至道二年（996年）七月，宋太宗赵匡义向太乙书院颁赐印本九经书疏，明确了书院的教学内容。至道三年（997年）五月，河南尹上书宋廷，言甘露降于书院讲堂，宋太宗赵匡义即把太乙书院更名为"太室书院"，御赐"太室书院"匾额。宋真宗大中祥符三年（1010年）四月，皇帝再赐九经及史书，始设学官，书院将御赐九经刻板印售，促进了书院的教学。宋仁宗景祐二年（1035年）九月十五日，赵祯皇帝下诏西京开封府重修太室书院，改名为"嵩阳书院"，县令王曾奏请置院长管理书院事务。朝廷赐学田1倾，宋仁宗宝元元年（1038年），朝廷又赐学田10倾，用以解决书院师生膳食等需要。在朝廷的支持下，嵩阳书院进入了鼎盛时期，多时师生达数百人。

### 3. 卖为他用

北宋初期，由于官学颓废，嵩阳书院和其他书院一样起到了代替官学、为国育才的功能，因此得到朝廷的大力支持，书院的发展进入了一个黄金时期。然而随着北宋社会的稳定，经济的发展，官学逐步兴起，朝廷停止了对书院的支持。加之宋仁宗庆历四年（1044年）在范仲淹发起的兴学改革中关于科举改革的规定"士子须在学（指官学）三百日方得应举"，而后发展为取士必经学校之规定等。嵩阳书院由于官方财力和政策的支持开始由巅峰跌向低谷。在王安石变法期间，嵩阳书院一度被劝农桑使者变卖。直到宋哲宗元祐年间（1086—1093年），登封知县不断请旨，并自发修复书院，再加之程颐在此讲学，一度卖为他用的嵩阳书院才重新复兴。

北宋时期嵩阳书院的兴盛与名师大儒到此讲学是分不开的，当时除二程曾多次在嵩阳书院讲学外，种放、范仲淹、司马光、吕诲、韩维、等人都曾在此讲学。南渡之后，二程的四传弟子朱熹等人也曾在嵩阳书院讲学。大儒讲学大大提高书院的知名度，也促进了洛学的创立与传播。

### 4. 更名嵩阳宫

北宋末年，迫于战乱，嵩阳书院的文人士子纷纷南迁。金占期间，嵩阳书院也有学者聚徒讲学与此，如元好问、高仲振、王汝梅、杜时升等。但是书院的发展每况愈下，后来嵩阳书院改为嵩阳宫，再返道教。嵩阳宫延续到明代前期，长达数百年失去书院的功能。明代著名诗人黄克晦写的《嵩阳宫三将军柏》一诗见证了嵩阳书院这段悲戚的历史。

> 人间柏大此全稀，老干宁论四十围。
> 盖偃曾倾天子葆，露寒应覆侍臣衣。
> 犹看连影容千骑，那识何枝系六飞。
> 惆怅茂陵无限树，荒丘残陇草菲菲。

### 5. 嘉靖重建

明朝嘉靖七年（1528 年）登封知县侯泰废除嵩阳宫，重建嵩阳书院，并建二程祠。使停滞数百年的嵩阳书院再次成为儒学研究和教学场所，重现聚徒讲学之功能。嘉靖八年（1529 年），学道王尚纲为嵩阳书院复兴题名为念。此时的嵩阳书院已成为官办县学，书院制度严格，管理规范，一时书院文风大振，书院成绩斐然。明末嵩阳书院学生焦子春、崔应科等多人及第。明末，战火烧毁了嵩阳书院，无半椽半瓦之存，汉封三柏亦焚其一。

### 6. 康乾复兴

清康熙十三年（1674 年），登封知县叶封主持复建嵩阳书院，在明代嵩阳书院故基东南，重建学堂三楹，另修建了厨房、浴室和大门，修筑五十丈围墙，并把幸存的两棵将军柏围于院内。

康熙十六年（1677 年），登封籍进士、名儒耿介回故里续修嵩阳书院，先后复建了先贤祠、三贤祠、李泽堂、观善堂、辅仁居，建造川上亭、天光云影亭、观澜亭等等。

康熙二十一年（1682 年），耿介又在七星泉边建造仁智亭。

康熙二十三年（1684 年），河南巡抚王日藻捐俸银建藏书楼，学道林尧英捐俸银建讲堂。

康熙二十五年（1686 年），窦克勤在叠石溪上建君子亭。

康熙二十八年（1689 年），河南巡抚阎兴邦捐俸银建道统祠，登封知县张壎建博约斋、敬义斋。之后，登封知县王又旦增建三益斋、四勿斋。

嵩阳书院经过这一时期的增建修补，面貌焕然一新，规模逐渐扩大，布局日趋严整。耿介将田产 200 亩捐给书院，垦荒 130 亩作为校产，收入均作为办学经费。另外，学道吴子云购捐学田 100 亩，河南知府汪楫购束脩田 100 亩，加之登封历任知县和其他人的捐赠，清康熙、雍正年间，嵩阳书院共计接受捐赠田地 1570 亩，地租用作祭祀和办学经费。

耿介先生主持嵩阳书院 30 多年，并亲身执教，被称为"嵩阳先生"，耿介还延聘一批名儒来嵩阳书院讲学，如窦克勤、李来章、冉觐祖、张沐、汤斌、张度正等。前来求学者更是络绎不绝，嵩阳书院再次复兴，嵩阳书院学子亦是成绩斐然：学子景日昣、乔昆、傅树嵩等人高中进士。康熙辛卯年（1711 年），河南省在开封选拔举人，总名额一县不足 1 人，而嵩阳书院就有 5 人中举。

乾隆四年（1739 年），书院得到再次维修，并得到维修专用学田 123 亩。书院新购置了《康熙字典》《朱子全书》《性理精义》《日讲四书》等书籍。康乾年间，嵩阳书院办学盛况，堪比北宋。

清朝末年，据《登封县志》载："县官多购买所得，没有学识，聘请山长，不能辨识优劣，指导无方，主持乏人，学田渐为士绅霸占。"基于上述原因，嵩阳书院逐渐走向衰败。光绪三十一年（1905 年），书院改制，嵩阳书院废除书院教学制度，书院性质的嵩阳书院宣告结束，自此嵩阳书院进入后书院时期。

（三）后书院时期

嵩阳书院的后书院时期是从 1905 年至新中国成立前，跨清末和民国。此时，传统意义读经性质的书院教育已经退出历史舞台，嵩阳书院中的教育机构也改变了名称和教学内容。而教学内容和教学方式还没有完全脱离旧式教育，实质上是传统教育向现代教育的过渡阶段。

1905 年，许蓝田在嵩阳书院创办登封县师范传习所和嵩阳高等小学堂。"中学为体，西学为用"是此时教育的指导思想。

1942 年，时任中华书局经理、国民参政议员翟仓陆与郭甄泰、梁敏芝、郭振若、孙干臣等人在嵩阳书院创办中岳中学，翟仓陆为中岳中学董事长兼校长，1945 年春，日军攻占登封，中岳中学从嵩阳书院迁到大冶乡刘子沟。

（四）新书院时期

登封解放后，"嵩阳书院获得新生，人民政府逐年拨款修缮，并善加利用。"[①] 此时的中国教育已近完成了由传统教育到现代教育的过渡，嵩阳书院或是作为教育机构，或是作为历史文物均具有了新功能、新内涵。由此，嵩阳书院步入了全新的发展阶段。基于以上考量，本书以登封解放为界，把此后嵩阳书院的发展称为新书院时期。

1948—1957 年，中国共产党登封县委员会干部培训基地和会议中心设在嵩阳书院，在马列主义毛泽东思想指导下，嵩阳书院荡涤各类旧式教育残余，迈向为

---

① 常松木编著：《嵩阳书院》，北京：大众文艺出版社 2012 年版，第 11 页。

社会主义新中国建设服务的新征程。

1958 年，中共登封县委党校设立于嵩阳书院，中央党校著名理论家艾思奇、韩树英等曾在此讲学，嵩阳书院成为登封县社会主义理论研究和学习的重要场所。

1958 年，登封县初级师范学校在嵩阳书院开课。

1975—1980 年，开封师范学校在嵩阳书院创办分校，成为新中国在嵩阳书院建立的第一所高等院校。

1982—1989 年，河南省文物管理局、省外事办公室投资 36 万元，搬迁了登封县初级师范学校和居民 14 户，翻修了先圣殿、讲堂、道统祠、三益斋、四勿斋、敬义斋、博约斋等古建筑，计 9 座 45 间 912 平方米；落架整修了藏书楼、观善堂、崇儒祠，新建东西碑廊 30 间 200 平方米；嵌入碑廊墙壁碑刻 69 个，以便欣赏和保护。

1991 年 3 月，香港至乐楼主何耀光先生捐款 2 万元修复了泮池桥。

1997 年，登封市文物局筹资 30 多万元，又搬迁 22 户民居，修建了"高山仰止"坊。

1998 年 9 月 15 日，登封市聋哑学校占用的西考院移交登封市文书局。

1999 年，河南省文物管理局拨款 30 万元，对西考院进行了落架整修。

2001 年 6 月 25 日，嵩阳书院被国务院公布为第五批全国重点文物保护单位（图 6-3）。

图 6-3　全国重点保护文物单位——嵩阳书院

2008 年，登封天地之中历史建筑群申遗期间，又进行了局部整修。

2009 年 9 月 2 日，郑州大学嵩阳书院成立，河南省委书记、省人大常委会主任徐光春题写院名。郑州大学嵩阳书院的办学宗旨是，坚持社会主义办学方向，以弘扬中华文化，以培养国学人才、文化事业及文化产业发展专门人才为主，兼顾适合嵩阳书院特点多学科发展，努力为河南省的改革开放和现代化建设服务。书院以本科教育为基础，积极发展研究生教育，形成本、硕、博三个层级的教育体系，计划通过 5 至 10 年的建设，使书院成为国内知名、国际上有一定影响的国学人才培养基地、学术研究的创新基地、政府文化产业政策制定的后援基地，特别是成为中原文化研究的重要基地。至此，嵩阳书院又将发挥其教育功能，为当代高等教育的发展贡献力量。

2010 年 8 月 1 日，在巴西首都巴西利亚举行的第 34 届世界遗产大会上，嵩阳书院等共 8 处 11 项中国登封"天地之中"历史建筑群，经联合国教科文组织世界遗产委员会批准，被正式列入《世界遗产名录》。这 8 处 11 项嵩山历史建筑群是观星台、嵩岳寺塔、太室阙和中岳庙、少室阙、启母阙、嵩阳书院、会善寺、少林寺建筑群（包括常住院、塔林和初祖庵）等。嵩阳书院因其独特的儒学教育建筑性质，被专家称为研究中国古代书院建筑、教育制度以及儒家文化的"标本"。

如今的嵩阳书院既是一处旅游胜地，更是一处接受传统文化熏染的教育基地。现在嵩阳书院与北京大学合作成立了嵩山研教基地，2013 年 8 月举办了"第一期嵩阳书院文化中国研修班"。

## 三、走进书院

宋代的嵩阳书院在现址的西北，明代复建时易于现址，现在的嵩阳书院基本保持了清代建筑格局，南北长 128 米，东西宽 78 米，占地面积 9984 平方米，共有古建筑 25 座 108 间。沿中轴线由南向北，大门、先圣殿、讲堂、道统祠和藏书院五大建筑依此深进。进入大门，左右两侧建有东西配房，先圣殿、讲堂、道统祠左侧建筑为博约斋、碑廊、三益斋，右侧为敬义斋、碑廊、四勿斋。藏书斋左右是观善堂和崇儒祠。西跨院为考场、敬文斋等建筑。现在，嵩阳书院的前面有大唐碑、杏坛、碑亭等古迹，而宏伟壮观的"高山仰止"牌坊则是嵩阳书院的"前哨"，以下进行简要介绍。

### 高山仰止牌坊

高山仰止牌坊（图 6-4）是上世纪末登封县文物局筹资所建，其址在嵩阳书院大门前 200 米处，是嵩阳书院中轴建筑的延展。牌坊为四柱三楼式结构，气势宏伟，使观者敬仰之感油然而生。据说"高山仰止"四字为乾隆所题。高山仰止牌坊前是干净、开阔的广场。广场的南端有一圆石，上面刻有嵩阳书院入选世界遗产的文字和标识介绍。再向南则是书院河了。作为书院的前哨，高山仰止坊及周面布局用当下流行的词语描述就是"高端、大气、上档次"，未到书院之门，已感书院之势。

图 6-4　嵩阳书院牌坊

## 大门

大门，又称"山门"。大门上额横匾题名："嵩阳书院"（图 6-5），书写者是登封籍人士、河南著名书法家宋书范。大门两侧廊柱有联，上联："近四旁惟中央统泰华衡恒四塞关河拱神岳"，下联："历九朝为都会包伊瀍洛涧三台风雨作高山。"该联是清朝翰林院侍读吴慈鹤督学河南时为嵩阳书院所题，另有传说为乾隆皇帝所题。此联意在介绍嵩阳书院得天独厚的地理位置，但是本联妙在没有直接写嵩阳书院，而是通过对嵩山、洛阳的赞叹写嵩阳书院：中岳嵩山统领四旁的东岳泰山、西华岳山、南岳衡山、北岳恒山，而四方边塞、长城、黄河都朝向中岳，可见"天地之中"嵩山之重要位置；洛阳为周、东汉、三国魏、西晋、北魏（孝文帝后）、隋（炀帝）、唐（武后）、后梁、后唐"九朝都会"，"伊洛瀍涧"四河浸润，"三台"六星护佑，天地共生，人杰地灵。如此圣地即为嵩阳书院所在。民国时期嵩阳书院大门的对联是："嵩岳名山，阳城古地；书藏万卷，院集群贤。"也有"嵩岳名山，阳城古邑；书藏万卷，院集群英"之说，这两副对联是藏头联，也道出嵩阳书院的地理位置和书院藏书育人之功能。大门两侧有石狮两尊，石狮高 0.68 米，东雄西雌。现有石狮为 1982 年复制，清代所置毁于文革期间。大门后是颇有特色的"凸"字墙院，有影门墙之功用，"凸"字墙院两侧为东西配房。

图 6-5　嵩阳书院大门

　　在"凸"字墙的右肩处（西）和讲堂的右前方各有一株沧桑古柏，即是驰名古今的大将军柏（图 6-6）和二将军柏（图 6-7），据说，这两株将军柏由汉武帝所封，同时受封的还有三将军柏，后绝于火灾。将军柏与少林寺三品秦槐、少林寺五品松、会善寺怪松、少室三花树、白鹤观古松并称为嵩山六大奇树，而少林寺五品松、会善寺怪松、白鹤观古松已不复不存。

图 6-6　嵩阳书院大将军柏

图 6-7　嵩阳书院二将军柏

大将军柏树高 12 米，胸围 5.4 米，冠幅 11.5 米。树身向南倾卧于"凸"字墙上。二将军柏与大将军柏南北相距 70 米左右，树高 18.2 米，胸围 12.54 米，冠幅 17.8 米。从郑州市人民政府 2012 年 1 月给两位将军柏颁发的"身份证"上可知：他们均属"郑州市古树名木"，树名：侧柏，树龄：4500 年，科属：柏科 侧柏属，级别：一级，保护单位：登封市文物局。在编号上却与汉武帝赐封不同，二将军柏是 A—0001，大将军柏是 A—0002。

**先圣殿**

"凸"字墙院的后面是先圣殿（图 6-8），为当年书院师生拜祭至圣先师孔子及其他贤哲之所。先圣殿长 10.13 米，宽 7.74 米，高 7.19 米，建筑面积 78.4 平方米。门额横匾题有"先圣殿"三个大字，字为草体，1989 年河南著名书法家王澄所书。门前廊柱有联："至圣无域浑天下，盛极有范垂人间。"为桑泉道人冯向杰书法。该联是对孔子的历史地位和学术思想的高度概括。

先圣殿迎门供有孔子行教雕像。孔子生于公元前 551 年 9 月 28 日（农历八月廿七），卒于公元前 479 年 4 月 11 日（农历二月十一），名丘，字仲尼。中国伟大的思想家和教育家、政治家，儒家思想的创始人，集华夏上古文化之大成，在世时已被誉为"天纵之圣"、"天之木铎"，是当时社会上的最博学者之一，被后世统治者尊为孔圣人、至圣、至圣先师、万世之表，居"世界十大文化名人"之首。中华民国于 1939 年确定把孔子诞辰日 9 月 28 日定为教师节，香港、台湾的教师节仍延续这一做法。另外，马来西亚和美国加州等国家和地区也以孔子诞辰 9 月

28 日为教师节。现在世界各地的孔子学院正在把中国文明传向世界。孔子雕像两侧供有四圣碑刻画像，东侧为复圣颜回、宗圣曾参，西侧是述圣子思、亚圣孟子。

图 6-8　嵩阳书院先圣殿

颜回（前 521—前 481 年），春秋末鲁国人，曹姓，颜氏，名回，是孔子最得意的弟子，不幸英年早逝。自汉代起，颜回被列为七十二贤之首，有时祭孔时独以颜回配享。唐太宗尊之为"先师"，唐玄宗尊之为"兖公"，宋真宗加封为"兖国公"，元文宗又尊为"兖国复圣公"。明嘉靖九年改称"复圣"。山东曲阜建有"复圣庙"。颜子以安贫乐道著称，孔颜之乐是儒学的重大课题，也是周敦颐和二程理学思想的重要内容之一。

曾参（前 505 年—前 435 年），字子舆，春秋末期鲁国南武城（今山东省嘉祥县）人，儒家主要代表人物之一，世称"曾子"。曾参提出"吾日三省吾身"的修养方法，相传他著述有《大学》、《孝经》等儒家经典，后世儒家尊他为"宗圣"。在山东省济宁市嘉祥县南建有曾子庙、曾林（曾子墓）。曾参以孝著称，《史记》载："孔子以为能通孝道，故授之业。作孝经。"二十四孝记载了曾子啮指痛心的佳话：曾子少年时家贫，常入山打柴。一天，家里来了客人，母亲不知所措，就用牙咬自己的手指。曾参忽然觉得心疼，知道母亲在呼唤自己，便背着柴迅速返回家中，跪问缘故。母亲说："有客人忽然到来，我咬手指盼你回来。"

子思，名孔伋，字子思，孔子嫡孙。生于东周敬王三十七年（公元前 483 年），卒于周威烈王二十四年（公元前 402 年），终年八十二岁。春秋战国时期著名的教育家、思想家。子思受教于孔子的高足曾参，孔子的思想学说由曾参传子思，子思的门人再传孟子。后人把子思、孟子并称为思孟学派，因而子思上承曾参，下启孟子，在孔孟"道统"的传承中有重要地位。思孟学说对宋代理学产生了重要而积极的影响，因此，北宋徽宗年间，子思被追封为"沂水侯"；元朝文宗至顺元年（1330），又被追封为"述圣公"，后人由此而尊他为"述圣"。子思一生除授徒外，致力于著述，有《子思》一书传世。

孟子（前372年—前289年），名轲，山东邹城人。字号在汉代以前的古书中没有记载，但曹魏、晋代之后却传出子车、子居、子舆等三个不同的字号，字号可能是后人的附会而未必可信。孟子十五、六岁时到达鲁国后，拜入孔子之孙子思的门下。孟子是中国古代著名思想家，战国时期儒家代表人物。著有《孟子》一书。继承并发扬了孔子的思想，成为仅次于孔子的一代儒家宗师，有"亚圣"之称，与孔子合称为"孔孟"。孔孟之道，程朱理学是中国儒学道统的高度概括，是传统中国的主流文化。

先圣殿的东墙置有《儒学思想简述》，西墙为《十二先哲》简介和孔门《七十二贤传略》。十二先哲，又称十二哲，和上面的四圣一起称为"四配十二哲"。十二哲分别是：孝行文明的"子损"、以德化民的"子雍"、儒商鼻祖"子贡"、勇敢正直的"子路"、仕优则学的"子夏"、强记好古的"子有"、以德惠民的"子耕"、利口辩辞的"子我"、多才多艺的"子求"、弦歌行政的"子游"、忠信楷模"子张"和理学大师"朱熹"。

孔门七十二贤名录为：闵损（子骞）、冉耕（伯牛）、冉雍（仲弓）、冉求（子有）、仲由（子路）、宰予（子我）、端木赐（子贡）、言偃（子游）、卜商（子夏）、颛孙师（子张）、曾参（子舆）、澹台灭明（子羽）、宓不齐（子贱）、原宪（子思）、公冶长（子长）、南宫括（子容）、公皙哀（季次）、曾蒇（晳）、颜无繇（路）、商瞿（子木）、高柴（子羔）、漆雕开（子开）、公伯缭（子周）、司马耕（子牛）、樊须（子迟）、有若（子有）、公西赤（子华）、巫马施（子旗）、梁鳣（叔鱼）、冉孺（子鲁）、曹恤（子循）、伯虔（子析）、冉季（子产）、公祖句兹（子之）、秦祖（子南）、漆雕哆（子敛）、颜高（子骄）、漆雕徒父（子文）、壤驷赤（子徒）、商泽（子秀）、石作蜀（子明）、任不齐（选）、公良孺（子正）、后处（子里）、秦冉（开）、公夏首（乘）、奚容箴（子晳）、公肩定（子中）、颜祖（襄）、鄡单（子家）、句井疆（子疆）、罕父黑（子索）、秦商（子丕）、申党（周）、颜之仆（叔）、荣旗（子祈）、县成（子祺）、左人郢（行）、燕伋（思）、郑邦（子徒）、秦非（子之）、施之常（子恒）、颜哙（子声）、步叔乘（子车）、原亢籍（籍）、乐欬（子声）、廉絜（庸）、叔仲会（子期）、颜何（冉）、狄黑（晳）、邦巽（子敛）、孔忠（子蔑）、公西舆如（子上）。

先圣殿的左右前侧分别是博约斋和敬义斋，均为学子读书之所。两斋建筑模式基本相同，均为硬山式滚脊灰筒瓦覆顶，北长 12.68 米、东西宽 5.36 米。两斋之名均取意于孔子之语，饱含儒学精髓。博约斋源于"君子博学于文，约之以礼"；敬义斋源于"君子喻于义，小人喻于利"。

讲堂

讲堂（图 6-9）是嵩阳书院中轴线上的中心建筑，是康熙二十三年（1684 年）河南学道林尧英为纪念程颢程颐而捐资修建。讲堂面阔三间，东西长 11.16 米，南北宽 7.41 米，前后有门进出。前门门额横匾上书"讲堂"二字，门联是"满园春色催桃李，一片丹心育新人。"殿内教案、讲台、座椅、圆鼓凳等均为宋、元之际书院教学用具仿品。东墙置有《二程讲学图》，图中心画面为二程讲学情景（图 6-10），上题"二程讲学"四字，中心画面两则置有隶体字幅，左（南）为"二程论立志"，右（北）为《程氏粹言》。《程氏粹言》内容如下：

**论学篇**

一、知过而能改，闻善而能用，克己以从文，其刚明者乎。

二、读书以穷理，将以致用也，今或滞心于章句之末，则无所用也，此学者之大患。

三、百工治器，必贵于有用，器而不可用，工不为也，学而无所用，学将何为也。

四、以富贵骄人者，故不美矣，以学问骄人者，其害岂小哉。

**论政篇**

一、天下之事，苟善处之，虽悔，可以成功，不善处也，虽利，反以为害。

二、事以急而败者，十常七八。

三、惟笃实可以成大事。

"二程论立志"还附有译文，一并抄录如下：

**二程论立志**

学者为气所胜，习所夺，只可责志。

博弈小数不专心致志，犹不可得，况学到而悠悠，安可得也。仲尼言：吾当终日不食，终夜不寝，以思无益，不如学也。朝闻道夕死可矣，不知圣人有甚事迫切如此，文意，不难会，须是求其所以如此何故，始得。

译文：读书的人，有毅力才能致胜，勤学习才能有成绩，这归根结底得有志气。下棋是小事，不专心致志、集中精力还不可能致胜，何况是学习，道理要是疏忽，怎能达到志愿。孔子说：我终日不吃饭，不睡觉，来思索也无益处，还不如专心学习，只要早上能通道理，晚上死了也心满意足。

图 6-9　嵩阳书院讲堂

图 6-10　嵩阳书院二程讲学图

　　讲堂整体布局，图文与实物有机结合，步入其中，确有穿越时空，回到北宋嵩阳书院讲堂，聆听二程说道讲经之感，此处真是研讨国学的好处所。

　　西墙置有《北宋嵩阳书院任教人员一览表》《宋代嵩阳书院教学特点》和《中国古代学制演变表》。通过这些可以大略了解北宋嵩阳书院的办学情况以及我国古代教育的演变脉络。《北宋嵩阳书院任教人员一览表》列有韩维、吕诲、司马光、李邴、倪思、王居安、崔与之、程颢、程颐、杨时、朱熹、刘安世、范纯仁、李纲 14 人，这些名师硕儒，把嵩阳书院推到了历史的巅峰。《宋代嵩阳书院教学特点》和《中国古代学制演变表》内容如下：

### 宋代嵩阳书院教学特点

书院是我国自宋至清末于官私学之外的特有的一种高等教育组织形式。在我国的教育发展史上曾起过重要作用，其主要特点是：

一、书院既是教学机构，又是学术研究机构，实行教育教学与学术研究相结合。

二、书院盛行"讲会制度"，允许不同学派进行会讲，开展争辩。

三、书院的教学实行"门户开放"，不受地域限制。

四、书院以学生个人读书钻研为主，十分注重培养学生自学能力，并多采用问难论辩式，注意启发学生的思维能力。

五、书院内师生关系融洽，相互之间的感情深厚，书院的名师不仅以渊博的学识教育学生，而且以自己的品德气节感染教育学生。

### 中国古代学制演变表

| 朝代 | 中央官学 | 地方官学 | 私学书院 | 教学内容 |
|---|---|---|---|---|
| 夏 | 东序（大学性质）、西序（小学性质） | 乡学称"校" | | |
| 商 | 瞽宗（大学性质）、左学（小学性质）、辟 | 乡学称"序" | | 祭祀 军事<br>乐舞 文学 |
| 西周 | 雍泮、雍宫（大学性质）、虞庠 | 分庠、序、校、塾四级 | | 六艺（礼乐射御书数） |
| 春秋战国 | 逐渐瓦解 | | 各诸侯国自为私学、孔子率先 | |
| 秦 | 实行吏师制度，以吏为师 | | 严禁私学 | |
| 汉 | 太学、四姓小侯学、鸿都门学 | 设郡"学"、县"校"、乡"库" | 私学盛，立"精舍"（相当大学），传习经典 | "五经"（诗、书、礼、艺、春、秋）（高级），"论语""孝经"（中级），"仓颉""凡将""急就""元尚"（初级） |
| 三国 | 太学 | 官立乡学 | | |
| 晋 | 国子学、太学 | | 私学发达 | |
| 北朝 | 太学、国子学、四门小学 | | | |
| 南朝 | 国学、国子学 | 州郡立学 | 私学仍然发达 | 玄、儒、文、史四学 |
| 隋 | 国学、太学、四门学 | | | 玄、儒、算、文史、书五学 |
| 唐 | 国学、太学、四门学、书学、算学、律学、医学、天文学、卜筮学、校书学、崇玄学，时兴科举 | 分都、府、州、县、里立学 | 每乡一学，"书院"出现 | 九经为主，《礼记》《左传》《毛诗》《周礼》《仪礼》《周易》《尚书》《公丰》《谷梁》《论语》《孝经》 |

续表

| 朝代 | 中央官学 | 地方官学 | 私学书院 | 教学内容 |
|---|---|---|---|---|
| 五代 | 国子监、太学 | 州学、乡学 | 私学盛、书院起源 | |
| 宋 | 国子学、太学、辟雍、四门学、律学、算学、医学、画学、书学 | 州县立学，设学、学改、教授、教谕等官 | 私学有"乡校""家塾""会馆""书会"，书院发展到397所，出现四大书院（即岳麓、白麓洞、嵩阳、睢阳） | 四书：《论语》《孟子》《大学》《中庸》；五经：《诗》《书》《礼》《易》《春秋》 |
| 辽金 | 国子学、太学 | 设府、镇、州学 | | 经书、子书史记、汉书 |
| 元 | 国子学、蒙古国子学、回回国子学 | 有路、府、州、县之学 | 书院很盛 | 以四书五经为主 |
| 明 | 国子学、宗学、卫学 | 分府、州、县学，地方学校较发达 | 私学形成制度，书院先衰后兴 | 以四书五经为主 |
| 清 | 国子学、太学、算学、旗学、宗学、觉罗学 | 省、府、州、县立学 | 书院先扩后昌 | 四书 五经 性理 |

讲堂前有月台，传说是"程门立雪"的发生地，当然此处不是，也无需考究。在月台的前面立有"程氏四箴碑"四品。"程氏四箴碑"刻立于明嘉靖丁亥（1527年）冬，原在登封县文庙，四碑均高1.08米，宽1.45米，厚0.21米。1986年，由登封县文物保管所移至嵩阳书院。讲堂前的四箴碑为仿品，1990年立，原碑立于大门前二级台地甬道两侧。碑刻格式为：碑首均镌刻篆体"宸翰"二字，碑文左起先用较大字体刻写程颐所作"四箴"之一，然后是较小字体刻写相关解释。碑文为明万历年皇帝所撰，实在难得，四箴碑碑文如下：

程氏视箴：心兮本虚，应物无迹。操之有要，视之为则。蔽交于前，其中则迁。制之于外，以安其心。克己复礼，久而诚矣。

视听言动四箴者，乃宋儒程氏之所作也。程氏说人之生也，其性本善，后被物欲交攻，而此性始有不善，视听言动四者或不能中，此乃受病之处。居中而制恨事者，心也，心之所接，必由视听得之，视听之不明不聪，则言动皆违开理。然视居其首焉，程氏说："凡人于视不无被那诸般物色所蔽，惟中心安之，凡视无不明，勿使外物荡其中，常使中制于外可也。"《书》云："视远惟明即此意也，要操存之，在吾心无有远迹，视之如不辨其实非，观其善恶，以吾心之正为校察，然后可免于昏乱之失矣。"朕惟人皆以视为明，而人君所亲者，尤为要焉，果以此为，则深为益也。凡观其邪正，辨其贤下，不为奸巧之所惑，庶几忠与不肖不得并进用，舍不至于倒置矣，呜呼察之。

程氏听箴：人有秉彝，本乎天性。知诱物化，遂亡其正。卓彼先觉，知止有定。闲邪存诚，非礼勿听。

此程氏言听之要说道，听乃为出言之机，一或有差，患必至矣。前言视之之道，此言听之之道。夫人之于视或能察之，然又恐听之未善也，目视之既善，耳听者须其善可也。耳目之间，视听之际，当分别其邪正，使甘佞之言，从入其心，心既受之，必为诱惑。《书》云：听德惟聪即此意也。人生之于天，具耳目口鼻之体，口之于鼻，无所禁者，惟耳目为重，故以视听为戒。朕论之曰："口与鼻无所禁，乃彼知之自然也。耳目之于视听，乃彼之不能先觉者也，如口之嗜味，知其甘心酸苦，当之自能别也；鼻之嗅物，知其好恶，嗅之自能择也；目之于色则爱艳丽，耳之于声则爱其音律，殊不知艳丽音律，皆人为之也，所以反受其，口鼻之觉，故贤之于耳目也。故程氏箴云：'卓彼先觉，知止有定。'谓既能卓物先觉，则有定向，而人君之听，尤当察辨之也。《书》云：'无稽之言勿听'，又云：'庶顽谗言，震惊朕师。'此皆听德之要也。人君于听，纳之间当辨忠馋而已，忠言逆耳，近于违我，谗言可信，近于游我，不能审择其意，其浅浅哉？但彼吾心泰定，不为诡佞之徒以惑则所纳者未必不可，所屏者未必不当。惟吾心审断之而已，鸣呼审之。"

程子言箴：人心之动，因言以宣。发禁躁妄，内斯静专，矧是枢机，兴戎出好。吉凶荣辱，惟其所召。伤易则诞，伤烦则支。己肆物忤，出悖来违。非法不道，钦哉训辞！

枢机者，譬户之轴弩之牙也，戎是兵戎，也是喜也，程子之意说凡人所言必谨其妄出轻发，如弩之发矢，度而思之，务求其中焉。言易则至于狂诞，言烦则不免于支离，非圣贤之法言，不敢道之，于口所以告来世之君子也。朕因而论之曰："凡人所言，必求其合诸道理，准诸经传然后可以为言也。夫言以文身也，《书》云：'口起羞。'《大学》云：'言悖而出者，亦悖而入。'《孝经》云：'非先王之法言，不敢道斯之谓也。'人之于言，必加谨焉，而人君之言，尤当谨之，先儒云：'王言如丝出其纶，王言如纶其如綍。'人君之发号施令，皆言也，令出之善，则四海从焉，一或不善，则四海违焉。故凡出一言，发一令，皆当合乎天理之公，因诸人责之所向背，若或徒用己之聪明，恃其尊大，司仪信口不论事理之得失，民情之好恶，小则遗当时之患，大则致千百年之祸，可不戒畏之哉！程氏之作箴，其用心也至矣，鸣呼讳之。"

程氏动箴：哲人知几，诚之于思。志士励行，守之于为。顺理则裕，从欲惟危。造次克念，战兢自持。习与性成，圣贤同归。

哲人是以哲之人也。士定有德行之，而诚念之，实守是行之笃理，即天理欲，即人欲。程子说："大凡人之动作，使不可口举妄动，当审时机可否之何如。天理以欲之所在心，凡事之巨细为其所当，为然后动。其道合无有坠失。"圣人之口病，兢惕之如此者，惟哲人乃能之，君子可不谨之哉？朕因而论曰："凡人所动，为当求合乎道理，察其当为，无所不当为精，别而行之可也，而人若之所动为尤重焉。益君者，以一身宰万事，不可道己之欲，与夫听信谗佞轻举妄动，或恃中之强而好征代，或磐游无度，而残虐百姓。凡此类者，不可枚举，姑说其大者，言之一举一动之间。"上道：天意不拂，民心而败亡之祸，随之是口，可不畏惧也哉，程氏之作箴，其用心也至矣。

　　斯四箴者，作之在于程颐，以斯四箴而至其君者，乃吾辅臣绶璁也。颐之作箴，其见道之如此，而动与礼事，宜朕未之言，君子必知矣，夫今璁此言告朕，与夫昔议礼之持正，可谓允蹈，允蹈之箴，朕罔闻于学，特因是而注释其义，于以璁之忠爱，于以示君子之人，呜呼，箴之功，宜不在程氏，而在于璁卿哉，用此于朱云耳。

万历丁亥岁孟冬癸丑日注

　　现在，位于讲堂左侧，紧靠碑廊，郁郁葱葱的"二程手植槐"在见证者历史，看护着讲堂。

### 道统祠

　　道统祠（图 6-11）位于讲堂之后，是祭祀儒家道统三圣"帝尧""大禹""周公"之所。道统祠高 7.15 米，长 12.78 米，宽 8.21 米，面积 104.9 平方米。门额横匾"道统祠"三个大字，门联为："汉纳百川，有容乃大；壁立千仞，无欲则刚"。祠堂里现供有三圣半身雕塑，中间为帝尧，左为大禹，右是周公，背后相应悬图三幅："帝尧巡狩嵩山""大禹嵩山治水""周公阳城测景"。

图 6-11　嵩阳书院道统祠

道统祠前面的圆形水池，称作"泮池"，池上有桥，把池"分成两半"。泮池是为纪念孔子而建，孔子的故居在泮水之滨，泮池也就成了古代高等学府的标志性建筑，古代儒生考中秀才后，称为"入泮"，且要举行绕池一周的仪式。以示纪念孔子，效先师之法，治国平天下。

道统祠左右侧房分别是三益斋和四勿斋，两斋向南分别与碑廊、博约斋、敬义斋相连。三益斋和四勿斋均建于康熙二十八年（1689 年），外观相仿，均面阔十一间、进深两间、硬山布瓦顶。三益斋南北长 29.87 米、东西宽 4.46 米、高 4.28 米，斋名取意于《论语》："益者三友，损者三友。友直、友谅、友多闻，益矣"；四勿斋南北长 30.02 米，东西宽 4.40 米，高 4.28 米，斋名取意于《论语》："非礼勿视，非礼勿听，非礼勿言，非礼勿动"。"择友须求三益，克己宜守四箴"一般视为古人择友修身之标准。

### 藏书楼

藏书楼是嵩阳书院中轴建筑的最后（北面）一座，是古代贮藏典籍之所，相当于现代大学的图书馆，可见嵩阳书院作为古代高等学府设施之完整、功能之健全。

### 西考院与蒋公井

西考院就是嵩阳书院的西跨院，是嵩阳书院和登封县科举时代考生童试之所，与扶沟大程书院一样是书院与考院同体。西考院中轴线上的建筑有大门、接官亭、大殿、后殿等建筑，东西两侧分别有偏殿三座。西考院现为登封天地之中历史建筑群世界文化遗产管理中心。接官亭和东西偏殿为办公室，大殿为档案室，保存有登封天地之中历史建筑群的文物档案、维修档案、拓片档案、环境整治档案以及图书、邮票等相关档案。两侧厢房为展示中心，分为礼制建筑、宗教建筑、教育建筑、科技建筑四个部分，图文并茂地介绍了登峰天地中 8 处 11 项历史建筑的文化价值及其在中国建筑史、文化史上的重要地位。后殿为监控中心，以现代化的科技手段对 8 处 11 项历史建筑进行实时监控和动态管理。

蒋公井位于西考院后殿前、藏书楼的西侧。1936 年 9 月，蒋介石到达嵩阳书院，拟在在此举办培训班，因书院饮水缺乏，蒋介石就让随行的河南省建设厅厅长张静愚负责在此凿井。后张静愚派一个凿井队经过八个月的连续作业，一口地下水旺盛的深机井终于告成。这是嵩阳地区第一口机井，为纪念此役，人们称之为"蒋公井"。

## 第二节　洛　学　重　地

嵩阳书院是全国四大书院之一，北宋四大书院之首，二程曾在此讲学，为嵩阳书院的发展做出了重要贡献，而嵩阳书院对于理学重要学派洛学的创立和传播亦功不可没，可谓名符其实的洛学重地。

### 一、讲学嵩阳

#### （一）二程在嵩

关于二程兄弟在嵩阳书院的讲学经历，大致有以下几个时段。

其一，1066 年。宋英宗治平三年（1066 年）程颐在国子监任职，曾到嵩阳书院讲学，他用理学的观点讲授《论语》《孟子》《大学》《中庸》等书，并以四书作为门生最基本的教材，他认为这四种书是探究孔子本意的最直接的资料。①

其二，1068—1085 年。"二程兄弟尚于熙宁、元丰年间（1068—1085 年）至嵩阳书院讲学，程颢曾为该书院制定规制（包括教学目标，学规等）、课程等规条，吸引了众多学子。"② 其间，二程兄弟均有诗文传世。程颢有诗作《代少卿和王宣徽游崇福宫》："睿祖开真宇，祥光下紫微。威容凝粹穆，仙仗俨周围。嗣圣严追奉，神游遂此归。冕旒临秘殿，天日照西畿。朱凤衔星盖，清童护玉衣。鹤笙鸣远吹，珠蕊弄晴晖，瑶草春常在，琼霜晓未晞。木文灵像出，太一醴泉飞。醮夕思飙驭，香晨望绛闱。衰迟愧宫职，萧洒自忘机。"③ 宋神宗元丰五年（1082 年），程颐游嵩山，作诗《游嵩山》："鞭羸百里远来游，岩谷阴云暝不收。遮断好山教不见，如何天意异人谋？"又作《谢王仝期寄丹诗》："至诚通圣药通神，远寄衰翁济病身。我亦有丹君信否？用时还解寿斯民。"④

宋神宗熙宁五年（1072 年），又因程珦回洛阳后，长期挂着"管勾西京嵩山崇福宫"的职衔。崇福宫与嵩阳书院相邻，是供奉真宗御容的地方，二程也常去崇福宫，因此有了在嵩阳书院讲学诸多方便。

宋哲宗即位（1085 年），发生了元祐更化，由于司马光、吕公著等人推荐程颐

---

① 王炳照：《中国古代书院》，北京：中国国际广播出版社 2009 年版，第 36 页。
② 刘卫东编著：《河南书院教育史》，郑州：中州古籍出版社 1991 年版，第 16 页。
③ （宋）程颢 程颐著，王孝鱼点校：《二程集》，北京：中华书局 1981 年版，第 482 页。
④ （宋）程颢 程颐著，王孝鱼点校：《二程集》，北京：中华书局 1981 年版，第 590 页。

官授汝州团练推官，充西京国子监教授。而后程颐在东京开封任崇政殿说书一职，宋哲宗元祐四年（1089年），程颐再判西京国子监。下面一段文献可佐程颐确实曾任职于西京国子监，这期间，程颐一方面居洛讲学，另一方面也有条件到嵩阳书院讲学。

> 伊川曰："凡物有形则有名，有名则有理，如以小为大，以高为下，则言不顺，至于民无所措手足也。"先生判西京国子监，谓门人曰："今日供职，只第一件便做它底不得。吏人押申转运司状，某不曾签。国子监自系台省，台省系朝廷官，外司有事合行申状，岂有台省倒申外司之理？只为从前人只计较利害，不计较事体……今日第一件便如此，人不知一似好做作，只这些子某便做他官不得，若久做，他时须一一与其理会。"①

其三，1092年前后。宋哲宗元祐七年（1092年）程颐授管勾嵩福宫，为其在嵩阳书院讲学提供了极好机会。王炳照著书写道：嵩福宫与嵩阳书院相邻，程颐再次到嵩阳书院讲授《周易传》，听着甚众。为纪念二程兄弟在书院讲学，嵩阳书院特建二程祠。清人汤斌在《嵩阳书院记》中称："二程曾讲学于此，后人因建祠焉。"② 关于程颐授管勾崇福宫，程颐曾上《谢管勾崇福宫状》，内容如下：

### 谢管勾崇福宫状
#### 元祐七年五月

> 臣昨蒙圣恩，除臣左通直郎、直秘阁权判西京国子监。两具表状免辞，乞归田里。今月十日，准勅特授左通直郎、管勾西京嵩山崇福宫者。误蒙甄录，再露封章。不敢逊言，惟尽敬主之意；深陈古义，盖存报国之心。天听至高，言已尽而诚孚未格，君威难犯，虑其渎而忧惧交深。非特畏于刑章，实愿存于国体。幸蒙宽贷，岂敢频烦？臣更不敢固违朝命，所降勅牒臣已领讫。伏为见患腰跨，拜受未得，候瘥损日谢恩就职次。

## （二）传道嵩阳

二程在嵩阳书院主要讲述《四书》《周易传》等，旨在弘扬道统，传播洛学。在教学上以讨论为主，下文是吴建设所撰程颢在嵩阳书院讲课情景，让我们走进明道先生的课堂，聆听先贤风采：

> 第二天上午，一吃过早饭，程颢便走进了嵩阳书院的讲堂。学生们见他进来，便一齐站立了起来。程颢示意大家坐下，自己也拉过椅子坐了下来，

---

① （宋）朱熹：《论语精义》卷7，文渊阁四库全书本，第198册，第288页。
② 王炳照：《中国古代书院》，北京：中国国际广播出版社2009年版，第37页。

温和地说："我先提问几个问题，咱们在一起讨论讨论。诸位不要拘束。"他用和蔼的目光望着大家，然后说："《诗》《书》《礼》《易》《春秋》是儒家的经典，可你们谁能说说要学好儒家的经典，该从哪里入门呢？"一个学生站起来说："是不是要先从《周易》入门？"程颢轻轻摇了摇头说："要学好儒家经典，我以为要从《大学》《中庸》《孟子》《论语》学起。"那个学生说："先生，《礼记》中包含了《大学》《中庸》，你怎么把它单独抽出，与《论语》《孟子》并列呢？"程颢微笑着说："各位长途跋涉不辞辛苦到这里求学所为何事？是为做官，还是为了发财？"那个学生说："俺投先生门下，一不为做官，二不为发财，俺是来求修身安命之本的。"程颢问另一学生："《大学》《中庸》你们可曾读过？其核心是什么？"他见学生们答不出，便说："修身安命德为本，《大学》是修身入德之门。"一学生说："何以见之？"程颢说："《大学》之道在明德在新民，在止于至善。就是说，《大学》的核心是使人明白是非，改变人的思想，使人达到善的境界。你们可知《中庸》的微妙之处？"他见学生一脸困惑，便说："我先给你们读一段《中庸》的原文：'喜怒哀乐之未发，谓之中；发而皆中节，谓之和。中也者，天下之大本也；和也者，天下之达道也。致中和，天地位焉，万物育焉。'你们从中体会吧。"一学生问："先生，人在世上处世，哪一个字可终生受用？"程颢指着书桌上的《中庸》说："你就从它里面找吧。"这个学生想了想说："先生，是不是'中'字？"程颢说："这就是中庸的微妙之处，不偏之谓中，不易之谓庸。中者，天下之正道；庸者，天下之定理。你们体会体会，这中庸是不是以不变应万变的常胜之理？这就是我把《大学》和《中庸》从《礼记》中抽出，与《论语》和《孟子》并列的理由，也是为啥由此入门的道理。我是十分看重这'四书'的。"一个学生站起来问："先生，它为何是以不变应万变的常胜之理？"程颢和颜悦色地说："你想想，世间万物错综复杂，我们在行事时只要不走极端，不绝对肯定，又不绝对否定，不就可以以不变应万变吗？孟子周游列国，给各位君主提供治国方略，就是要求处世不能偏激，不能走极端。对好战者，他就让他关注国计民生；对好杀者，他要他多行仁政。"一个学生低声对身边的学生说："'中'字真可受用终生！先生在原来'五经'的基础上，提出了'四书'的分类，原先可没先生这样分法。先生不愧是大学问家！"那个学生边记边说："这四书就是《大学》《论语》《中庸》《孟子》，这四本书可安身立命，享用终生。"[①]

二程在嵩阳书院期间，除了给弟子讲课外，继续以书信形式解答外地学子的疑惑，《答朱长文书》就是其中一例：

---

① 吴建设：《河洛大儒　程颢程颐传》，郑州：文心出版社 2010 年版，第 115—116 页。

## 答朱长文书①

相去之远，未知何日复为会合，人事固难前期也。中前奉书，以足下心虚气损，奉劝勿多作诗文。而见答之辞，乃曰："为学上能探古先之陈迹，综群言之是非，欲其心通而默识之，固未能也。"又曰："使后人见之，犹庶几曰不忘乎善也。苟不如是，诚惧没而无闻焉。此为学之末，宜兄之见责也。使吾日闻夫子之道而忘乎此，岂不善哉？"（恐不记书中之言故却录去）此疑未得为至当之言也。某于朋友间，其问不切者，未尝敢语也。以足下处疾，罕与人接，渴闻议论之益，故因此可论，而为吾弟尽其说，庶几有小补也。

向之云无多为文与诗者，非止为伤心气也，直以不当轻作尔。圣贤之言，不得已也。盖有是言，则是理明；无是言，则天下之理有阙焉。如彼耒耜陶冶之器，一不制，则生人之道有不足矣。圣人之言，虽欲已，得乎？然其包涵尽天下之理，亦甚约也。后之人，始执卷，则以文章为先，平生所为，动多于圣人。然有之无所补，无之靡所阙，乃无用之赘言也。不止赘而已，既不得其要，则离真失正，反害于道必矣。诗之盛莫如唐，唐人善论文莫如韩愈。愈之所称，独高李、杜。二子之诗，存者千篇，皆吾弟所见也，可考而知矣。苟足下所作皆合于道，足以辅翼圣人，为教于后，乃圣贤事业，何得为学之末乎？某何敢以此奉责？

又言欲使后人见其不忘乎善。人能为合道之文者，知道者也。在知道者，所以为文之心，乃非区区惧其无闻于后，欲使后人见其不忘乎善而已。此乃世人之私心也，夫子"疾没世而名不称"焉者，疾没世无善可称云尔，非谓疾无名也。名者可以厉中人。君子所存，非所汲汲。

又云："上能探古先之陈迹，综群言之是非，欲其心通默识，固未能也。"夫心通乎道，然后能辨是非，如持权衡以较轻重，孟子所谓知言是也。揆之以道，则是非了然，不待精思而后见也。学者当以道为本。心不通乎道，而较古人之是非，犹不持权衡而酌轻重，竭其目力，劳其心智，虽使时中，亦古人所谓"亿则屡中"，君子不贵也。

临纸遽书，不复思绎，故言无次序，多注改。勿诮辞过烦矣，理或未安。却请示下，足以当面话。

二程在嵩阳书院讲学期间，生源大增，使得书院名望飙升，给嵩阳书院留下了辉煌的一页。二程讲学嵩阳书院也使理学成为书院教学的主要内容，推动了书院由应试为主向学术研究的转变，使嵩阳书院成为理学的传播圣地。这是嵩阳作为中国四大书院之一的主要认定依据。②二程为书院定学规，开创了大型书院学术

① （宋）程颢 程颐著，王孝鱼点校：《二程集》，北京：中华书局1981年版，第600—601页。
② 安国楼：《嵩阳书院与二程理学》，《郑州大学学报》（社会科学版）2000年第05期，第128页。

研究与教学相结合的先河，成为南宋书院走向辉煌的指南，对于理学和中国书院的发展具有重要意义。后人于嵩阳书院建二程祠，并在嵩阳书院中轴建筑中心建筑讲堂以示纪念。

## 二、传播洛学

洛学是北宋道学（理学）三大学派之一，因其形成于洛阳，故称洛学，广义的洛学包含邵雍等人的学说。学界一把二程创立的道学（理学）称为洛学。二程洛学从哲学史上讲，称之谓理学，因为它以"理"为最高哲学范畴，"理"是天地万物之本原；从儒学史上讲，称之谓新儒学，因为它是以先秦儒家学说为基础，吸收佛道思想资料，而建立起来的具有思辨性的儒学理论体系。[①]嵩阳书院对于洛学的形成和传播起到了重要作用。

嵩阳书院居"天地之中"的嵩山，此处是中华文明的策源地，是儒道释三大文化的汇集地，二程讲学嵩阳书院，为其吸收佛、道等家文化，改造儒学，创建理学的重要流派洛学提供了丰富的资源。嵩阳书院实行门户开放政策，北宋名师硕儒等司马光、张载、范仲淹等汇聚于此，各种学术观点在此碰撞，为理学的构建提供了难得场所，嵩阳书院成了北宋时期理学构建的重要基地。

二程嵩阳书院讲学，高徒辈出，其后弟子杨时和再传弟子朱熹等亦曾在此讲学，促进了洛学的传播与发展，二程的众弟子又把洛学传向四方，扩大了理学的影响。到了南宋时期二程洛学由他们的弟子在不同地区讲学传播，按照传统的说法，在陕西有吕大临传播二程洛学；在四川有谯定传授二程洛学；在湖南有胡安国、胡宏父子和张栻传授二程洛学，是谓湖湘学派；在福建有杨时、罗从彦、李侗、朱熹传授二程洛学，是谓闽学派；在浙江有周行己、许景衡传播洛学，是谓洛学别派事功之学的永嘉学派；在江苏有王蘋传播洛学，是谓吴学派。这些逐渐形成了程朱理学、陆王心学、事功之学三大学派。这些学派都在洛学的基础上有所发挥和发展，它们自宋至明清、直到现代，仍各有遗绪。[②]

嵩阳书院在后续各朝代的发展中，代代学人依然以传承理学、弘扬道统为己任，使嵩阳书院洛学血脉绵延。特别是清代初年的理学家、教育家耿介，他一生中，无论拜师、交友，或者论学、著述，都以阐扬理学为宗旨，以恪守程朱理学为根本。耿介兴复嵩阳书院，阐发理学，为理学的传播和书院的发展做出了巨大贡献。

总之，理学的发展千年不绝，嵩阳书院功不可没！

---

① 卢广森，卢连章：《洛学及其中州后学》，开封：河南大学出版社 1999 年版，第 5 页。
② 卢广森，卢连章：《洛学及其中州后学》，开封：河南大学出版社 1999 年版，第 117 页。

# 第七章 点易传经 沟深书院

已奔古稀之年的程颐涪陵编管期间，弗忧致学，完成了二程理学的基石之作《程氏易经》，收徒讲学，开启了涪陵学派，有力推动了巴山蜀水儒学，特别是易学的发展，涪陵北岩的点易洞和钩深书院等延续了文脉、见证了历史。

## 第一节 点易之洞 成就圣典

### 一、编管涪陵

#### （一）巴都涪陵

涪陵曾为巴国国都，乌江古时称涪水，巴国先王的陵墓又多葬于此，故得此称谓。现为重庆市涪陵区。涪陵位于长江、乌江的交汇处，素为乌江流域物资集散地，有渝东门户之称，是闻名遐迩的中国"榨菜之都"。

涪陵之地早在距今 5000 年以前就已经有人类居住。

夏商至春秋前期，是濮人的居住区。

春秋中后期至战国中期为巴国之地，曾为巴国国都。

战国中后期归于楚国。

战国后期隶属秦巴郡地。

秦昭王三十年（公元前 227 年）始设县，名为"枳县"。

东汉时，分枳县置平都县。

三国蜀汉时，增置汉平县，隶涪陵郡（郡治彭水郁山镇）。

东晋穆帝永和三年（347年）因涪陵故郡业已废没，在巴郡的枳县侨置涪陵郡（又名枳城郡），为区境置郡之始。

南北朝时，郡县建置变化较大。隋置涪陵县、丰都县、垫江县，分隶巴郡、巴东郡和宕渠郡。

唐置涪州，辖武隆县、涪陵县、隆化县。

北宋改隆化县为宾化县，建置同唐。南宋置涪州，辖涪陵县、武隆县。

元置涪州，辖武龙县。

明置涪州，辖武龙县（后改为武隆县）。

清置涪州，不领县。

民国初（1913年），改涪州为涪陵县，先后隶属川东道（东川道）四川省和四川省第八区。

中华人民共和国成立后，涪陵经历数次变迁：

1950年初，置川东涪陵专区，辖涪陵县等7县隶属川东行署区。

1952年，川东涪陵专区增辖垫江等4县，隶属四川省人民政府。

1968年，改称涪陵地区。

1983年，撤涪陵县设县级涪陵市。

1988年，涪陵地区辖县级涪陵市、南川县（市）、丰都县、垫江县和武隆县。

1994年，撤南川县，设县级南川市。

1996年1月，撤县级涪陵市，设枳城区、李渡区；

1996年3月，撤涪陵地区，设地级涪陵市，下辖枳城区、李渡区、南川市、垫江县、丰都县、武隆县。

1996年9月15日，涪陵市划归重庆市代管。

1997年3月14日，涪陵市正式改隶重庆直辖市。

1997年12月20日，经中共中央办公厅和国务院办公厅批准，撤销原地级涪陵市和枳城区、李渡区，设立重庆市涪陵区，重庆市涪陵区辖原枳城区、李渡区的行政区域。

现在，涪陵区辖8街道（李渡、江北等）、12镇（百胜等）、6乡（罗云等）。程颐编管涪陵时的居住地普净寺现隶属江北街道点易社区，现规划有周易园（图7-1）。①

____

① 《周易园一角图》图片来源：http://www.fljb.gov.cn/Item/Show.asp?m=118&d=7.2013-12-20。

图 7-1　周易园一角图

## （二）编管涪陵

宋哲宗绍圣四年，即公元 1097 年，程颐已是 65 岁的老人，这一年命运之神对他却没有太多的护佑，灾难反而接连而至，也许是命中注定程颐要经历这些灾难，也许是上天对这位道统传承者的考验。这一年的二月，因为党派之争，曾为帝师的程颐被追毁出身以来文字，放归田里；六月，叔父程琉卒，这是继哥哥程颢、父亲程珦之后，程颐失去的又一位亲人。十月程颐葬叔父程琉于伊川先茔，泪书《叔父朝奉墓志铭》。十一月，程颐遭受更为严重的惩罚，急令编管涪陵。《道命录》有如下记载：

> 十一月送涪陵编管。尊李清臣知河南府事，即日差人追遣上道。先生欲入内别叔母，亦不许。门人谢良佐告曰："是行也，良佐知之，乃族子公孙与邢恕之为尔。"先生曰："族子至愚不足责，故人情厚不敢疑。孟子既知天，焉用尤藏氏。"初御史中丞邢恕与先生素善，同知枢密院事林希，意恕必救先生，因以倾恕，恕语人曰："便斩颐万段亦不救。"闻者笑之。门人尹焞彦明应进士举，策问诸元祐党人。彦明曰："噫，尚可以干录乎哉？"不对而出，高先生曰："吾不复应进士举矣。"先生曰："子有母。"彦明归告其母，母曰："吾知汝以善为养，不知汝以禄养。"彦明遂不复就举。先生闻之曰："贤哉母也。"[1]

上述记载中可以想象程颐被急送涪陵编管的悲凄场景，而面对友人和族人的背信弃义，程颐表现出了宽恕大度的胸怀，也可以看出他对天命的笃信，天命如此，无需怨天尤人，"孟子既知天，焉用尤藏氏。"而从程颐对尹焞之母的盛赞中

---

[1]　（宋）李心传编：《道命录》，（清）知不足斋丛书本，第 9—10 页。

可见他对学术观点的坚持，对道统的虔诚与笃信。

这里有必要对"编管"一词略作解释，"编管"有两种含义：一是指官名，宋修前朝国史、实录时置，枢密院亦随事置，皆掌编纂记述。明清两朝，翰林院编修以一甲二三名进士及庶吉士留馆者担任，无实职；二是指宋代官吏得罪，谪放远方州郡，编入该地户籍，并由地方官吏加以管束，谓之"编管"。程颐被遣至涪陵编管是第二层含义。宋代官员得罪而被贬谪，轻者称"送某州居住"，稍重者称"安置"，更重者称"编管"。可见程颐遭受的是上述三类中最重的惩罚。对于一个已奔古稀之年的老人而言，长途跋涉、远走他乡，能否挺过这一劫确实难以预料。在程颐背井离乡，远赴涪陵的途中确实一路坎坷，《邵氏闻见录》中载有这么一件事：

> 昔贬涪州，渡汉江，中流船几覆，舟中人皆号哭，伊川独正襟安坐如常，已而及岸，同舟有父老问曰："当船危时，君独无怖色何也？"伊川曰："心存诚敬尔。"老父曰："心存诚敬固善，然不若无心。"伊川欲与之言，而老父径去。

程颐一路艰难可见一斑，不过从中也再现了这位贤者道之笃，心之定，而那位老者的道家之论仿佛对程颐也有所启发。

程颐到达四川涪州后，在弟子涪州人谯定的帮助下，居住在北岩普净寺，继续他的著书、讲学。《昭氏闻见录》记载："党祸起，谪涪州。先生注《周易》，与门弟子讲学，不以为忧。"[①]

宋哲宗元符三年（1100 年）正月，徽宗即位，程颐移居峡州；四月，以赦复宣德郎，程颐结束了三年编管的生活，返回洛阳。而他在涪陵点易讲学的三年意义非凡：成就了洛学经典《程氏易传》，开启了洛学支脉"涪陵学派"，并留下了点易洞、钩深堂等理学遗迹。

## 二、点易洞瞻

程颐在涪陵的栖息地普净寺位于涪陵长江北岸北山坪的北岩，点易洞（图 7-2）就在北岩的岩壁上。背岩面江，是在石砂岩上人工凿成的石洞，该洞高 4 米，深 2.2 米，宽 3.8 米。此洞是程颐的弟子谯定为程颐点注易经所凿，故称点易洞，当地人也称"注易洞"。在此，成就了二程天理之学的奠基巨著《程氏易传》。

洞门上额刻有"点易洞"3 个楷书大字，洞内奉有程颐像，底座书有程颐简介："程颐（1033—1107 年）字正叔，世称伊川先生，我国著名哲学家，教育学家，程朱理学创始人。"门两侧有联，刻于清光绪二年（1876 年），联曰："洛水溯渊源，

---

① 邵伯温著，李剑雄，刘德权点校：《邵氏见闻录》（卷 15），北京：中华书局 1983 年版，第 164 页。

图 7-2 点易洞

诚意正心，一代宗师推北宋；涪江流薮泽，承先启后，千秋俎豆换西川。"该联道出了此洞的历史意义，清代涪州诗人石彦恬以"伊洛渊源"四字概括门联之意并刻于壁上。

点易洞两侧石壁上留有历代名人所题诗词，从不同的角度诠释了这一理学圣地，下面略举数例。

二程的四传弟子、程朱理学集大成者朱熹的《北岩题壁》确有"山不在高，有仙则灵"之说，另外，诗中把滔滔不绝的"江水"与理学之本"天理"相比较，道出了天理永恒，意在指出二程天理学说的永恒。全诗四句，简练深邃："渺然方寸神明舍，天下经纶具此中，每向狂澜观不足，正如有本出无穷。"

宋代爱国诗人陆游慕名游览北岩，留诗《北岩》一首，写景溯事，借事抒怀，表达陆游对党争误国，致使大宋失地南迁，山河破碎的悲愤之情。诗云："舣船涪州岸，携儿北岩游。摇楫横大江，褰裳蹑高楼。雨昏山半失，江涨地欲浮。老矣宁再来，为作竟日留。乌帽程丈人，闭户本好修。骇机一朝发，议罪至窜投。党禁久不解，胡尘暗神州。修怨以稔祸，哀哉谁始谋。小人无远略，所怀在私仇。后来其鉴兹，赋诗识岩幽。"

明代李廷龙《登北岩》"道自洪濛传蜀远，易从伊洛入涪来"之诗句则说明了涪陵北岩文化的渊源，洞联与之可谓异曲同工。

程颐身处逆境，却安于治学，在点易洞成就了宋明理学的奠基之作《程氏易传》，使中国儒学走进了一个新的历史阶段。1999 年为纪念程颐在涪陵点易洞点注《易经》900 年，我国著名哲学家张岱年先生在北岩为纪念碑题写碑铭。近年来涪陵以点易洞为主题，开发旅游景区——点易园，中外游人来此凭吊先贤，并解开千年的尘世风霜，领略点易园的历史文化风采。

## 三、《程氏易传》

宋哲宗元符二年（1099 年）正月，程颐写成《周易程氏传》，并作《易传序》。[①]《周易程氏传》又称《程氏易传》、《伊川易传》、《周易程传》、《易程传》等，是二程理学标志性著作，它代表着二程理学的最高成就。

程颐时代，北宋王朝所面临的不仅有政治、军事上的内忧外患，还有民众信仰和价值观上的危机。融学者和官僚为一体的二程，为了解决北宋中后期的社会问题，尤其为了抵制佛老心性之学和王安石新学的肆行，而作《程氏易传》建构新儒学理论体系。程颐《易》学思想渊源其广，它汲取了历代诸家《易学》之长，尤其批判继承了王弼、胡瑗、张载等人的《易学》思想，重新发扬光大了孔子《易》学之精神。程颐继承了魏晋王弼所开创的新义理《易》学传统，不仅在解《易》原则和方法上，而且在体用关系的讨论上，都对其作了最大限度的继承和发展。作为宋代义理《易》学开创者的胡瑗，在《易》学性质、解释方法、注解内容、思想体系等方面，对程颐《易》学产生了最为直接而全面的影响。与程颐论学最为频仍的张载，对程颐《易》学核心范畴"理"的确立、理学思想体系的建构等多个方面都产生了重要的启发和借鉴作用。[②]加之，程颐对周敦颐、邵雍等人易学成果的批判和继承，从而成就了《程氏易传》这部经典之作。下面让我们一起走进这部易学经典之作。

### （一）体例结构

《程氏易传》只注解六十四卦《彖》《象》《文言》和《卦序》，而对《系辞》、《说卦》和《杂卦》无注解。姜海军认为形成这一特点的主要原因有三个方面：其一，程颐作《易传》所用本为王弼所传本，且继承了王弼义理派易学的传统。王弼只注《彖》《象》《文言》三传，不注《系辞》《卦序》《说卦》和《杂卦》。两者不同之处在于王弼不注《卦序》，而程颐在其《易传》里却增加了《卦序》的注解。其二，宋朝易学中怀疑《易传》"非圣人所作"思潮的影响。其三，对象数派《易》

---

① （宋）程颢 程颐著，王孝鱼点校：《二程集》，北京：中华书局 1981 年版，第 689 页。
② 姜海军：《程颐〈易〉学思想研究——思想史视野下的经学诠释》，北京：北京师范大学出版社 2010 年版，第 1 页。

学的批驳。①

《程氏易传》原为六卷本，后演变为四卷本，主要变化是把六卷本中前三卷合编为前两卷，后三卷合编为后两卷。第一卷前有《易传序》、《易序》、《上下篇义》三篇文章。《二程集》中与四卷相对应的名称以此为：周易上经上、周易上经下、周易下经上、周易下经上，各卷内容如下：

周易上经上（卷一）：乾、坤、屯、蒙、需、讼、师、比、小畜、履、泰、否、同人、大有。

周易上经下（卷二）：谦、豫、随、蛊、临、观、噬嗑、贲、剥、复、无妄、大畜、颐、大过、习坎、离。

周易下经上（卷三）：咸、恒、遁、大壮、晋、明夷、家人、睽、蹇、解、损、益、夬、姤、萃、升。

周易下经上（卷四）：困、井、革、鼎、震、艮、渐、归妹、丰、旅、巽、兑、涣、节、中孚、小过、既济、未济。

《程氏易传》的《序卦》被分置于六十四卦的卦象和卦名之后。如《泰》卦所示：

䷊ 乾下坤上

泰，卦序："履而泰，然后安，故受之以泰。"

这一编排的优点是通过《序卦》所言各卦的顺序将各卦的解释连接起来，从《乾》卦到《未济》卦，依据卦名的义理形成了彼此顺承或逆承的关系，由此将六十四卦的解释编缀成一个连续贯通的整体。②有利于凸显出《程氏易传》的义理功能。

## （二）程易观点

程颐的易学观点主要表现在以下几方面。

第一，探究义理为要。《程氏易传》是义理学派易学的里程碑著作之一，探求义理是程颐诠释《周易》的根本宗旨。程颐的《周易》观与孔子为代表的先秦儒家一脉相承，把《周易》作为一部讲思想的著作来对待的，并以其《易传》造就了义理易学的又一巅峰。③

《易传序》开宗明义说："《易》变易也，随时变易以从道也。其为书，广大悉

---

① 姜海军：《程颐〈易〉学思想研究——思想史视野下的经学诠释》，北京：北京师范大学出版社 2010 年版，第 90—95 页。

② 姜海军：《程颐〈易〉学思想研究——思想史视野下的经学诠释》，北京：北京师范大学出版社 2010 年版，第 89 页。

③ （宋）程颢 程颐著，王孝鱼点校：《二程集》，北京：中华书局 1981 年版，第 18 页。

备，将以顺性命之理，通幽明之故，尽事物之情而示开物成务之道也。圣人之忧后世，可谓至矣。去古虽远，遗经尚存，然而前儒失意以传言，后学诵言而忘味。自秦而下，盖无传矣。予生千载之后，悼斯文之湮晦，将俾后人沿流而求源，此传所以作也。"这是说，《周易》是一部讲变易哲学的著作，易道之变易，虽无定式，但必以"从道"为原则。《周易》之为书，其所含之内容虽"广大悉备"，然究其宗旨，则要在使人能顺于性命之理，通晓或隐或显的变化法则，穷尽事物之真实本性，示人以"开物成务"的规律。这是程颐对《周易》一书的性质理解，或者说是对圣人作《易》宗旨的理解，即肯定《周易》是一部讲哲学讲思想的著作，认为《周易》的意义在于让人们提高自身的德性修养，认识事物的变化法则与"开物成务"之道。"圣人之忧患后世"至"此传之所以作也"，正是基于他对《周易》的这种基本认识，对以往易学历史的概括性总结，进而说明其为《周易》作传的原因："然而前儒失意以传言，后学诵言而忘味，自秦而下，盖无传矣。"实际是说，自秦而下的易学没能真正认识到程氏于《易传序》开篇所说的《周易》一书的性质与宗旨。也就是说，《程氏易传》之所以作，其立意即在克服秦汉以来易学之此弊，与"圣人之忧后世"同忧，直承孔子《易传》之学，弘扬孔子《易传》之学，以《易》为"随易变易以从道"之书，以尽《易》教"顺性命之理，通幽明之故，尽事物之情而示开物成务之道"之功用。[①]

关于孔子和程颐的《周易》本义观在学术界遭到主要来自象数易学学派的批评，代表人物数朱熹，"朱熹由强调《周易》卜筮之书的本义，指责孔子伊川一系易学弃卜筮而虚谈义理，主张先求经文本义，而复以传释之。其主张看上去并无问题，或者说从理论上讲是完全可以接受的。但是，结合朱熹的易学实践来看，事实上朱熹并没有真正很好的实现其设想，或者说在这种思想指导下，朱熹并没能真正提供与伊川治易方法不同而又超出伊川的易学成果。这一事实是发人深省的。"[②] 不过，朱熹也指出："《易》之为书，更历三圣，而制作不同。若庖羲氏之象，文王之辞，皆依卜筮以为教，而其法则易。至于孔子之赞，则又一以理为教，而不专于卜筮。秦汉以来，考象辞者泥于象数，而不得其弘通简易之法。谈义理者沦于空寂，而不适仁义中正之归。求其因时立教，以承三圣，不同于法而同于道者，则惟伊川先生程氏之书而已。"[③] 由此而见，伊川先生的易学观有益于人道，确为承继道统、探究义理的经典之作。

第二，"理"本体论。程颐将《周易》视为天理、天道的反映，他不仅将"理"看成《易》学的核心范畴，还看成是宇宙万物和儒家道德伦理的本体，故程颐被

---

① 梁韦弦：《程氏易传导读》，济南：齐鲁出版社 2003 年版，第 10—11 页。
② 梁韦弦：《程氏易传导读》，济南：齐鲁出版社 2003 年版，第 18—19 页。
③ （宋）朱熹：《晦菴集》卷八十一，《书伊川先生易传版本后》，《四库全书》1145 册，第 687 页。转引，梁韦弦：《程氏易传导读》，济南：齐鲁出版社 2003 年版，第 21 页。

称为"儒理宗"。程颐对其这一易学观点论述颇多,摘录几条如下:

> 《易》是个甚,《易》又不只是这一部书,是《易》之道也。不要将《易》又是一个故事,即是尽天理,便是《易》也。①
>
> 尽天理,斯谓之《易》。②
>
> 天之法则谓天道也。或问:《乾》之六爻皆圣人之事乎?曰:尽其道者圣人也。得失则吉凶存焉,岂特《乾》哉?诸卦皆然也。③
>
> 圣人作《易》,以准则天地之道。《易》之义,天地之道也,"故能弥纶天地之道"。弥,遍也。纶,理也。④
>
> 《易》之道,其至矣乎!圣人以《易》之道崇大其德业也。知则崇高,礼则卑下。高卑顺理,合天地之道也。高卑之位设,则《易》在其中矣。斯理也,成之在人则为性。人心存乎此理之所存,乃"道义之门"也。⑤

第三,体用一源,显微无间。作为理学奠基人的程颐,通过对言、象、数、意之间关系的探讨,提出了"体用一源,显微无间"的易学观点。

对于言、象、数、意四者的关系,程颐认为:"有理而后有象,有象而后有数。《易》因象以明理,由象而知数。得其义,则象、数在其中矣。必欲穷象之隐微,尽数之毫忽,乃寻流逐末,术家之所尚,非儒者之所务也。管辂、郭璞⑥之徒是也。理无形也,故因象以明理。理既见乎辞矣,则可由辞以观象。故曰得其义,则象、数在其中矣。"⑦

上面程颐之语可作如下解释:有理而后有象,有象而后有数。《周易》凭借象来展示理,由象而了解数。懂得《周易》的义理,那么象、数就在其中了。一定要穷尽象的奥妙,穷尽数的一丝一毫,是弃源寻流,舍本求末,这是方术家所崇尚的,不是儒家学者所从事的。管辂、郭璞之流就是这样。理没有形体,所以依靠象来说明理。理已经表现于卦辞、爻辞了,便可以通过卦辞、爻辞来观察象。所以说懂得《周易》的义理,那么象、数就在其中了。程颐基于言、象、数、意四者的关系和理学建构的需要提出了"体用一源,显微无间"的命题,并提出"假象以显义",或言"因象以明理"等观点⑧程颐"体用一源,显微无间"易学观点

---

① (宋)程颢 程颐著,王孝鱼点校:《二程集》,北京:中华书局1981年版,第31页。
② (宋)程颢 程颐著,王孝鱼点校:《二程集》,北京:中华书局1981年版,第1207页。
③ (宋)程颢 程颐著,王孝鱼点校:《二程集》,北京:中华书局1981年版,第703页。
④ (宋)程颢 程颐著,王孝鱼点校:《二程集》,北京:中华书局1981年版,第1027页。
⑤ (宋)程颢 程颐著,王孝鱼点校:《二程集》,北京:中华书局1981年版,第1027页。
⑥ 管辂(208—256),字公明,三国魏平原(今山东平原)人。他精通《周易》,善于卜筮,相传所占无不应。郭璞(276—324),字景纯,东晋河东闻喜(今属山西)人,文学家、训诂学家。他还精通五行天文卜筮之术,相传能消灾。
⑦ (宋)程颢 程颐著,王孝鱼点校:《二程集》,北京:中华书局1981年版,第615页。
⑧ (宋)程颢 程颐著,王孝鱼点校:《二程集》,北京:中华书局1981年版,第615页。

也是对他人的借鉴和发展，姜海军认为程颐将胡媛"明体达用"为旨趣的易学思想，提炼为"体用一源"新的哲学命题，这样就形成了有别于北宋中期以来独具特色的易学体系，成为《易》学史上具有典范性的著述。①

第四，程颐还创造性地提出了"理一分殊"的易学观点。"在中国哲学史上，程颐第一次提出了'理一分殊'的重要命题。它在二程的天理论中占有特殊地位。"②

## （三）治易方法

程颐基于其"探求义理为要"、"理本体论"和"体用一源，显微无间"等易学观点，在治易的过程中，他注重达辞用典、沟通《四书》，并通过校勘和诠释输入新思想、构筑儒家学说的本体论，开创了后世解《易》的新传统。

### 1. 辞为治易之要

程颐在《易传序》中说到："《易》有圣人之道四焉：'以言者尚其辞，以动者尚其变，以制器者尚其象，以卜筮者尚其占。'吉凶消长之理，进退存亡之道，备于辞。推辞考卦，可以知变，象与占在其中矣。君子居则观其象玩其辞，动则观其变而玩其占。得于辞，不达其意者有矣；未有不得于辞而能通其意者也。至微者理也，至著者象也。体用一源，显微无间。观会通以行其典礼，则辞无所不备，故善学者求言必自近。易于近者，非知言者也。予所传者辞也，由辞以得意，则在乎人焉。"可见，程颐关于学习和研究《易学》主要方法的落脚点是研究卦辞，即"得于辞"、"达于辞"，以辞为根据。梁韦弦说："我以为伊川先生于《易传序》中所言之'予所言传者，辞也'，是对其易学方法之基本纲领最为精要的概括。"③ 程颐这一易学方法是对王弼义理易学的发展，是对该派治易方法的明确表述。"伊川先生说'吉凶消长之理，进退存亡之道，备于辞。'这种说法是对先秦儒家有关说法的提炼概括与发挥，是符合《周易》经文实际的。"④ 伊川认为"得于辞，不达其意者有矣，未有不达于辞而通其意者。"更明确指出"辞"对于研究《周易》的重要性。一言以蔽之，理解"辞"是程颐所倡导的学习和研究《周易》的首要方法。《周易》的表义系统主要由卦爻象和卦爻辞构成。梁韦弦认为："就《周易》而言，其卦爻体系是一套特殊的表达知识的系统，这种系统的涵义如果不转换成语言，事实上人们是几乎无法知晓的。所以，没有'辞'包括相当于'辞'的口头语言对卦爻象系统加以说明，人们就无法理解卦爻的象义。换句话说，'辞'也

---

① 姜海军：《程颐〈易〉学思想研究——思想史视野下的经学诠释》，北京：北京师范大学出版社2010年版，第52页。
② 徐远和：《洛学源流》，济南：齐鲁书社1987年版，第91页。
③ 梁韦弦：《程氏易传导读》，济南：齐鲁出版社2003年版，第23页。
④ 梁韦弦：《程氏易传导读》，济南：齐鲁出版社2003年版，第23页。

就是卦爻象，是语言化了的卦爻象，只有有了这种语言化了的卦爻象，《周易》的含义才可能被理解。所以，伊川先生说'予所传者辞也'，'未有不达于辞而通其意者'，将'辞'视为学易研易最基本的依据，这是正确的。"①

在义理与象、数、辞关系的论述中，程颐进一步强调了辞的重要性："理无形也，故因象以明理。理见乎辞矣，则可由辞以现象。故曰得其义则象数在其中矣。"②就对辞的意义的理解说，理是无形的，但见乎辞，没有辞，则无以现象。就义理与象数和辞的关系说，象数与辞都是表达义理的，通过象数与辞才能得到义理，而得到了义理，也就明白了象数，即对象数的研究当以搞清义理为度，若舍本逐末，去穷尽象数，那就是占算家而非儒者之学了。③梁韦弦认为："以阐明义理为宗旨的主题思想和重在玩辞的治易方法是伊川易学思想的精髓，也正是伊川易学对后世易学影响最为深远的东西。"④

### 2. 引史说经

"引史说经，汉易已开其端，借历史人物的遭遇说明卦爻辞的意义。但汉唐人解易，所引历史事件不多。宋易中的义理学派，由于重视王弼注以明人事的传统，常以历史人物的事迹解释卦爻辞，《程氏易传》正是发扬这种传统。"⑤程颐治易更是凸显了这一特征，在其《易传》里大量采用了历史典故来论证其观点，且看下面几例。

> 例1：自古人君至诚降屈，以中正之道，求天下之贤，未有不遇者也。高宗感于梦寐，文王遇于鱼钓，皆由是道也。（《姤》卦）⑥

这里程颐用高宗获傅说和文王得姜子牙的历史典故，建议君主一定要有一颗至诚的心，才能求取贤才辅佐朝政。

> 例2：当天下之难方解，人始离艰苦，不可复以烦苛严急治之，当济以宽大兼议，乃其宜也。如是，则人心怀而安之，故利于西南也。汤除桀之虐，而以宽治；武王诛纣之暴，而反商政，皆从宽易也。（《解》卦）⑦

此处，程颐以汤、武革命成功后，采取宽大简易之法来治理国家的史实，建议君主治国一定也要宽大简易，不可施以苛政等等。

---

① 梁韦弦：《程氏易传导读》，济南：齐鲁出版社2003年版，第25页。
② 《御纂周易折中》，《四库全书》38册22页。转引，梁韦弦：《程氏易传导读》，济南：齐鲁出版社2003年版，第29页。
③ 梁韦弦：《程氏易传导读》，济南：齐鲁出版社2003年版，第29—30页。
④ 梁韦弦：《程氏易传导读》，济南：齐鲁出版社2003年版，第46页。
⑤ 朱伯昆：《易学哲学史》中册，北京：北京大学出版社1988年版，第214—216页。
⑥ （宋）程颢 程颐著，王孝鱼点校：《二程集》，北京：中华书局1981年版，第928页。
⑦ （宋）程颢 程颐著，王孝鱼点校：《二程集》，北京：中华书局1981年版，第901页。

例 3：五以阴柔而当君位，……二虽至明中正之才，所遇乃柔暗不正之君，既不能上下求于己，若往求之，则反得疑猜忌疾，暗主如是也。然则如之何而可？夫君子之事上也，不得其心，则尽其诚，以感发其志意而已。苟诚意能动，则虽昏蒙可开也，虽柔弱可辅也，虽不正可正也。古人之事庸君常主，而克行其道者，以之诚意上达，而君见信之笃而。管仲之相桓公，孔明之辅后主是也。若能以其诚信发其志意，则得行其道，乃为吉也。①

程颐这里以管仲辅佐齐桓公，孔明辅佐后主刘禅为例，说明臣子既便遇到"庸君常主"，也要做到以诚侍君，鞠躬尽瘁、死而后已。

3.《四书》证《易》

程颐在解《易》的过程中，在继承和发扬前人解《易》成就的基础上，还创造性地将《四书》中所宣扬的儒家伦理道德贯注于《周易》的解释之中，将道德学说教与易学原理相结合，这就将儒家的伦理道德提升到宇宙本体的地位，为人们遵守和践履儒家伦理道德提供了形而上的哲学依据，也为儒学应对佛老之学的挑战提供了更多的理论依据。以下举例说明。

例 1：上居无位之地，非行益于人也；以刚处益之极，求益之盛者也；所应者阴，非取善自益也。利者，众人所同欲也。专欲益己，其害大矣。欲之盛，则昏蔽而忘义理；求其极，则侵夺而至仇怨。故夫子曰："放于利而行，多怨"，孟子谓先利则不夺不餍，圣贤之深戒也。九以刚而求益之极，众人所共恶，故无益之者，而或攻击之矣。"立心勿恒，凶"，圣人戒人存心不可专利，云勿恒如是，凶之道也，所当速改也。（《益》卦上九（爻辞）"莫益之，或击之，立心勿恒，凶"）②

"莫益之，或击之，立心勿恒，凶"可以解释为，没有人帮助，却有人攻击，不能坚持自己立下的心志，有危险。程颐在解释中借助《论语》、《孟子》中所讲的义利观宣讲儒家道德观念，还直接应用孔子之语"放于利而行，多怨"进行论证。程颐认为尽管谋求利益是世人的欲望，但是如果仅仅是为一己之私害处就非常大了。如果走向极端，还会因为利欲的蒙蔽而忘掉道义，为争夺利益而相互积怨成仇。求利时要做到利己与利人并举，如果以公心相待，那么"人亦益之"。相反，悖理而行，就会招来众人的反对，进而处于危险的境地。可见，程颐用孔孟之道诠释《周易》意在借经扬道，构建本体论的儒家道德学说。

---

① （宋）程颢 程颐著，王孝鱼点校：《二程集》，北京：中华书局 1981 年版，第 986 页。
② （宋）程颢 程颐著，王孝鱼点校：《二程集》，北京：中华书局 1981 年版，第 913 页。

例2：程颐解释《家人》卦时说：

夫人有诸身者则能施于家，行于家者则能施于国，至于天下治。治天下之道，盖治家之道也，退而行之于外耳，故取自内而出之象，为家之义也。（《家人》卦序卦：夷者伤也，伤其外者必反其家，故受之以家人。）①

夫王者之道，修身以其家，家正则天下治矣。自古圣王，未有不以恭己正家为本。故有家之道既至，则不忧劳而天下治矣，勿恤而吉也。（《家人》卦九五：王假有家，勿恤，吉。）②

治家之道，非至诚不能也，故必中有孚信，则能长久，而众人自化为善。不由至诚，已且不能常守也，况欲使人乎？故治家以有孚为本。（《家人》卦上九：有孚，威如，终吉）③

《家人》卦在《明夷》卦后，《睽》卦前，"夷者伤也，伤其外者必反其家，故受之以家人。"可理解为：《明夷》是阻碍之意，在外受到阻碍，须返回家中，所以《明夷》卦之后，是象征返家的《家人》卦，《家人》意为一家人。"王假有家，勿恤，吉"一语可解释为："如果君王驾临其家，无需忧愁，可获吉祥"。"有孚，威如，终吉"之意为心存诚信，持家威严，终获吉祥。"程颐在这里用《大学》中"修身、齐家、治国、平天下"一以贯之的指导思想和《中庸》中的"诚"解释《家人》卦。程颐认为治国平天下，当以治家为本。把家治理好了，"推而行之于外"，天下就可以得到很好地治理，而治家的根本在于修身，修身只要在于"诚"。同时"至诚"也是治家的必要方法。

程颐把《四书》与《易经》相沟通，用《四书》之儒学经典内容诠释《易经》，这是易学史，也是儒学史上的创造与应用，也因此，程颐之《程氏易传》成为宋明理学的奠基之作，对后世产生了深远的影响。

### 4. 校勘与新释

程颐在注解《周易》的过程中，对《周易》经传中的内容，如文本的衍文、脱文、讹误和错简等各种情况进行了校勘和考订，使《程氏易传》的文献基础更加可靠。他在《程氏易传》中还对"道"、"理"、"诚"、"时中"、"位"等一些概念进行了新诠释。如，程颐把"道"与"理"互通，提出了"随时变易以从道"的易学新观点，朱伯崑认为程氏"随时变易以从道"的治易观在于以"道"来统率象、数、时、位的变化，从而将象数派的"阴阳之象"、"阴阳之数"思想与王弼的"时"、"位"思想统合在一起。再如，程颐把"诚"作为天理的根本道德属

① （宋）程颢 程颐著，王孝鱼点校：《二程集》，北京：中华书局1981年版，第884页。
② （宋）程颢 程颐著，王孝鱼点校：《二程集》，北京：中华书局1981年版，第887页。
③ （宋）程颢 程颐著，王孝鱼点校：《二程集》，北京：中华书局1981年版，第888页。

性、人伦的最高道德标准，"诚"成为其《易传》的核心词之一。如上文《家人》卦中的"治家之道，非至诚不能也，故必中有孚信，则能长久，而众人自化为善。不由至诚，已且不能常守也，况欲使人乎？故治家以有孚为本"；《无妄》卦中的"盖诚之于物，无不能动，以之修身则身正，以之治事则事得其理，以之临人则人感而化，无所往而不得其志也。"① 在《程氏遗书》中也多次论及"诚"，如"诚者合内外之道，不诚无物"②；"至诚可以赞天地之化育，则可以与天地参"③等。同时，程颐的"君子而时中"和"位各称其德"等新诠释也为宋代易学注入了新鲜血液。

总之，程颐采用以辞为要、引史说经、《四书》证《易》、校勘与新释等方法成就了一部义理学派的经典之作《程氏易传》，构筑了程朱理学的基石。

（四）历史影响

先秦儒家《易传》、王弼《周易注》和《程氏易传》是易学史上的三座里程碑。先秦儒家《易传》的出现，标志着易学形成，即有关《周易》的学问摆脱了史巫之术而成为一种以健康的人文关怀为主题的学术。汉易的出现（尤其是西汉）是易学史上的一种思想反复。所谓方士、技术之士的东西在易学中占了上风，这些东西的思想本质，盖近于史巫之术包含的精神。王弼的伟大贡献从形式上看是所谓扫除象学，实际上主要的就是使易学再次摆脱了史巫文化的纠缠而回归到先秦儒家《易传》开辟的健康的学术道路上来。隋唐之后王弼之学"孤行"，但学者们都感到其学咋又老庄之理而不尽合于圣人之道，所谓"《程传》出而弼说又废"的说法，实际是说《程氏易传》的出现标志着以儒学之义理说易学风的归复，成为领导易学发展潮流的主题。④朱熹也有评论："以前解易，多只说象数，自程门以后，人方都作道理说了。"⑤而《程氏易传》的思想内容则代表着宋明哲学的成就，其中有许多关于宇宙人生、社会政治和历史的认识深邃精湛，具有很高的借鉴价值，很值得耐心体味。⑥

整体而言，程颐对《周易》的解读是诠释性的而非注释性的，它汲取了自先秦孔子、《易传》、王弼以及历来解《易》方法的精髓，继承和发展了很多解读《易》学思想与方法，奠定了它在《易》学发展史上里程碑的意义。更为重要的是，作为理学家的程颐，面对国家政治紊乱、道德信仰的失落，以一种儒家士大夫所应

① （宋）程颢 程颐著，王孝鱼点校：《二程集》，北京：中华书局 1981 年版，第 824 页。
② （宋）程颢 程颐著，王孝鱼点校：《二程集》，北京：中华书局 1981 年版，第 9 页。
③ （宋）程颢 程颐著，王孝鱼点校：《二程集》，北京：中华书局 1981 年版，第 133 页。
④ 梁韦弦：《程氏易传导读》，济南：齐鲁出版社 2003 年版，第 42—43 页。
⑤ 梁韦弦：《程氏易传导读》，济南：齐鲁出版社 2003 年版，第 6 页。
⑥ 梁韦弦：《程氏易传导读》，济南：齐鲁出版社 2003 年版，第 46 页。

尽的使命感和责任感，借助《周易》、《四书》等儒家来寻求重建稳定有序的社会与新的价值信仰所需要的理论学说，而理学的建立正是他苦心孤诣的必然结果。正是因为如此，程颐对《周易》的解读，是以反对佛、道，复兴儒家为旨归，通过对《周易》经传的注解和阐发，整合《周易》、《四书》等儒家经典的思想资源建构了具有划时代意义的新儒学理论体系——理学。[①]

## （五）阅读欣赏

为了便于对《程氏易传》的进一步了解，本书选取了《程氏易传》部分经典句段，供读者欣赏了部分经典句段，供读者欣赏。

### 易传序[②]

《易》，变易也，随时变易以从道也。其为术也，广大悉备，将以顺性命之理，通幽明之故，尽事物之情，而是开物成务之道也。圣人之忧患后世，可谓至矣。去古虽远，遗经尚存。然而前儒失意以传言，后学诵言而忘味。自秦而下，盖无传矣。予生千载之后，悼斯文之湮晦，将俾后人源流而求源，此《传》所以作也。

《易》有圣人之道四焉："以言者尚其辞，以动者尚其变，以制器者尚其象，以卜筮者尚其占。"吉凶消长之理，进退存亡之道，备于辞。推辞考卦，可以知变，象与占在其中矣。君子居则观其象玩其辞，动则观其变而玩其占。得于辞，不达其意者有矣；未有不得于辞而能通其意者也。至微者理也，至著者象也。体用一源，显微无间。观会通以行其典礼，则辞无所不备，故善学者求言必自近。易于近者，非知言者也。予所传者辞也，由辞以得意，则在乎人焉。

有宋元符二年己卯正月庚申，河南程颐正叔谨序。

今译：

《易》，就是变化，随时间的变化而合乎道理。这部书包罗广泛而完备，将用来理顺性和命的道理，弄清理与物的缘故，揭示事物的性质，而指示认识事物、成就事业的方法。圣人为后世忧虑，可以说到了极点。现在离远古虽然遥远，遗留的经典还在。然而前代的儒者失掉意旨传授言词，后世学者诵读言词而不知意味。从秦以下，《易》理失传了。我生在千年之后，哀叹《易》学的理埋没不明，想让后来的人沿水流去探寻源头，这就是《易传》写作的原因。

---

① 姜海军：《程颐〈易〉学思想研究——思想史视野下的经学诠释》，北京：北京师范大学出版社 2010 年版，第 304 页。

② 注：《易传序》是程颐为其《周易程氏传》所作自序，《易传序》也称为《伊川易传序》。

《周易》有圣人所用之道四条："用来言谈的取法它的卦辞爻辞，用来行动的取法它的变化，用来制作器具的取法它的卦象，用来卜筮的取法它的占法。"吉凶消长的原理，进退存亡的道理，具备于卦爻辞。推敲研究卦辞，可以知道变化，卦象和占法就在其中了。"君子居住下来就观察它的卦象而玩味他的卦爻之辞，行动起来就观察它的变化而玩味它的占法。"懂得卦爻辞，不理解它的意旨的人是有的，但是没有不懂得卦爻辞而能理解它的意旨的。最隐微的是《易》理，最显著的是《易》象。实体和功用同出一源，显著和隐微没有分界。观察和会变通来推行典章礼仪，那么卦爻辞的奥妙必定从浅近的地方开始。轻视浅近的人，不是懂得言辞的人。我所注解的是卦辞，通过卦辞来掌握意旨，就在于人了。

宋元符二年己卯正月十七日，河南程颐正叔谨序。

后期，程颐回到洛阳后又作《易序》一篇，作为学习和研究《程氏易传》的补充。其文如下：

易之为书，卦爻象象之义备，而天地万物之情见。圣人之忧天下来世.其至矣：先天下而开其物。后天下而成其务。是故极其数以定天下之象，著其象以定天下之吉凶。六十四卦，三百八十四爻，皆所以顺性命之理，尽变化之道也。

散之在理，则有万殊；统之在道，则无二致。所以"易有太极，是生两仪"。太极者道道也，两仪者阴阳也。阴阳，一道也。太极，无极也。万物之生，负阴而抱阳，莫不有太极，莫不有两仪，氤氲交感，变化不穷。形一受其生，神一发其智，情伪出焉，万绪起焉。

易所以定吉凶而生大业。故易者阴阳之道也，卦者阴阳之物也，爻者阴阳之动也。卦虽不同，所同者奇耦；爻虽不同，所同者九六。是以六十四卦为其体，三百八十四爻互为其用。远在六合之外，近在一身之中，哲于瞬息，微于动静，莫不有势之象焉，莫不有爻之义焉。

至哉易乎！其道至大而无不包，其用至神而无不行。时固未始有一，而卦亦未始有定象；事固未始有穷，而爻亦未始有定位。以一时而索卦，则拘于无变，非易也。以一事而明爻，则窒而不通，非易也。知所谓卦爻象象之义，而不知有卦爻象象之用，亦非易也。故得之于精神之运，心术之动，与天地合其德，与日月合其明，与四时合其序，与鬼神合其吉凶，然后可以谓之知易也。

虽然，易之由卦，易之已形者也；卦之有爻，卦之已见者也。已形已见者可以言知，未形未见者不可以名求。则所谓易者，果何如哉？此学者所当知也。

**经典语段**

◇ 资生之道，可谓大矣。乾既称"大"，故坤称"至"。"至"义差缓，不若"大"之盛也。圣人于尊卑之辨，谨严如此。（《坤》卦）

今译：万物依赖坤而生成之道，可以说大了。乾既然称"大"，所以坤称"至"。"至"的意义较缓和，不如"大"的强盛。圣人对尊卑的分辨，就像这样严谨。

◇ 未发之谓蒙，以纯一未发之蒙而养其正，乃作圣之功也。发而后禁，则扞格而难胜。养正于蒙，学之至善也。（《蒙》卦）

今译：智慧未开叫做蒙，在心地单纯、智慧未开的蒙时期培养其正确德行，是造就圣人的工作，懂事而后禁止，就抵触而难以完成这项工作。在童蒙时培养正确德行，是教育的最好方法。

◇ 天在上，泽居下，上下之正理也。人之所以履当如是，故取其象而为《履》。君子观《履》之象，以辨别上下之分，以定其民志。夫上下之分明，然后民志有定。民志定，然后可以言治。民志不定，天下不可得而知也。（《履》卦）

今译：天在上，水泽居下，是上下的正理。人们履行的应当像这样，所以取这种形象而成为《履》卦，君子观察《履》卦的形象，来辨别上下的分别，来统一民心。上下的分别清楚，然后民心有所统一。民心统一，然后可以谈到治理。民心不统一，天下不可能得到治理。

◇ 无往不复，言天地之交际也。阳降于下，必复于上，阴生于上，必复于下，屈伸往来之常理也。引天地交际之道，明否泰不常之理，以为戒也。（《泰》卦）

今译：无往不回，是说天地的往来接触。阳降在下，必定返回到上；阴升到上，必定返回到下。这是屈伸往来的常理。借天地往来接触的规律，说明情况好坏不常的道理，以此为戒。

◇ 公侯上承天子，天子居天下之尊，"率土之滨，莫非王臣"，在下者何干专其有？凡土地之富，人民之众，皆王者之有也，此理之正也。（《大有》卦）

今译：公侯上承天子，天子居于天下之尊位，"四海之内，莫非王的臣子"，在下的人怎么敢专有？凡土地的富饶，人民的众多，都是王者所有，这是正理。

◇ 天道至神，故曰神道。观天之运行，四时无有差忒，则见其神妙。圣

人见天道之神，体神道以设教，故天下莫不服也。(《观》卦)

今译：天道最神妙，所以叫神道。观察天的运行，四季没有差错，就可见它的神妙。圣人见天道的神妙，体会神道来设立教化，所以天下没有不服的。

◇ 君子存心消息盈虚之理而能顺之，乃合乎天性也。理有消衰，有息长，有盈满，有虚损，顺之则吉，逆之则凶。君子随时敦尚，所以事天也。(《剥》卦)

今译：君子留心消长盈虚的道理而能顺应它，是合乎天理的。按理有消亡衰竭，有滋生成长，有盈满，有亏虚，顺应它就吉，违背它就凶。君子随时崇尚，就是用以尊奉天的行为。

◇ 女不能自处，必从男；阴不能独立，必从阳。二，阴柔，不能自养，待养于人者也。天子养天下，诸侯养一国，臣食君上之禄，民赖司牧之养，皆以上养下，理之正也。(《颐》卦)

今译：女子不能自处，必须依从男子；阴不能独立，必须依从阳。六二爻，阴柔，不能自我养育，是有待于别人养育的。天子养天下，诸侯养一国，臣子享用君王的俸禄，百姓依赖官吏的养育，都是以上养下，这是正理。

◇ 屈则有信(同"伸")信则有屈，所谓感应也。故日月相推而明生，寒暑相推而岁成，功用由是而成，故曰"屈信相感而利生焉"。感，动也，有感必有应。凡有动皆有感，感则必有应，所应复为感，感复有应，所以不已也。(《咸》卦)

今译：有屈就有伸，有伸就有屈，就是所谓感应。因此日月相推移而光明产生，寒暑相推移而庄稼成熟，功用由此而成，所以说："屈伸相感应而利益产生于中。"感，就是动，有感必有应。凡有动都是感，感就必定有应，所应的又是感，感又有应，因此而循环不止。

◇ 天下之理一也，途虽殊而其归则同，虑虽百而其致则一。虽物有万殊，事有万变，统之以一，则无能违也。(《咸》卦)

今译：天下的道理是同一个，途径虽不同而其归宿却相同，想法虽多而其结论却一致。虽然物有千差，事有万变，用一统摄，便没有能违背的了。

◇ 天地之所以不已，盖有恒久之道。人能恒于可恒之道，则合天地之理也。(《恒》卦)

今译：天地之所以不终止，因为有永恒长久的道理。人能始终立于可以永恒的道理中，就合于天地之理了。

◇ 天地之理，未有不动而能恒者也。动则终而复始，所以恒而不穷。凡天地所生之物，虽山岳之坚厚，未有能不变者也。故恒非一定之谓也，一定则不能恒矣。唯随时变易，乃常道也。（《恒》卦）

今译：天下之理，没有不动而能永恒的。动就终而复始，所以永恒而无穷。凡是天地所生的事物，即使是山岳的坚固厚重，没有能不变的。因此永恒不是静止不动的意思，静止不动就不能永恒了。只有随时变易，才是常理。

◇ 日月，阴阳之精气耳，唯其顺天之道，往来盈缩，故能久照而不已。"得天"，顺天理也。四时，阴阳之气耳，往来变化，生成万物，亦以得天，故常久不已。圣人以常久之道，行之有常，而天下化之以成美俗也。"观其所恒"，谓观日月之久照、四时之久成、圣人之道所以能常久之理。观此，则天地万物之情理可见矣。天地常久之道，天地常久之理，非知道者，孰能识之？（《恒》卦）

今译：日月，阴阳的精粹之气罢了，只因它顺应天道，往来盈亏，所以能永久照耀而不止。圣人凭借永恒之道，实行不变，而天下感化，形成美好的风俗。"观其所恒"，指观察日月久照，四季久成、圣人之道所以能永恒之理。观察这一点，天地万物的情理就可见了。天地永恒之道，天下永恒之理，不是懂道的人，谁能认识它？

◇ 父子之亲，夫妇之义，尊卑长幼之序，正伦理，笃恩义，家人之道也。（《家人》卦）

今译：父子的亲情，夫妇的正当关系，尊卑长幼的次序，端正伦理，使恩义笃厚，就是家人之道。

◇ 夫人有诸身者能施于家，行于家者则能施于国，至于天下治。治天下之道，盖治家之道也，退而行之于外耳。（《家人》卦）

今译：人自身具备的就能施行于家，施行于家的就能施行于国，一直应用于天下的治理。知天下的道理，就是治家道理的向往推广罢了。

◇ 天高地下，其体睽（违背，不合）也，然阳降阴升，相合而成化育之事则同也。男女异质，睽也，而相求之志则通也。生物万殊，睽也，然而得天地之和，禀阴阳之气，则相类也。物虽异而理本同，故天下之大，群生之中，睽散万殊，而圣人能为之。（《睽》卦）

今译：天高地低，他们的态势不同，但阳降阴升，相合而完成造化之事却相同。男女不同资质，是不合，但互相需要之心却相通。事物千差万别，是不合，然而得天地的和谐，禀承阴阳之气，却相类似。事物虽不同而道理本来相同，所以天下之大，众生之多，违背离散，千差万别，而圣人能同样看待它们。

◇　虽在困穷艰险之中，乐天安义，自得其说（同"悦"）乐也。时虽困也，处不失义，则其道自亨，困而不失其所亨也。能如是者，其唯君子乎！若时当困而反亨，身虽亨，乃其道之困也。（《困》卦）

今译：虽在窘迫艰险之中，乐于天命，安于正义，自然得其快乐。虽处于穷困之时，处置不失掉义，则为人之道自然亨通，穷困而不失掉亨通之道。能像这样的，恐怕只有君子吧！如果应当处于困境却反而亨通，身虽然亨通，却是做人之道的困迫。

◇　君子当困穷之时，既尽其防虑之道，而不得免，则命也。当推至其命，以遂乃志。知命之当然也，则穷塞祸患不以动其心，行吾义而已。苟不知命，则恐惧于险难，陨镬于穷厄，所守忘矣，安能遂其为善之志乎？（《困》卦）

今译：君子遇到困穷的时候，已经用尽了防范的办法，而不能免，就是命了。应当推求自己的命，已实现自己的意志。知道命该这样，就不因困穷祸患动摇自己的心，而安心做自己该做的事。如果不懂命，就会艰难时恐惧，困苦时丧气，操守失掉了，怎么能实现自己行善志向呢？

◇　君子之道，贵乎有成，所以五谷不熟，不如荑稗；掘井九轫而不及泉，犹为弃井。[1] 有济物之用，而未及物，犹无用也。（《井》卦）

今译：君子之道，贵于有所成就，所以五谷不熟，不如稗草；井挖得很深了而没有挖到地下水，还是废井。有成就事物的功用，而没有用于事物，等于没用。

◇　推革之道，极乎天地变易，时运终始也。天地阴阳推迁改易而成四时，万物于是生长成终，各得其宜，革而后四时成也。时运既终，必有革而新之者。王者之兴，受命于天，故易世谓之革命。汤、武之王，上顺天命，下应人心，顺乎天而应乎人也。天道变改，世故迁易，革之至大也。（《革》卦）

今译：推移变革之道，莫大于天地变易、朝代更替。天地阴阳之气推移改变而形成四季，万物于是产生、成长、成熟、灭亡，各得其宜，这就是变革而后四季形成。旧时代的气运已经终结了，必定有变革而更新的人。王者的兴起，受命于天，所以改朝换代叫做革命。商汤、周武王成为王，上顺天命，下应人心，是顺于天而应于人。天道改变，世道迁移，是变革中最大的。

---

① "掘井九轫不及泉，犹为弃井"出自《孟子》的《尽心章句上》。掘到六七丈深还没有见水，仍然只是一口废井。

◊ 夫有物必有则，父止于慈，子止于孝，君止于仁，臣止于敬，万物庶事莫不各有其所，得其所则安，失其所则悖。圣人所以能使天下顺治，非能为物作则也，唯止之各于其所而已。（《艮》卦）

今译：有事物必有法则，父亲处于慈祥，儿子处于孝顺，君主出于仁慈，臣子出于恭敬，万物百事无不各有其适当的位置。得其所就安宁，失其所就抵牾。圣人所以能使天下顺从之理，不是能为事物制造法则，只不过使万物各自处在应有的位置而已。

◊ 人之所以不能安其止者，动于欲也。欲牵于前而求其止，不可得也。故艮之道，当"艮其背。"所见者在前，而背乃背之，是所不见也。至于所不见，则无欲以乱其心，而至乃安。"不获其身"，不见其身也，谓忘我也。无我则止矣，不能无我，无可止之道。"行其庭不见其人"，庭除之间，至近也。在背，则虽至近不见，谓之不交于物也。外物不接，内欲不萌，如是而止，乃得止之道，于止为无咎也。（《艮》卦）

今译：人之所以不能安于其停止，是因为被欲念所驱动。欲念纠缠于前而想做到停止，是不可能的。因此停止的办法，应当"止于背面"。所见的在前面，而背却背向它，这是看不见的地方。停止在看不见的地方，就没有欲念来扰乱其心，而停止就安心了。"不获其身"，就是不见其身，指忘我。无我就停止了，不能无我，没有可以停止的办法。"行其庭不见其人"，庭院之间，是很近的。在背面，就虽然很近也看不见，是说不接触于事物。外物不接触，内心欲念不萌生，像这样来停止，就找到了止的办法，在止上面算是没有过失了。

◊ 动静相因，动则有静，静则有动。物无常动之理，《艮》所以次《震》也。（《艮》卦）

今译：动静相依，动就有静，静就有动。事物没有总是动的道理，这就是《艮》卦所以排在《震》卦之后的原因。

◊ 一阴一阳谓之道。阴阳交感，男女配合，天地之常理也。《归妹》，女归于男也，故云天地之大义也。（《归妹》卦）

今译：一阴一阳叫做道，阴阳交相感应，男女配合，是天地的不变之理。《归妹》，是女子嫁给男子，所以说是天地的大义。

◊ 男女有尊卑之序，夫妇有倡随之礼，此常理也。（《归妹》卦）

今译：男女有尊卑的次序，夫妇有唱随的礼节，这是不变之理。

◊ 人处于患难，知其无可奈何，而放意不返者，岂安于义命者哉？（《未济》卦）

今译：人处于患难，知道无可奈何，而执意不回头的，哪里是安于义和命的人呢？

## 第二节 钩深书院 文脉代传

程颐编管涪陵期间，在北岩普净寺辟堂讲学，点燃了涪陵的教育圣火，成就了钩深书院。后来几经扩建，使钩深书院成为古代川蜀大地上最著名的学府，一度成为南宋年间全国四大书院之一，促进了涪陵文化事业的发展。

### 一、北岩十景

程颐在涪陵的栖息地普净寺位于涪陵长江北岸北山坪的北岩，北岩早年为墓地，唐代始建佛寺，普净寺为北宋初所建，遂为当时一景。点易洞、钩深堂等北岩十景俱在此所。

前文对点易洞已有介绍，下面对钩深堂、碧云亭、三畏斋、洗墨池、读画廊、四贤楼、三仙楼、江天独、碧云亭几处遗迹略为介绍。

钩深堂（图 7-3）[①]，即原来的普净寺。程颐编管涪陵，在普净寺辟堂著述讲学。期间，北宋诗人黄庭坚于绍圣元年（1094 年）被贬为涪州别驾、黔州（今彭水）安置，黄庭坚之弟黄知命是涪陵县尉，绍圣四年（1907 年）黄庭坚来涪陵居住达十余月，黄庭坚常到北岩与程颐研讨学问，并亲自为程颐讲学之所题名"钩深堂"。[②] 黄庭坚所提"钩深堂"取自《周易·系辞》"探赜索隐，钩深致远"，是黄庭坚对程颐之严谨治学、精于教学的中肯赞美。从此，钩深堂之名逐渐取代了普净寺，成为钩深书院（北岩书院）的肇始。

---

① 长江师范学院钩深书院 http://baike.baidu.com/view/3252303.htm.2013-6-7。
② 注：中国古籍无标点符号，古人读书治学先识文断句。文章停顿记号称为"句（jù 或 gōu）"、"读（dòu）"，语意完整称为"句"，用"钩"（√）表示，后演变为现在的句号；语气停顿称为"读"，用"读"（.）表示，后演变为逗号。"钩"作谓动词构词的有钩玄（意为"探取奥义"）、钩沉（意为"探求幽深的意旨"）、钩抉（意为"探取抉择"）、钩校（意为"探索实情，加以稽考"）、钩摭（意为"探求选取"）等，均与治学相关。"钩深"之意为：探索幽隐，求取深意，即探取深沉的东西，探索精微的道理，探求深奥的学问。白居易《礼部试策·第三道》有语："虽言微旨远，而学者苟能研精钩深，优柔而求之，则壶奥指趣，将焉廋哉！"韩愈《进学解》有语："记事者必提其要，纂言者必钩其玄。"韩愈《师说》有语："授之书而习其句读"，"句读之不知，惑之不解"等等。

图 7-3　钩深堂

碧云亭（图 7-4）位于点易洞东侧的半山要上，碧云亭始建于宋嘉定年间（1208—1224 年），元代因兵乱毁坏，明代重修。亭额有横额书名"碧云亭"，两侧亭柱有联："看碧云亭新霁初开，一笑仰头出寺，钟声破空去；问黄山谷旧游何处，几回搔首隔江，岚翠扑人来。"该联前有"碧云亭"，后有黄山谷（黄庭坚），点出此景点之由来。另外，于碧云亭隔江望景，确实别有一番情趣，现在，欣赏长江两岸夜景则另多深邃茫远之感。

图 7-4　碧云亭

三畏斋又名不受暑斋，由南宋哲学家，程颐晚年得意门生尹和靖游居涪州时建造，明代被毁，现已复建，门额题有"三畏斋"三字。

洗墨池位于三畏斋的东侧，北宋诗人黄庭坚贬谪涪州时，常登北岩书法情怀，曾在此处刷洗笔砚，现留有"涪翁洗墨池"五个行书大字。清代诗人陈昉有诗为念："分明点书走惊蛇，书法涪翁自一家。濡墨不同头作草，临池想见笔生花。溪光潋荡松烟合，字迹纷挐雁影斜。六曲小桥闲眺望，黑蛟蟠乱云遮。"

读画廊有石刻题记五十余则，我们且欣赏其中之一，朱熹的行书七绝："路转廊回眼界开，山环水转绕城来。楼台远树烟中断，风雨春帆日暮回。笔法云林翻旧谱，诗情摩洁费新裁。嘉陵粉本天然绘，指向吾曹子细猜。"

四贤楼在钩深堂文庙内，是纪念程颐、黄庭坚、尹和靖、谯定四位前贤的处所，南宋嘉定年间（1208—1224 年），由涪州郡守范中武所建。

致远亭位于北崖三畏斋的右侧，亦是州守范仲武于南宋嘉定年间创建。

三仙楼在北岩东侧，是为纪念唐代涪州三仙：尔朱真人（尔朱仙）、兰真人（兰冲虚）、王帽仙（王念溪）所建。

江天独坐轩建于宋，明代多次维修，毁于清。

现在，以点易洞和钩深堂为主体的点易园已成为涪陵重要的人文旅游景区，是人们游览观光、学习传统文化的好去处。

## 二、文脉绵延

北宋绍圣四年（1097 年），程颐谪居涪陵在普净寺辟堂注《易》讲学，开北岩讲学之风，为实质研究与教学场所，是为"北岩（崖）书院"之始。

北宋元符元年（1098 年），黄庭坚在此题写"钩深堂"三字，为"钩深书院"之名来源。

绍兴五年（1135 年），涪州太宁赡建"伊川先生祠堂"于普净院之上。

嘉定元年（1208 年），涪州牧范仲武又添塑程颐像供祀，并建致远、碧云二亭。

靖康年间，程门晚年高徒尹焞避难来涪，于北岩建"三畏斋"研读易学。

南宋嘉定十年（1217 年），涪州知州范仲武扩建钩深堂，并于此建北岩书院。复有"四贤楼、三畏斋、三仙楼"的兴建。过往达官显宦，名流学者等频来瞻吊，繁盛一时，与东湖、濂溪、象山等书院齐名。

从学于朱熹的涪州人晏渊主讲北岩书院二十余年，使北岩书院得以较快发展而名声大震。

1251—1255 年，川东学者阳枋主教北岩书院。[①]

元代，钩深书院毁于战争，在胡昭曦所著《四川书院史》中元代没有钩深书

---

① 胡昭曦著：《四川书院史》，成都：四川大学出版社 2006 年版，第 69—70 页。阳枋（1187—1267 年），合州巴川（今重庆铜梁）人，世称字溪先生，学术为朱熹嫡传。从嘉熙二年（1238）起，因蒙古攻蜀所扰，阳枋先后避地南川、清溪、夜郎、泸南等边远地区。川东局势稍安，乃应蜀守余玠之请，分教广安，再任绍庆（今重庆彭水）学宫，辞白鹿洞山长、竹林书院山长之请。累任省试别官考官。65 岁时（1251），主教北岩书院。69 岁（1255）后，因年老和避蒙古兵锋，先后随子就养于嘉定（今乐山）、涪州、荆州（今湖北江陵）白水镇、峡州（今湖北宜昌）至喜亭、桃源（今湖南桃源）广溪。79 岁（1265）白夷陵（今湖北宜昌）还蜀，81 岁病逝。

院（北岩书院），钩深书院有可能停办。[①]

明代，钩深书院没有重建。[②]

到了清乾隆九年（1744年），知州罗克昌捐资重建，改北岩书院为钩深书院。经历元明两代的停办，北岩重新恢复书院功能。

清嘉庆八年（1803年），知州李炘又增修书院，此时钩深书院已经具有相当规模，成为川东著名书院之一。

清光绪二十八年（1901年）添斋增舍创办"涪州官立师范中学堂"，始兴新学。

1905年以该书院为基础建立涪州官立中学堂。

民国元年（1912年）涪州官立中学堂改名为涪陵县立中学校。

1930年秋涪陵县立中学校始办高中。

1931年修茸校舍，又在此建立"涪陵县立乡村师范学校"，首任校长钟伯良。

解放后，涪陵县立中学校几经变迁，于1952年秋命名为"四川省涪陵中学校"。1955年高中部迁往乌江边群沱子。

2009年4月，长江师范学院继承弘扬传统教育之精华，组建了长江师范学院钩深书院，作为人才培养模式创新实验首端平台，实施大学通识教育。2009年9月首批大学本科新生入院修习。钩深书院秉承传统书院治学旨趣和理学遗风，追求"自由、理性、快乐、和谐"的教育文化，推崇"学子自学—师长答疑—学友辩论—躬身实践"的教学模式，凸显"学会做人，学会认知，学会合作，学会生活，学会社会担当"的教育目标，构建"基础性、通识性、前瞻性、开放性"课程体系，培养大学生的公民素养、认知素养、生存素养和专业素养，引导大学生了解自我、了解时代、了解社会、了解学习、了解未来可能的生活并为之进行广泛的准备。

由程颐辟堂讲学而形成的钩深书院对涪陵其后文化特色的形成和发展起到了重要作用。相信，在新的历史时期，钩深书院将会对涪陵的文化发展做出新的贡献。

---

① 胡昭曦所考元代四川（含重庆）书院共11所：剑州2所（文贞、亲民）、绵竹1所（紫岩）、射洪1所（金华）、眉州1所（东馆）、成都5所（石室、石室、石室、草堂、墨池）、忠州1所（龙虎）。胡昭曦指出，川东地区书院较少，反映出宋元战争在这一带拖得很久、结束最晚局面的影响。

② 据胡昭曦考，明代涪陵境内有两所书院，一所是白云书院，位于现重庆市涪陵区治南120里凤凰山；另一所是琴堂书院，在现在涪陵区大山乡。参见胡昭曦著：《四川书院史》，成都：四川大学出版社2006年版，第86页。

# 第八章  著书讲学  伊川书院

从元丰五年（1082 年）程颐创办书院，完成洛学体系的构建，到光绪三十二年（1906 年）书院改制，伊川书院经历了 825 年的风风雨雨，虽然期间多次遭遇战火而几经荒废，而一旦政治基础稳定后，统治者又不断地加以整修和扩容，使得洛学的薪火在书院中得以世代传递，对维护理学的权威和支撑地方社会教化发挥了不可替代的作用。

——赵国权：《洛学的发源地——伊川书院考略》

## 第一节  伊 川 书 院

伊川书院位于河南省伊川县鸣皋镇，该地南望九皋山，九皋山有浓厚的儒家文化积淀，儒家弟子认为九皋山离天最近，故有"天室"之说。2000 多年前，秦始皇"焚书坑儒"，孔子第九代孙孔鲋背着大批儒家经典，跋山涉水，来到九皋山隐居，使大批儒家经典躲过一劫，因此九皋山对儒家经典的保护有着光辉的一页。而伊皋的东面临伊水，《诗经》有"鹤鸣九皋，声闻于天"，故获"鸣皋"殊名。伊川书院原名"伊皋书院"，又称二程书院，与嵩阳书院、应天书院并称中原三大书院。①

---

① 李银刚：《伊川书院史话》，《神州大观》2002 年第 09 期，第 35 页。

## 一、历史沿革

### 北宋伊皋书院创立

1082 年，即宋神宗元丰五年，这一年程颐 50 岁，与其兄程颢一同居洛讲学，声震中外。为了更加便于著书立说、改造儒学，也为了进一步扩大办学规模，多出人才，程颐向好友文彦博求著书之所，文彦博此时"以太尉复判河南府"。程颐原要求将洛阳城南二十里处的龙门山胜善庵上方寺旧址拨给他，文彦博却以自己的鸣皋庄园，一处更宽裕之地相赠，足见二人交情之深，这也成就了古代官员捐资办学的一段佳话。

程颐《上文潞公求龙门庵地小简》的内容为："颐窃见胜善上方旧址，从来荒废为无用之地。野人率易，敢有干闻，欲得葺幽居于其上，为避暑著书之所。唐王龟构书堂于西谷，松斋之名，传之至今。颐虽不才，亦能为龙门添胜迹于后代，为门下之美事。可否，俟命。"[1]

文彦博的复信内容为："先生斯文己任，道尊海宇，著书立言，名重天下，从游之徒，归门甚盛。龙门久芜，虽然葺幽，岂能容之？阙南鸣皋镇，小庄一址，粮地十顷，谨奉构堂，以为著名讲道之所。不惟启后学之胜迹，亦当代斯文之美事。无为赐价，惟简是凭。"

于是，程颐在此创建了"伊皋书院"。程颐之孙程晟记载了当时书院建筑与学田情况："正房五间，伊川祖著书之所。东房三间，西房三间，门弟群居。大门一间，匾曰：'伊皋书院'缭以崇垣。田十顷，税粮三十石，乡人稞以耕种，除纳粮外，出稞以供弟子饮食衣服之用"。[2]

可见，当时程颐所建伊皋书院研究与教学功能兼具，为其著书和讲学提供了良好条件，也为当地教育的发展注入了活力。书院兴办之初，弟子四方云集，二程"讲易传、授理学"，弟子有"如坐春风"之喻，求教者日夕盈门。一时伊皋书院声名大振，成为洛学胜地。[3]

北宋靖康元年（1126 年）十月，金兵攻陷洛阳，伊皋书院被毁，金占期间书院没有重建。

### 元朝重建，赐名伊川书院

元代推崇儒家文化，对其相关机构，鼓励设立和保护书院。中统元年（1261年），元世祖忽必烈曾下诏："宣圣庙及管内书院，有司岁时致祭，月朔释奠，禁

---

① （宋）程颢 程颐著，王孝鱼点校：《二程集》，北京：中华书局 1981 年版，第 601 页。
② 程鹰等：《二程故里志》，开封：河南大学出版社 1992 年版，第 16 页。
③ 李银刚：《伊川书院史话》，《神州大观》2002 年第 09 期，第 35 页。

诸官员使臣军马，毋得侵扰亵渎，违者加罪。"① 至元二十八年（1291 年）又下诏："先儒过化之地，名贤经行之所，与好事之家出钱粟赡学者，并立为书院。"② 由于元代的文化政策，加之当时程颐的崇拜者勖实戴父子的持续努力，沉寂近 200 年的伊皋书院再获新生。

元大德九年（1305 年），元朝炮手总管勖实戴率兵镇守鸣皋，因拜读二程著作，受益匪浅，遂改名"士希"，并筹资重建伊皋书院。重建后的书院较前之规模有所扩展，建有门庑、庖厨、讲室等，尤其是尊设先贤先圣之像，列传道诸儒之位。在书院中"盖上以奉先圣先师，其殿庑，东则以祀程夫子兄弟及濂溪、康节、横渠、温公、南轩、东莱、晦庵九先生，西以祀鲁斋许文正公"。③ 可见，书院不仅教学内容以传承理学为主，且为生员所打造的学习环境，包括所供奉及祭祀的人物也都是理学圈内的名师巨儒。随后，士希之子慕颜铁木，于书院东北角增建稽古阁，藏书万卷为书院教学提供了便利。④

元延祐三年（1316 年），慕颜铁木赴京请赐书院额名，受到朝廷嘉许，元仁宗赐额"伊川书院"。即命翰林直学士友谅撰文诸石，集贤学士赵孟頫书丹，参知政事郭贯篆额，立碑为念。自此已经有 200 多年历史的伊皋书院更名为"伊川书院"，彰显了程颐及其书院在理学发展中的重要地位，也使书院获得新生与中兴。元至顺元年（1330 年），元文宗褒奖二程为豫国公和洛国公，赐学田十顷，给书院敕浩碑两通，进一步促进了伊川书院的发展。

元末，伊川书院再次毁于战火。后人为纪念勖实戴复建书院的善举，曾在伊川书院院内建"克烈公祠"以示纪念。而现存的"敕赐伊川书院"碑更是这一历史的见证者与讲述者，碑文如下：

### 敕赐伊川书院碑

薛友凉　撰

赵孟頫　书

郭贯　篆额

圣天子继统御极，四方无虞，专务以文德化天下，惟洛邑土厚俗淳，恪于用命，不数岁，家户诗书，庠序之教大行。是以两程夫子故里在迩，瞻望乔木，孰无高山仰止之思，而明德新民之学，日以兴盛。

伊川鸣皋镇炮手军总管勖实戴，读《易传》，读《遗书》，坚苦刻励而有

---

① （明）宋濂：《元史》本纪第四，世祖一。转引，赵国权：《洛学的发源地——伊川书院考略》，《江西教育学院学报》2010 年第 04 期。

② （明）宋濂：《元史》志第三十一。转引，赵国权：《洛学的发源地——伊川书院考略》，《江西教育学院学报》2010 年第 04 期。

③ 李耀曾主编：《伊川县志》，郑州：河南人民出版社 1991 年版，第 567 页。

④ 赵国权：《洛学的发源地——伊川书院考略》，《江西教育学院学报》2010 年第 04 期，第 109 页。

得焉，乃更名曰：士希。尝语："人之生也，天与之至善之性，苟不为物欲所蔽，操存涵养，真积力久，去圣贤之域，夫何远哉！吾儒读书学道，必以成己成物为第一义，每欲礼聘师儒，合里之俊秀教养之。使知圣门义礼之学以口传，方今开设学校，作新士类之美意"。于是伊川书院立焉，募工鸠役，皆由己资，十年乃就。先圣先贤之象设，传道诸儒之位序，门庑、庖厨、讲室、库庾，举皆如制经营，颠末已尝记之。

其子慕颜铁木，复起稽古阁，贮书万卷。延祐三年春三月，他来京师，谓友谅曰："先生闻道晚而为学力，其于勉励后进之志，老不自已，所创书院，倘获上赐之名，庶其不朽"。友谅因为集贤大学士俯言之，俯遂以闻。上嘉之，且曰："力役之大，材用之广，成于一家，诚不易得也。"宜赐额，曰"伊川书院"。其命翰林直学士谅撰文诸石，集贤学士赵孟頫书丹，参知政事郭贯篆额。臣友谅谨再拜，稽首奉诏。呜呼！士希培植人才之心，慕颜铁木继承前人之美，皆甚盛也。而非圣天子慨然俞音，彰厥成绩，则来游来歌之士，亦何所观感兴起哉！是举也，岂徒河洛多士之幸？实世道之幸也！感叹不足而歌之曰：

> 天王垂拱天九重，一家四海车书同。
> 洛邑奥区天地中，乡庠术序俗可封。
> 伊川发源昼夜东，东归洙泗犹朝宗。
> 先贤之传后所崇，士希志学能反躬。
> 人生而静由降衷，莹然妙理恒照融。
> 斜思一动万欲攻，养正乃得成圣功。
> 欲将此说开群蒙，倾囊倒困兴学宫。
> 圣人像设申申容，传道诸儒俨以恭。
> 春秋释菜廪饩丰，贮书有阁高凌空。
> 乃止肯构成厥终，延师聚徒鸣鼓钟。
> 齐鲁一变鸣皋风，焉知主善无王通。
> 焉知来游无轲雄，他时取材预登庸。
> 补禅治道三代隆，大臣含香闻帝聪。
> 深嘉此举心何公，集贤老笔摇长虹。
> 大书恩纪碑穹窿，百千其龄垂无穷。

### 明代再续斯文

明永乐年间，河南佥事刘咸集资重修伊川书院，使伊川书院再续斯文。

明永乐十四年（1416 年）秋，河南佥事刘咸出巡伊洛，道经鸣皋，目睹战火之后的伊川书院惨景，伤感之情悠然而生，赋诗曰："伊川书院在鸣皋，古迹荒凉半野蒿。拜谒徒增今日感，重修深仰昔人劳。可怜俎豆经时废，无复宫墙数仞高。寄语河南诸博雅，青毡勿吝一除毫。"①为再续理学传统，刘咸率先"尽出廪资"，与河南府、嵩县官员士绅共同修复了伊川书院。修复竣工之后，为避免不被后人重视而再度荒废，刘咸又命有司择专人看护。关于这次修复伊川书院，现有碑刻为证，碑文为：

## 伊川书院碑记

### （明）刘咸

永乐丙申秋，余自西川调至河南间，尝出巡伊洛，过程夫子之乡，往往访寻遗迹而不可得百一，道经鸣皋，见苍莽荆棘中，败屋岿然，无门墙口钥以为限，因取建造之至，则萝丛纷翳，兽蹄鸟迹交乎其中，有像设遗绘灭不可得辨，摩挲石刻而读之，然后知为元敕赐伊川书院，盖上以奉先圣先师，其殿庑东则以祀程夫子兄弟及濂溪、康节、横渠、温公、南轩、东莱、晦庵②九先生，西以祀鲁斋许文正公，而其文实翰林直学士薛友谅所撰，其书实赵文敏公之笔也，因再拜其下，发为一诗，以示河南诸学官，或有以与新之春。后予以公务所羁，足迹弗及，再至，距今又七八年，予向之所冀者，竟无一人义举，而其倾坏，视昔所见尤甚也。予乃尽出廪资以付河南府经历解希渊、嵩县知县吴祥，俾特以为谋，始计而郡中官属，教授杨旦以下，闻予兹举，亦皆欣然割俸以相厥役，未数月殿庑像设，焕然一新。工既讫，予又恐夫继今者或忽其事而莫之重也，乃命有司择谨厚者一人复其家，俾守之。而因以书其事始末于石，庶俾后人念其成之不易，相与扶翼，以保其勿坏。

明末万历年间，程氏子孙请求将北宋文彦博赠粮田十顷归还书院，却没有结果，致使书院再一次荒圮殆尽。③

### 清代持续发展

清代统治者对书院的政策先是限制与笼络并用，后是发展与加强控制相结合，最终要将书院由"外在"变"内在"，纳入政府整个文化教育体系之中。这种政策导向对各地书院的发展影响很大，也使得伊川书院争取到较多发展的机遇

---

① 程鹰等：《二程故里》，开封：河南大学出版社1992年版，第33页。
② 濂溪为周敦颐，康节为邵雍，横渠为张载，温公为司马光，他们与程颢、程颐被朱熹称为北宋道学"六先生"。"道学"是与王安石"新学"同时兴起而对立的学派。北宋道学的代表人物，按照朱熹较早的意见，是周敦颐、程颢、程颐、邵雍、张载、司马光等"六先生"（朱子大全卷八五六先生画象赞）；但朱熹在乾道九年（公元1173年）所撰叙述"道统"的伊洛渊源录，因了洛学的门户之见，又将司马光除去，所余五人即所谓北宋五子。张栻（1133年9月15日—1180年3月22日）字敬夫，一字钦夫，又字乐斋，号南轩，世称南轩先生，南宋汉州绵竹（今四川绵竹县）人；吕祖谦（1137年4月9日—1181年9月9日），字伯恭。原籍寿州治今安徽凤台，生于婺州（金华）。后世称吕祖谦为"东莱先生"。张栻（南轩）、吕祖谦（东莱）、朱熹（晦庵）三人时称"东南三贤"。
③ 赵国权：《洛学的发源地——伊川书院考略》，《江西教育学院学报》2010第04期，第109页。

和空间。①

康熙十五年（1676年），生员朱朗偕同本镇诸生重修大成殿。

康熙二十七年（1688年）春，时任嵩县知县徐士讷②邀集士绅，在嵩阳书院建祠三楹，专祀洛学的缔造者明道、伊川两先生。第二年春完工，徐士讷撰写《伊川书院两程祠记》，由儒学教谕李滋书丹，儒学训导王念来篆额，刻碑立于伊川书院，永为纪念。

## 伊川书院二程祠记③

赐进士第出身知嵩县事

升任山东济宁州知州淳安后学徐士讷　拜撰

儒学教谕苏门后学李滋　书丹

儒学训导午阳后学王念来　篆额

兴学育才之地，榱坏垣崩，草菜榛莽，至久废不举者，虽曰物力而人心居半焉。盖司土者视为所指，设铎者视为邮设，学士大夫视为公所，故任其倾圮蔽坏已矣！嵩邑为两程夫子之故里，"伊川书院"则元炮手军总管克烈士希，读先生《易传》、《遗书》有得而兴起者也，自元迄今，其地之或废或兴，岂尽运会使然？亦视乎其人以为兴废耳！

丙寅夏，余承乏兹土，访前贤之遗迹，溯伊洛之渊源，甫至之日，即思为修复之举，而疮痍满目，哀鸿遍郊，迫于时势，弗遑中止。今虽稍获苏息，而地荒俸微，又不敢以片瓦一椽之费，重属吾民乃与司铎奕倩李先生，心一王先生，集绅士而告之曰："二氏之徒，崇尚其师说，凡有所建置，赴之不遗余力，而育才之宫，讲学之地，反任其獯颓倾废，其真二氏之祸福足以动之耶？抑亦圣人之道不明，而吾人之信道而未笃耶？两程夫子当圣远学湮之日，屹然身任斯道之重，明绝学以绍来兹，使圣人之道，灿然复明于世，则洛学之传，其有关于世道人心大矣！考邑乘所载，伊川书院中九贤并列而无专祠，非后起之责而谁责哉？吾人试思平时之所谓法者，不专于举业祠章，而实责之以圣贤之学，则必出其中口前笃者以羽翼斯道之存，区区美墙之地，其颓然而缺然者，何难一旦而轮换之乎！"诸绅士乃慨然思国，奋然而起，重其事，

---

① 赵国权：《洛学的发源地——伊川书院考略》，《江西教育学院学报》2010第04期，第109页。

② 徐士讷（生卒年未详），字恂若，清淳安黄金里人。康熙十五年（1676年）举进士，授河南嵩县知县。任职期间，革除一切"无名杂派"，并且勉勤治懒，"耕者竞劝"；兴建伊川书院，更设义学。亲自讲学，听者甚众，三年便化行讼息，百姓爱戴。以政绩卓著升为山东济宁知州。时值黄河大水，饥荒严重。士讷亲捐俸禄以倡赈，使全州富户也解囊赈济饥民，受益者10余万人。其他如定市价、惩凶尤、逐流娼，善政毕举。济宁之南有牛头河，纳南旺诸水，下绝鱼台，黄河每一决口，诸闸淤塞失修，济宁南乡地势低洼，时被水患。故士讷详情申请浚河，并亲自督理，工程已完成十之七，终因劳累过度，死于任上。士讷为官清廉，工部尚书汤斌称之为海内第一廉吏。人称其诗"有笔力，不事摹拟"，著有《亦种堂诗集》5卷。

③ 程鹰等：《二程故里志》，开封：河南大学出版社1992年版，第22页。

鸠工庀材，兴工于戊辰之四月，落成于己巳之三月，新建祠三楹，专祀明道、伊川两先生，以重洛学。

大清康熙二十八年岁次己巳闰三月立石

康熙二十九年（1690 年），河南知府汪楫景增修伊川书院大门、二门和周围墙垣，并作《重修伊川书院记》，对程颐和洛学高度赞扬，该文内容如下：

## 重修伊川书院记

河洛贯穿天地间，图书出焉。圣人则河图以作，易则洛书以序，畴而千古为学之统，是河洛者学之大源也。自洙泗扬其波而流或息，由孟子而后，历千三百有余岁，而二程夫子始生，亲承濂溪太极之秘，倡明绝学，会张邵诸子皆聚于伊洛之间，说者谓伊洛之讷，道学所会，故东都建两程夫子书院，特以伊洛名是河洛学之源，而伊洛文学之归矣。伊川先生晚年迁居龙门之南，文潞公为置田千亩于嵩之鸣皋，先生玩易其地，此伊川书院所由始也。尹彦明有云：“先生践履尽易，平生用意惟在易传，求先生之学观此足矣。”而河图洛书俱统备于《易传》之中，然则伊川书院之所系于学为何如也。宋南渡后，仅存废址。元统制克烈士希，读先生《易传》有得，复为营建，元末兵毁。明万历时，程氏子孙求潞公所为置田千亩者，至于土人讼经年不解，田竟不可问，书院荒圮殆尽。康熙己巳，余有事嵩庐间，过两程故里，访先生讲学之地，惟短碣存道左，询之教谕李滋，言书院只余废宇三楹，祀子主其中，伊川讲席貌不可识矣。方创建两程祠，土人犹恐祠成而追其田，为之晓晓不止也。嗟乎！自宋而后，世代屡更，所谓千亩之田，不知阡陌，其主岂可复问，顾因田不可复而并废其祠，虑祠成而更求其田，皆惑也。且伊川者，万世之伊川，书院者，天下之书院，程氏不得而私之，其子孙又乌得闻之！吾人读先生之书，身历过化之地，讵表彰之功，甘居士希下耶！为修复而书其略于石，用解土之惑，且以告吾徒之学于斯者，志河图洛书之学必先之于伊川，由伊而至于洛，由伊而至于河，庶几百川学海而至于海也哉！

康熙四十六年（1707 年），生员朱师程捐资偕本镇诸生加以再修大成殿，过了两年，又将棂星门修葺一新。雍正五年（1727 年）至雍正六年（1728 年）在康班光的倡导下再修大成殿等建筑。雍正六年（1728 年）八月二十八日立于一处书院的《重修大成殿棂星门两程祠碑记》记载了这几项工程的兴修经过，指出“学宫兴废”是有关“士风隆替”的大事，内容如下：

## 重修大成殿、棂星门、两程祠碑记①

伊川书院，创于元克烈公。旧制廊庑鳞次，岁久遗址尽泯，惟大成殿、两程祠长存。迄今四、五百年，不知几为修缮，要皆五里绅士之责。前朝姑第弗课考，国朝康熙十五年生员朱朗偕本镇诸生，重修大成殿。有数年，生员蒋柱国偕本镇诸生，重修两程祠。嗣是三十余年，风雨飘洒，雀鼠剥蚀。大成殿栋宇，又渐损废。生员朱师程，白其事于邑侯，两学师偕本镇诸生合力而敬易之。越二年，并棂星门亦重新之。此康熙四十六年至四十八年事也。

其后，夏多雨，两程祠被水浸灌。不数年，四壁颓陷欲坠。生员康班光同诸生议修。顾捐助虽烦众力，而经理尤贵得人。生员朱学程、杨帝楫、程溥、宫朴云、康廷光五人身任之。鸠工庀材，卜吉兴筑，尽撤其旧，务令完固。役起于雍正五年，告竣于次年之夏。与大成殿、棂星门俱焕然改观，无忧茂草之鞠矣！

盖学宫兴废，关士风隆替，未镌片石，垂世来兹，则后起者何所考据？谨盥手恭勒，略志其颠末云。

雍正六年（1728年）八月二十八日

乾隆四年（1739年）嵩县官员在伊川书院增建房舍，拨学田十顷作为书院经费。

乾隆二十二年（1757年）知县张顾鉴报呈河南府，将书院迁移至嵩县城内，与乐道书院合并，仍称为伊川书院。之所以这样做，大概是基于以下几个方面的考虑：

一是交通不便，"因僻处乡村，势难亲临考课"，"虽延师设教，历年咸就，民居迁移无定，官不能按时远历，徒循书院之名，无补设教之实"；二是生源问题，"查卑县诸生内，勤学之士率多贫寒，非优给膏费，实难住院专心讲贯"；三是学校布局问题，"查卑县现在四乡设立社学三十四处，鸣皋即居其一"。但无论什么原因，都是要利用书院和理学来加强地方教化，从而达到"以一规模而收实效"之目的。合并之后，将"控案无粮瘠地"二十四顷划归书院，且"酌减租稞"。②

乾隆三十一年（1766年），知县康基渊捐资修整书院。这次建造了藏书楼，增修书室十间，改建了大门、厨房等，并立学规、设山长、成立院董会，使书院设施和管理更加规范，加之裁并后经费十分充足，扩大了教学规模，原拟录生童住院肄业30名，又请录取"有志向学而贫寒舌耕不能住院者"20名，按月会课，每年各酌与膏火银两以资鼓励。使得伊川书院盛极一时。其间，伊川书院改办社学，

---

① 程鹰等：《二程故里志》，开封：河南大学出版社1992年版，第21页。
② 赵国权：《洛学的发源地——伊川书院考略》，《江西教育学院学报》2010第04期，第109—110页。

乾隆五十一年（1786年），嵩阳知县宋克阅重修克烈士希祠，并撰文《重修克烈公祠及围垣碑记》，立碑于原址院内。

关于伊川书院迁入嵩县与乐道书院并院一事，乾隆三十年所刻《改建伊川书院记》碑对此进行了介绍，碑文如下：

### 改建伊川书院记

嵩阳之建书院自乙未岁始，赐名"乐道"，又名"伊川"，以先名伊川于鸣皋也。夫学者远师孔孟，近宗程朱。而"乐道"其宗邈矣。伊川先生迁龙门之南，定居陆浑，于嵩当地也。我宗宪皇帝命省会设书院，颁赐帑金，乘资膏火。我皇上御极先命，慎延讲席，选择生徒，于是有司设书院于治城，以勤于考课。尊时制为然也。克烈士希镇鸣皋建书院于其时则宜，另专嵩城则又以为非制。伊川者嵩人士，所以重学孔孟者，伊川以为阶梯，非徒美书院以名也。胡康侯之言曰："先生之为于'易'，则曰'理以明象，而体用之一源'。语'春秋'则见诸事而圣人之大用于诸经。于孔孟则发其微旨。而求仁之方，进德之序，先生之行则忠诚动于川里，孝悌显于家庭。辞受取舍非道义一芥不取，禄之千锺不顾也。"朱文公曰："先生之条定太学，以为学校之礼义，相先之地而同使之争，非教养之道也。讲考试为课，镌解额已去利诱，厉行检以厚风教，如是者数十条，余学者幸甚。"先生之居守礼，旋读《遗书》宜何如之肃法。丙寅（1746年）夏，便即县城。书院增学舍十六间，招致生徒五十余人。详并鸣皋书院地亩，又查出绝业若干顷，月给膏火。捐资经史数十种，并建藏书楼于东侧。俾诸生徒师讲贯致"乐道"，伊川亦大游其中者，遵闻行知而得于伊川先生及与行焉。若惟是工文词待期捷获而已。则又贪利禄而不贪道义，要作贵而不作好人者，岂惟负朝廷造士之盛心，抑亦伊川所弃。而书院之在县城如鸣皋也。或曰："鸣皋书院在若何？"予意之曰："有社学焉！"

赐进士出身、文林郎、知嵩县事、乙酉科河南乡试同考官加五级记录唐基渊撰文

敕授修职郎、原任彰德府临漳县候补吕嗣文书丹

乾隆三十一年（1766年）岁次丙戌谷旦

书院改制后的伊川书院

光绪三十一年（1905年），书院改制。嵩城城内的伊川书院由程膏田改建为嵩县官立高等小学堂，鸣皋镇伊川书院原址于光绪三十二年（1906年）被当地秀才、同盟会会员蒋峨改建为嵩县公立高等小学堂。

1911 年辛亥革命后嵩县公立高等小学堂改为鸣皋完全小学。

1952 年，鸣皋完全小学迁至鸣皋镇东城隍庙内，名为"鸣皋小学"，即今鸣皋镇中心小学。

原址后又建中学，苍桑变迁，几易其名，最后办学机构名为伊川县第四高中，现已出伊川书院，留下空院一所。

历史往事，尘烟飘缈。但是千年以来，伊川书院这块神秘幽深的沃土上，一直保持着文化教育的连续性，这在中国教育史上，也属罕见。据说，在二程建书院之前，这里曾是鸣皋镇的孔庙。于此说来，伊川书院的建立与发展也是顺应历史潮流，承前启后了。"敕赐伊川书院碑"巍然屹立，铭记了古人求学尊师之精神，大成殿坐北朝南，记载着经久不息的教育弦歌；千年古桧柏苍翠葱茏，见证了伊川书院的生息与荣辱，坚定地守护着一代又一代的传人……[①]

## 二、书院现状

2013 年 9 月 5 日，我来到伊川县鸣皋镇打探我心仪已久的伊川书院。经村民的热情介绍和引领，我到了伊川书院，院门（图 8-1）紧锁，除了门上春联中残留的"程家教育"、"鸣皋书院"等词语之外，从院门和院墙外面再也看不到任何与伊川书院相关的标志了。我怀疑自己走错了地方，于是再次向多位村民打听，他们都说这就是伊川书院，程颐当年办学的地方。没有门缝，看不到院里的任何东西，退而上望，有棵高树让我希望再燃，几经周折、深入探访，终于在附近街道

图 8-1　伊川书院院门

---

① 李银刚：《伊川书院史话》，《中州古今》2002 年第 05 期，第 36 页。

上的农资销售点找到了伊川书院的义务看门人（受县文物馆委托），她告诉我用哪
把钥匙开门，我担心书院里的物品安全问题，问他们是否去人，她说都是参观者
自己去。这样，我自己打开了大门，怀着疑惑的心情独自走进伊川书院。

最先映入眼帘的是绘有毛主席画像（图8-2）的迎门墙，画面上"忠诚党的教
育事业——毛泽东"两列字依稀可见，可以想象这里曾是共和国的教育机构，为
教育事业做过贡献。小树、荒草、碎砖块是院中之景。走过迎门墙，千年古树、
房舍、石碑就展现在眼前了（图8-3）。

图8-2　伊川书院毛主席图

图8-3　伊川书院

这棵千年古树为程颐所载，它是这座书院忠诚的守护者，树身上有河南省人
民政府颁发的"身份证"，由此可知该树的基本信息：国家一级古树，编号：豫

C2026，树名为刺柏，属柏科、圆柏属，截止颁证的 2009 年树龄为 930 年。树下有简单的祭祀用器皿，从残香、香灰、纸灰等可以看出不断有客人来此祭拜。

残破不堪的东西屋依然立在两侧。树前两则各三间，树后两侧各三间，树后的东西屋的前墙与树前东西屋的后墙基本一致。之前，树后面很可能又是一进院，经考证确实如此。房子均没有名称标识，也真是名副其实的危房。走进去，可以看到墙上有课程表、作息时间表等学校常有的标志。

与刺柏相邻的就是元代所立的"敕赐伊川书院碑"，这一碑一树可谓伊川书院的说明书。在他们的后面就是清代所修建的大成殿（图 8-4）了，三间大成殿在院里颇显干净、规整。可以看出墙壁是经过修整的，整座大殿的里里外外除了残存的春联蕴含着"书院"之意外，再也找不到任何与大成殿相关的标识。整座伊川书院中，除了春联和难以辨析的碑文之外，也没有任何与伊川书院相关标识。整个院落残破、荒凉的景象与伊川县正在兴建的占地 350 亩的"程林文化园"真是不可同日而语。人们对这个曾经的文化圣地的关注可能少了些，如果对这里的关注多些，哪怕是在此建所小学或是设置为镇（村）文化大院，也能为当地教育和文化的发展继续做出贡献，也能把弘扬传统文化落到实处……

图 8-4　伊川书院大成殿

# 第二节　著书讲学

关于程颐在鸣皋构筑书院的时间，学界一般认为是在宋神宗元丰五年（1082年）文彦博赠地和宋徽宗崇宁五年（1106）程颐自伊川鸣皋迁居嵩县陆浑山的 24

年间。这期间除去随兄扶沟，东京崇政殿说书、编管涪陵等外地寓居经历及其在洛阳履道坊书院、嵩阳书院等处讲学之外，程颐大部分时间均在鸣皋著书讲学。"自程颐创建伊皋书院至去世的 20 多年间，他长期在书院著书讲学，其思想体系和著述大多在鸣皋书院完成，故被称为'伊川先生'。"①

上文《重修伊川书院记》中所载："伊川先生晚年迁居龙门之南，文潞公②为置田千亩于嵩之鸣皋，先生玩易其地，此伊川书院所由始也。""伊川迁居龙门"一事，目前一般认为是程颐涪陵编管结束回到洛阳后，迁居龙门的，时间为宋徽宗崇宁二年（1103 年），而宋徽宗崇宁四年（1105 年）离开龙门到伊川书院讲学，宋徽宗崇宁五年（1106 年）迁居陆浑。关于这段记载史料比较充分，《续资治通鉴》卷八十八、《二程集》和《道命录》第二卷均有记录。如果仅以这次为准，程颐在伊皋书院著书讲学的时间则不足两年。不过略加考证，这种说法就会被推翻：文彦博与程颐父亲程珦是一代人，在程颐贬赴涪陵编管的宋哲宗绍圣四年（1097 年）文彦博已经去世。等程颐编管回洛不可能再得到文彦博赠送的庄园，即令早先有约，可是在一年左右的时间里也难以建成书院。再者，程颐此时也没有过多精力去创建书院。除非程颐迁居龙门另有其他时间，不过目前还没有相关资料可以佐证。因此，本书维持程颐在鸣皋著书讲学时间在 1082 年和 1106 年这 24 年之间的说法。

## 一、著书立说

程颐在《上文潞公求龙门庵地小简》中说"为避暑著书之所"，可见，著书是程颐除履道坊家学之外另辟教学场所的主要目的。程颐 50 岁时创建了自己的书院之后，开始在此著书立说。其中程颐对《四书》《尚书》《诗》《春秋》的研究与注解大部分成果均在此完成，另外《程氏易传》的撰写也开始于此。赵国权认为程颐的主要著作及哲学思想体系是在伊川书院完成的。③下面我们把程颐关于《四书》《尚书》《诗》《春秋》等的研究成果进行简要介绍。

### （一）《四书》

程颐与其兄长程颢推崇《四书》，使其发展成为与《五经》共尊的儒学经典，是宋以后至清末中国学生的基本课程，被称为"中国圣经"。二程的这一贡献在中国儒学史和教育史上具有划时代意义。

---

① 郭立珍：《伊川书院》，《人民日报海外版》2003 年 8 月 18 日。
② 文彦博，生于 1006 年，卒于 1097 年，字宽夫，号伊叟，汾州介休（今属山西）人，北宋时期政治家、书法家。他历仕仁、英、神、哲四帝，出将入相，有五十年之久。
③ 赵国权：《洛学的发源地——伊川书院考略》，《江西教育学院学报》2010 年第 04 期，第 108 页。

有学者研究认为，"在二程以前，《大学》《中庸》《论语》《孟子》虽然都是儒家学者的著述，但是发展并不平衡，《大学》《中庸》虽作为经书《礼记》的组成部分被学者们研习、科考，但是并没有得到格外重视，尤其是其中所蕴含的哲理没有得到专题阐发，至多只是作为儒者发表己说的佐证材料。而《论语》、《孟子》在汉唐之际一直被视为是"传记"类著述，即被看成辅助解释儒家经书的著述或者启蒙类的读物，也是重视不够。汉唐之际，罢黜百家，独尊儒术之后，儒学的研究变成了经学研究，由此形成了学者们对儒家经典权威性的尊尚理念及对孔子等圣人神圣性的崇拜心理，而很少发表自己的看法，治学理路上基本是疏通经典、明道传道，表现为一种囿于经典的"疏不破注"、"以述为作"的墨守形式。这种研究经典的方法也基本反映在《大学》《中庸》《论语》《孟子》上，学者们除了墨守圣人说教和文本字句外，基本上对其中所蕴含的丰富思想没有给予充分的肯定和诠释，也没有将它们作为与五经互训的儒家文本依据，而这些都要等到唐宋之际儒学复兴以及二程的理学家们的重视与表彰之后，《四书》中所蕴含的哲理，如性理之学、天道人事等精微思想方真正大明于世"。①

而在这场儒学复兴运动中，宋代很多学者对《四书》的诠释和提升做出了重要贡献。就《中庸》而言，如范仲淹、胡瑗、欧阳修等人就非常推崇，范仲淹还勉励张载研习《中庸》，胡瑗作《中庸讲义》，司马光作《中庸广义》，徐象作《中庸大学》，苏轼作《中庸论》等。而将《孟子》升格为经的"孟子升格运动"对《四书》地位提升尤为重要，在众多为此做出贡献的学者中，"王安石实在堪称'孟子升格运动'中的第一功臣"。②《孟子》中的天道性命之学为宋代性理之学的发展提供了重要资源，使得《四书》中所蕴含的的人性与天道等思想开始得到周敦颐、张载等北宋道学家的挖掘。但是，在这场儒学复兴运动中，对《四书》地位的提升做出最大贡献的就是二程兄弟。其他学者对《四书》的研究和诠释存有明显的缺憾，如王安石对《大学》《中庸》的忽略，周敦颐和张载还没有把《四书》作为学术重心等。任继愈认为："《论语》《孟子》《中庸》《大学》称为《四书》，地位与《五经》并列，首先推动者是程伊川。"③ 二程兄弟把《论语》《孟子》《中庸》《大学》作为一个整体进行研究，使《四书》真正成为一个各部分相互关联的有机体。程颐极力表彰《四书》在探寻或体悟圣人之道方面的必要性与重要性，并认为它们比《五经》更具有展现圣人之道的功能。④ 从程颐的相关著述中可鉴一斑：

① 姜海军：《程颐〈易〉学思想研究——思想史视野下的经学诠释》，北京：北京师范大学出版社2010年版，第148页。
② 徐洪兴：《唐宋间的孟子升格运动》，《中国社会科学》1993年第05期，第107页。
③ 任继愈：《从程门立雪看儒教》，《群言》1993年第03期，第27页脚注②。
④ 姜海军：《程颐〈易〉学思想研究——思想史视野下的经学诠释》，北京：北京师范大学出版社2010年版，第153页。

《大学》，孔子之遗言也，学者由是而学，则不迷于入德之门也。①

中庸，天理也。不极天理之高明，不足以道乎《中庸》，中庸乃高明之极耳，非二致也。②

或问："穷经旨，当何所先？"子曰："于《论》、《孟》二书知其要约所在，则可以观五经矣。读《论》、《孟》而不知道，所谓'虽多亦奚以为'？"③

二程关于《四书》表彰、整理与诠释得到后继学者的继承和发展，最终以朱熹的《四书集注》成为程朱理学的集大成之作。而二程则是《集注》的铸魂和奠基人。

朱熹在《大学章句序》中写道"天运循环，无往不复；宋德隆盛，治教休明。于是河南程氏两夫子出，而有以接乎孟氏之传，实始尊信此篇而表章之，既又为之次其简编，发其归趣，然后古者大学教人之法、圣经贤传之指，粲然复明于世。虽以熹之不敏，亦幸私淑而与有闻焉。顾其为书，尤颇放失，是以忘其固陋，采而辑之，间亦窃附己意，补其阙略，以俟后之君子。"④ 可见，二程之学是道统之学，而朱熹坦言是对程氏之学的接续。朱熹《大学》中的"右经一章"与《伊川先生改正大学》本相同，其中"亲民"二字，程颐解释为"当作新民"，"新民"被朱熹继承，解释为："新者，革其旧之谓也，言既自明其明德，又当推己及人，使之亦有以去其旧染之污也。"并把"明明德、新民、止于至善"称为"大学之纲领也"。此后朱熹本又在次序上作了调整并分出章节，与二程本均有不同，但在本质上，差别则不很明显了。……但不管怎样，程颐改定的《大学》首章，为朱熹《集注》奠定了基础是不言而喻的。⑤《大学》首章内容如下：

大学之道，在明明德，在亲民，在止于至善。知止而后有定，定而后能静，静而后能安，安而后能虑，虑而后能得。物有本末，事有终始，知所先后，则近道矣。古之欲明明德于天下者，先治其国；欲治其国者，先齐其家；欲齐其家者，先修其身；欲修其身者，先正其心；欲正其心者，先诚其意；欲诚其意者，先致其知；致知在格物。物格而后知至，知至而后意诚，意诚而后心正，心正而后身修，身修而后家齐，家齐而后国治，国治而后天下平。自天子以至于庶人，壹是皆以修身为本。其本乱而末治者否矣。其所厚者薄，而其所薄者厚，未之有也。⑥

---

① （宋）程颢 程颐著，王孝鱼点校：《二程集》，北京：中华书局1981年版，第1204页。
② （宋）程颢 程颐著，王孝鱼点校：《二程集》，北京：中华书局1981年版，第1181页。
③ （宋）程颢 程颐著，王孝鱼点校：《二程集》，北京：中华书局1981年版，第1204页。
④ （宋）朱熹：《四书集注》，南京：凤凰出版社2008年版，第2页。
⑤ 王国轩：《二程与〈四书集注〉研究》，《中州学刊》1989年第01期，第67页。
⑥ （宋）朱熹注：《四书集注》，南京：凤凰出版社2008年版，第4页。

二程关于《中庸》的解说没有传世，所以朱熹说："惜乎！其所为说者不传。"《集注》出于石氏所辑录，石氏指石墪，石氏所辑，"仅出于其（指二程）门人所记，是以大义虽明，而微言未析"（《集注·中庸章句序》）朱熹对此并不甚满意，但他还是肯定了二程的道统之绪和倡导之功。①

伊川的《论语解》中有相当多的条目，被朱熹采用。同时，朱熹还采用了明道语录。

在《孟子集注》引程子解处，比之《论语》解，相对少了，仅有六十一条，但一些重要概念、范畴的解释却很重要。②

朱熹认为二程对于《四书集注》贡献大体有四：一是道统的传绪者，二是四书的倡导者和考订者，三是经意的阐释者，四是读书门径的指导者。③

在《集注》末，朱熹写到："有宋元丰八年，河南程颢伯淳卒。潞公文彦博题其墓曰'明道先生'。其弟正叔序之曰：'周公殁，圣人之道不行，孟轲死，圣人之学不传。道不行，百世无善治；学不传，千载无真儒。无善治，士犹得以明夫善治之道，以淑诸人，以传诸后；无真儒，则天下贸贸焉莫知所之，人欲肆而天理灭矣。先生生乎千四百年之后，得不传之学于遗经，以兴起斯文为己任。辨异端，辟邪说，使圣人之道涣然复明于世。盖孟子之后，一人而已。'"可见朱熹认为二程是接续孔孟之后的道统之人。

关于考订方面，尽管文字不多，但也有一些零星的见解，如引二程认为，《四书》中衍文者一处，外误者三处，错简者四处。考辨制度二处，考辨《论语》成书者一处。如《论语序论》中说："程子曰：《论语》之书成于有子、曾子之门人，故其书独二子以子称。"这个说法，实为心得之见，后人多采用之。改正误舛者，也有至关重要的，如"新民"一词。④

据有关著者统计，《集注》除朱熹自注外，所辑他注基本上是二程及其弟子言论。《集注》征引历代注家五十余人，其中引程子二三九处，尹氏（尹焞）九十九处，杨氏（杨时）七十二处，范氏（范祖禹）六十九处，谢氏（谢良佐）四十八处，胡氏（胡安国）四十二处，张子（张载）二十九处。此外还引游氏八处，侯氏五处，吕氏十六处……⑤

二程关于《四书》评价和学习方法也被朱熹辑录在《集注之中》，如下所举：

> 程子曰："《论语》之书。成于有子、曾子之门人，故其书独二子以子称。"
> 程子曰："读《论语》，有读了全然无事者；有读了后，其中得一两句喜

① 王国轩：《二程与〈四书集注〉研究》，《中州学刊》1989年第01期，第67页。
② 王国轩：《二程与〈四书集注〉研究》，《中州学刊》1989年第01期，第68页。
③ 王国轩：《二程与〈四书集注〉研究》，《中州学刊》1989年第01期，第68页。
④ 王国轩：《二程与〈四书集注〉研究》，《中州学刊》1989年第01期，第68页。
⑤ 王国轩：《二程与〈四书集注〉研究》，《中州学刊》1989年第01期，第66页。

者；有读了后，知好之者；有读了后，直有不知手之舞之、足之蹈之者。"

程子曰："令人不会读书。如读《论语》，未读时是此等人，读了后又只是此等人，便是不曾读。"程子曰："颐自十七八读《论语》，当时已晓文义。读之愈久，但觉意味深长。"①

程子曰："学者当以《论语》、《孟子》为本。《论语》、《孟子》既治，则《六经》可不治而明矣。读书者当观圣人所以作经之意，与圣人所以用心，圣人之所以至于圣人，而吾之所以未至者，所以未得者。句句而求之，昼诵而味之，中夜而思之，平其心，易其气，阙其疑，则圣人之意可见矣。"

程子曰："凡看文字，须先晓其文义，然后可以求其意。未有不晓文义而见意者也。"

程子曰："学者须将《论语》中诸弟子问处便作自己问，圣人答处便作今日耳闻，自然有得。虽孔、孟复生，不过以此教人。若能于《论》、《孟》中深求玩味，将来涵养成甚生气质！"

程子曰："凡看《论》、《孟》，且须熟读玩味。须将圣人言语切己，不可只作一场话说。人只看得二书切己，终身尽多也。"程子曰："《论》、《孟》只剩读着，便自意足。学者须是玩味。若以语言解着，意便不足。"

或问："且将《论》、《孟》紧要处看，如何？"程子曰："固是好，但终是不浃洽耳。"

程子曰："孔子言语句句是自然，孟子言语句句是事实。"

程子曰："学者先读《论语》、《孟子》，如尺度权衡相似，以此去量度事物，自然见得长短轻重。"

程子曰："读《论语》、《孟子》而不知道，所谓，虽多，亦奚以为'。"②

## （二）《春秋传》

《春秋》记录了从鲁隐公元年（前 722 年）到鲁哀公十四年（前 481 年）242 年之间的历史。鲁国史官按年、季、月、日记录的当时各国的重大事件，由于按春、夏、秋、冬四个季节的顺序记录，所以就把这部编年史命名为"春秋"。孔子依据这部编年史《春秋》加以整理修订，成为儒学的经典之一，也是从学者的必读课程。

通过对本国和他国历史大事的记录，孔子要传达的其实是价值观，即春秋大义。《孟子》记载了孔子自己对《春秋》所说的话，《滕文公下》里说："世衰道微，邪说暴行有作，臣弑其君者有之，子弑其父者有之。孔子惧，作《春秋》。《春秋》，

---

① （宋）朱熹注：《四书集注》，南京：凤凰出版社 2008 年版，第 41—42 页。
② （宋）朱熹注：《四书集注》，南京：凤凰出版社 2008 年版，第 43—44 页。

天子之事也。是故孔子曰：'知我者其惟《春秋》乎，罪我者其惟《春秋》乎'……孔子成《春秋》而乱臣贼子惧。"所以《春秋》虽是一部编年史，更是承载着"义"和"王者"之道的儒学经典。①

程颐作《春秋传》也是服务于其"天理"学说构建的，或言，他以"天理"为依据解读《春秋》，传播道统。葛焕礼认为传统《春秋》学的论说理论和评判依据，主要是阴阳五行、天人感应论和礼制。至程颐，则将评判的最终依据归到"理"或"天理"。②

文公五年"春王正月，王使荣叔归含且赗"。这一句程颐和《公羊传》、《穀梁传》的解释视角有明显差异，下面是三者对这句话的解释。

《公羊传》：含者何？口实也。言其归含且赗？兼之，非礼也。③

《穀梁传》：含，一事也。赗，一事也。兼归之，非正也。其曰且，志兼也。其不言来，不周事之用也。赗以早，而含已晚。④

程颐：天子称妾母为夫人，乱伦之甚，失天理矣。不称天，义已明。称叔，存礼也。"王使召伯来会葬"，天子以妾母同嫡，乱天理，故不称天。圣人于此，尤谨其戒。⑤

上例可见，程颐对于《春秋》的诠释是以"天理"作为准则的。而程颐对于《春秋》的高度评价、学习之要以及著《春秋传》的缘起均体现在他所作的《春秋传序》之中，以下为原文和译文参考，读后我们会有更清晰的了解。

### 春秋传序（原文）⑥

天生之民，必有出类之才，起而君长之，治之而争夺息，导之而生养遂，教之而伦理明，然后人道立，天道成，地道平。二帝而上，圣贤世出，随时有作，顺乎风气之宜，不先天以开人，各因时而立政。暨乎三王迭兴，三重既备，子丑寅之建正，忠质文之更尚，人道备矣，天运周矣。圣王既不复作，有天下者，虽欲仿古之迹，亦私意妄为而已。事之谬，秦至以建亥为正；道之悖，汉专一智力持世。岂复知先王之道也？夫子当周之末，以圣人不复作也，顺天应时之治不复有也，于是作《春秋》，为百王不易之大法。所谓"考诸三王而不缪，建诸天地而不悖，质诸鬼神而无疑，百世以俟圣人而不惑"者也。

---

① 黄荣华主编，王琳妮编选：《春秋大义——〈春秋〉三传选读》，上海：复旦大学出版社 2013 年版，第 2 页。

② 葛焕礼：《特点与思想：论程颐的〈春秋学〉》，《宋代文化研究》第十九辑，2011 年版，第 232 页。

③ （汉）何休注，（唐）徐彦疏：《春秋公羊传注疏》，北京：中华书局 1957 年版，第 395 页。

④ （晋）范宁注，（唐）杨世勋疏：《春秋穀梁传注疏》，北京：中华书局 1957 年版，第 231 页。

⑤ （宋）程颢 程颐著，王孝鱼点校：《二程集》，北京：中华书局 1981 年版，第 1114 页。

⑥ （宋）程颢 程颐著，王孝鱼点校：《二程集》，北京：中华书局 1981 年版，第 1124—1125 页。

　　先儒之论曰："游、夏不能赞一辞。"辞不待赞也，言不能与于斯耳。斯道也，惟颜子尝闻之矣："行夏之时，乘殷之辂，服周之冕，乐则《韶》舞"，此其准的也。后世以史视《春秋》，谓褒善贬恶而已，至于经世大法，则不知也。《春秋》大义数十，其义虽大，炳如日星，乃易见也。惟其微词隐义，时措从宜者，为难知也。或抑或纵，或兴或夺，或进或退，或微或显，而得乎义理之安，文质之中，宽猛之宜，是非之公，乃制事之权衡，揆道之模范也。

　　夫观百物然后识化工之神，聚众材然后知作室之用。于一事一义而欲睽圣人之用心，非上智不能也。故学《春秋》者，必优游涵泳，默识心通，然后能造其微也。后王知《春秋》之义，则虽德非禹、汤，尚可以法三代之治。

　　自秦而下，其学不传。予悼夫圣人之志不明于后世也，故作《传》以明之，俾后之人通其文而求其义，得其意而法其用，则三代可复也。是《传》也，虽未能极圣人之蕴奥，庶几学者得其门而入矣。有宋崇宁二年癸未乙亥，伊川程颐序。

## 春秋传序（译文）

　　天生人民，必定有出类拔萃的人才兴起而做他们的君主首领，治理他们使争夺止息，引导他们使得以生存，教育他们使伦理分明，然后人道确立，天道安定，地道平静。尧舜以上，圣贤代代出现，应运而起，顺从风气所宜，不先于天来使人开化，各自按时代需要而施政。到了夏、商、周三王相继兴起，三代的礼仪制度已经具备，子月、丑月、寅月的作为正月，忠实、质朴的文风更加崇尚，人道完备了，天运周全了。圣明的君主既不再出现，据有天下的人，就是仿效古代的事迹，也是凭私心乱做而已。事情的荒谬，像秦朝甚至以亥月为正月；道理的乖戾，像汉代专门用心术和势力掌握天下；那里还知道先王之道呢？孔子生在周朝末年，因为圣人不再出现，顺天应时的治理不再存在，于是著《春秋》，作为君主不可变易的大法。所谓"用三王的政治来考校而没有谬误，立于天地而不违背，询问鬼神而无可怀疑，等待百代以后的圣人来评论也不疑惑。"

　　以前的儒者评论说，孔子作《春秋》，子游、子夏不能赞一辞。言辞不需要赞助，是说他们不能参与这事。这方面的事，只有颜子曾经听说过。"实行夏朝的历法，乘坐商朝的大车，戴周代的帽子，作乐就用《韶》舞，这就是《春秋》的准则。后代以史书看待《春秋》，说它褒善贬恶而已，至于经世致用的大法却不知道。《春秋》大义数十条，其意旨虽然博大，但像太阳星辰那样鲜明，容易看出。只有它的微妙的言辞、深奥的义理，因时制宜的办法才是难于了解的。或抑制或放开，或给予或剥夺，或前进或后退，或隐晦或明显，而做到合于义理，文质适中，宽猛适宜，是非公允，乃是处事的尺度，衡量道理的准则。

观察万物，然后认识造物主的神奇；聚集各种材料，然后知道建造房屋的作用。在一件事情、一个道理上想窥测到圣人的用心，不是特别聪明的人是不能做到的。所以说，学《春秋》的人，必须从容地潜心体会，心领神会，然后能了解其微妙之处。后代帝王懂得《春秋》的意旨，就虽然道德比不上大禹、商汤，也还可以效法三代的治理。

从秦朝以下，《春秋》之学失传。我悲叹圣人的心不能彰显于后世，因此作《传》来阐明它，使后代的人通晓《春秋》的文字而探求它的义理，懂得它的意旨而效法他的运用，那么三代就可以复兴了。这部《传》，虽然没能穷尽圣人的底蕴奥妙，希望学习的人能够由此入门。宋崇宁二年癸未四月二十七日，伊川程颐序。

### （三）《诗解》

《诗经》原本叫《诗》，共 305 首，故常有"诗三百"之说。《诗经》是中国最早的一部诗歌总集，是儒学教育的经典课程之一。程颐《诗解》中共有 65 诗，其中选《国风》46 首，《大雅》2 首，《小雅》17 首。详列如下：

《国风》46 首篇目：

《周南》共 11 首，程颐《诗解》选其 4：《关雎》《汉广》《汝坟》《麟之趾》。

《召南》共 11 首，程颐《诗解》选其 1：《江有汜》。

《邶风》共 19 首，程颐《诗解》选其 3：《谷风》《简兮》《北风》。

《鄘风》共 10 首，程颐《诗解》选其 5：《君子偕老》《定之方中》《蝃蝀》《相鼠》《干旄》。

《卫风》共 10 首，程颐《诗解》选其 3：《淇奥》《考槃》《硕人》。

《王风》共 10 首，程颐《诗解》选其 4：《君子阳阳》《扬之水》《中谷有蓷》《丘中有麻》。

《郑风》共 21 首，程颐《诗解》选其 2：《缁衣》《子衿》。未录的多是被郑樵、朱熹、王柏等认为的"淫诗"，王柏认为"淫诗"占十分之六，议删目录中有 13 首，其中包括《子衿》。

《齐风》共 11 首，程颐《诗解》选其 3：《东方之日》《东方未明》《卢令》。

《魏风》共 7 首，程颐《诗解》选其 1：《园有桃》。

《唐风》共 12 首，程颐《诗解》选其 3：《无衣》《葛生》《采苓》。

《秦风》共 10 首，程颐《诗解》选其 4：《蒹葭》《终南》《晨风》《无衣》。

《陈风》共 10 首，程颐《诗解》选其 2：《墓门》《防有鹊巢》。

《桧风》共 4 首，程颐《诗解》选其 1：《匪风》。

《曹风》共 4 首，程颐《诗解》选其 3：《蜉蝣》《候人》《下泉》。

《豳风》共 7 首，程颐《诗解》全选，传统的看法认为是周公所作或与周公有关。

《大雅》2首是《旱麓》和《皇矣》，均选自《文王之什》。

《小雅》17首篇目为：《鹿鸣》《四牡》《皇皇者华》《常棣》《伐木》《天保》《采薇》《出车》《鱼丽》《南山有台》《湛露》《采芑》《车攻》《吉日》《庭燎》《白驹》《白华》。

由上可见，"程颐在选录《诗经》诗篇的时候是相当自觉的，《豳风》因传有圣人的道德和举动，全录无遗，即使《曹风》中连《诗序》都难以指明时代的四首诗篇，程颐录了三首。其他风体诗，程氏多选所谓"正风"，即使多有怨刺之言的诗篇也取其阐发的君臣、上下、友朋、治身、齐家、治国的义理，所以"正风"并不全录，如《二南》，而是选合乎这个义理标准的诗篇。在雅体诗中，同样也选录了所谓"正雅"，但这个标准是以一贯之的。因此，从所选诗篇的来源和组成上来说，程颐坚持了义理的基本取向和裁夺标准。①

致力于天理学说的构建是程颐的孜孜追求，《诗解》中也体现了程颐的这一价值追求。在《诗解》中，程颐崇尚道统、注重修身、强调礼仪，并把《四书》，特别是《大学》用来解《诗》，使之互通，臻达天理学说的构建。我们先看程颐对《诗》的解读：

> 《诗》者，言之述也。言之不足而长言之，咏歌之，所由兴也。其发于诚感之深，至于不知手之舞，足之蹈，故其入于人也亦深，至可以动天地，感鬼神。虞之君臣，迭相赓和，始见于《书》。夏、商之世，虽有作者，其传鲜矣。至周而世益文，人之怨乐，必形于言；政之善恶，必见刺美。至于夫子之时，所传者多矣。夫子删之，得三百篇，皆止于礼仪，可以垂世立教，故曰"兴于诗"，又曰"诵诗三百，授之以政，不达，使于四方，不能专对，虽多亦奚以为？古之人，幼而开歌诵之声，长而识刺美之意，古人之学，由诗而兴。②

程颐认为诗由"诚"而发，而《诗》是经孔夫子删定的"止于礼仪"的"可以垂世立教"之经典，是古代学者由《诗》开始。对于礼仪，程颐在《诗解》多有"家齐俗厚，夫人知守礼仪"，③ "关雎之化行，则天下之家齐俗厚，妇人皆由礼仪，王道成矣"④等释语。而从程颐对《蝃蝀》的注解中可以看出我国古代的嫁女观以及程颐用"道"、"命"、"理"、"贞"等词语把这一观念向天理学说的提升。

蝃蝀，指彩虹，是爱情与婚姻的象征，古人认为男女婚姻错乱，淫风流行，

---

① 陈战峰：《宋代〈诗经〉学与理学——关于〈诗经〉学的思想学术史考察》，西北大学2005年博士学位论文，第122页。
② （宋）程颢 程颐著，王孝鱼点校：《二程集》，北京：中华书局1981年版，第1046页。
③ （宋）程颢 程颐著，王孝鱼点校：《二程集》，北京：中华书局1981年版，第1048页。
④ （宋）程颢 程颐著，王孝鱼点校：《二程集》，北京：中华书局1981年版，第1048页。

不守礼节，虹气就盛，"蝃蝀"与婚恋相提并论一般具有批评之意。这首诗是对一个没有听从父母之命，私奔女的谴责。《蝃蝀》一诗的内容是："蝃蝀在东，莫之敢指。女子有行，远父母兄弟。朝隮于西，崇朝其雨。女子有行，远父母兄弟。乃如之人也，怀婚姻也。大无信也，不知命也！"我们且看程夫子的论述：

> 言奔则女就男。卫国化文王之道，淫奔人知耻而恶绝之，诗人道是意，以风止其事。蝃蝀，阴阳气之交，映日而见，故朝西而暮东。在东者，阴方之气就交于阳也，犹《易》之"自我西郊"。夫阳唱阴和，男行女随，乃理之正。今阴来交阳，人所丑恶，故莫敢指之。今世俗不以手指者，因诗之言。女子之义，从于人也，必待父母之命，兄弟之议，媒妁之言，男先下之，然后从焉。不由是而奔就于男者，犹蝃蝀之东，故以兴焉。人所丑而不敢指视也，奈何女子之行，而违背父母兄弟乎？违谓违背不由其命而奔也。朝隮升于西者，乃阳方之气，来交于阴，则理之顺，故和而为雨，崇朝，不日之义。奈何女子反远其父母兄弟乎？如是之人无他也，怀男女之欲耳。婚姻，男女之交也。人虽有欲，当有信而知义。故言其大无信。不知命，为可恶也。苟惟欲之从，则人道废而入于禽兽矣。女子以不自失为信，所谓贞信之教。违背其父母，可谓无信矣。命，正理也。以道制欲则顺命，言此所以风也。

程颐这里首先把"奔"解释为"女就男"，在传统文化中女为阴、为柔、为静、为被动，男为阳、为刚、为动、为主动。违背这些都是不符合天道人性的，以此，程颐把"奔"解释为贬义。程颐把此类行为"奔"晋级为"淫奔人"，如此行为更是为人所唾弃。程颐又从阴阳气相交之理说明"蝃蝀在东"和"崇朝"，以及对这一行为的"谴责"，继而程颐指出"父母之命，兄弟之议，媒妁之言"之常理。违反这一常理则"怀男女之欲"，"则人道废而入于禽兽矣"，则是"无信"，最后程颐提出要"以道制欲"，统摄于自己的天理学说之中。

### （四）程颐《诗解》的教育情结

程颐终生从教，乐为人师，弟子成为他交往的主要群体，弟子继承和传播了他的学术，也给他的生活带来幸福，他与弟子之间接下来深厚的感情。这种师生情结，或言教育情结体现于《诗解》中，且看他对《子衿》一诗的注解。

《子衿》选自《郑风》，为广为传颂的《诗经》名篇，曹操的《短歌行》中的"青青子衿，悠悠我心。"就源于该诗。子衿，最早指女子对心上人的爱称，后来指对知识分子、文人贤士的雅称。诗文为"青青子衿悠悠我心。纵我不往，子宁不嗣音？青青子佩，悠悠我思。纵我不往，子宁不来？挑兮达兮，在城阙兮。一日不见，如三月兮。"现在一般认为这是一首爱情诗，程颐却以教育家的视角来解释该诗。

> 衿青，学者之服。青青，举家之辞。世乱，学校不修，学者弃业，贤者念之而悲伤，故曰"悠悠我心"。纵我不可以反求汝，汝谓往教强聒也。子宁不思其所学，而继其音问，遂尔弃绝於善道乎？世治，则庠序之教行，有法以率之，不率教者有至于移屏不齿，又礼义廉让之风所渐陶，父兄朋友之义所劝督，故人莫不强于进学。及夫乱世，上不复主其教，则无以率之，风俗杂乱浮偷，父兄所教者趋利，朋友所习者从时，故人莫不肆情废惰，为自弃之人，虽有贤者，欲强之于学，亦岂能也？故悲伤之而已。佩为青组绶。挑，轻跃；达，放恣。不事于学，则遂游城阙而已。贤者念之，一日不见，如三月之久也。盖士之于学，不可一日忘废，一日忘之，则其志荒矣，放辟邪侈之心胜之矣。

以学术为己任，以教学为事业的伊川先生到了晚年，因为党争，被朝廷残酷地追毁出身以来的著作，驱散随学之徒，遣往涪陵编管。编管返回洛阳，原来师徒其乐融融的情景不见了，门徒弃学者有之，转入佛学者有之，此情此景，老人是多么想念往日学者"不绝于馆"的盛况，多么思念与其朝夕相处的弟子们。程颐对这首诗的诠释也许是其思想感情的真实表露。

（五）《书解》

《尚书》又称《书》、《书经》，是一部多体裁的文献汇编，内容主要是君王任命官员或赏赐诸侯时发布的政令，是一部体例比较完备的公文总集。长期以来被认为是中国现存最早的史书。战国时期总称《书》，汉代改称《尚书》，即"上古之书"。《尚书》相传为孔子编定。孔子晚年集中精力整理古代典籍，将上古时期的尧舜一直到秦穆公时期的各种重要文献资料汇集在一起，经过认真编选，挑选出 100 篇，这就是百篇《尚书》的由来。相传孔子编成《尚书》后，曾把它用作教育学生的教材。在儒家思想中，《尚书》具有极其重要的地位。程颐关于《尚书》的论述主要表现在其编著的《书解》、弟子记录的《书说》和《程氏遗书》中的相关论述等，其中《书说》已遗失不存。

程颐《书解》包括《书大序》《尧典》《舜典》《改正武王》四部分，"其解经方式为注疏体式，而重在阐发经书义理，辩论旧说。"① 我们先看程颐对《书大序》的解说。

> 孔序"《伏羲》、《神农》、《黄帝》之书谓之《三坟》，言大道也；《少昊》、《颛顼》、《高辛》、《唐》、《虞》之书谓之五典，言常道也。"又曰"孔子讨论

---

① 陈良中：《程颐〈书〉学思想研究》，见陈义初主编：《二程与宋学——首届宋学暨程颢程颐国际学术研讨会论文集》，上海：华东师范大学出版社 2013 年版，第 257—258 页。

《坟典》，断自唐虞以下。"以二典之言简邃如此，其上可知。所谓大道，虽性与天道之说，固圣人所不可得而去也。如言阴阳、四时、七政、五行之道，亦必至之要语，非后代之繁衍末术也，固亦常道，圣人所不去也。使诚有所谓《羲》、《农》之书，乃后世称述当时之事，失其义理，如许行所为《神农》之言，及阴阳医方称《黄帝》之说耳。此圣人所以去之也。或疑《阴符》之类是，甚非也。此出战国权变之术，窃窥机要，以为变诈之用，岂上古至淳之道邪？又《五典》既皆常道，去其三，何也？盖古虽已有文字，而制立法度，为治有迹，得以纪载，有史官之职以志其事，自尧始，其八卦之说，谓之《八索》，前世说《易》之书也，《易》本八卦，故以八名。夫子赞《易》道以黜去是书，所谓"加我数年，五十以学《易》，可以无大过矣。"旧书之过可见也，芟夷繁乱，翦截浮辞，举其宏纲，撮其机要。人或疑前代之书，圣人必无所删改，此亦不然。若上古圣人之世，史官固当其人，其辞必尽善。若后世之史，未必尽当，其辞未必尽善。设如其书足以垂范，不可去之，而其或有害义，圣人不得不有芟除更易也。其不可更易者，其事耳，未必须曾删改。但辞苟有害，有可删改之理耳。或疑"血流漂杵"①之辞何不改？此乃非害义理之辞也。《尧典》为《虞书》，盖虞史所修；《舜典》已下，皆当为《夏书》。故《左氏传》引《大禹》、《皋陶谟》、《益稷》等，皆谓之夏书也。若以其虞时事当为《虞书》，则《尧典》当为《唐书》也。大抵皆是后世史所修。典，典则也。上古时淳朴，因时为治，未立法度典制。至尧而始著治迹，立政有纲，制事有法，故其治可纪，所以有书而称典也。扬子曰："法始乎伏羲，成乎尧。"盖伏羲始画卦，造书契，开其端矣；至尧而与世立则，著其典常，成其治道，故云成也。《书序》夫子所为，逐篇序其作之之意也。②

上文程颐对《书大序》的诠释体现了其"辩论旧说"的解《书》思想：如对孔子所言"大道"与"常道"的推崇，相信《尚书》阴阳、四时、七政、五行之思想包含治世之常道。但程颐认为上古之书多后世依托，"所谓羲农之书，乃后世称述当时之事，失其义理，如许行所谓神农之言，及阴阳医方称黄帝之说耳。此圣人所以去之也。"确信孔子删《书》之说，并确认孔子删书以义理为标准，谓《五典》仅《尧典》《舜典》存焉，去其三者，乃"其或有害义，圣人不得不有删除更易也，其不可更易者其事耳，未必须曾删改，但辞苟有害有可删改之理耳。"还有对"血流漂杵"的辩护等等。当然"辩论旧说"同时也是与其阐发义理是一

---

① 血流漂杵，杵：捣物的棒槌。这里杵是指古代战车上所用的一种长杆兵器。血流成河，长杆兵器都漂了起来。形容战死的人很多。也泛指流血很多。《尚书·武成》："会于牧野，罔有敌于我师，前徒倒戈，攻于后以北，血流漂杵。"孟子认为这样描写夸张过度，武王的军队是仁义之师，不会滥杀无辜，纣王残暴，士兵会纷纷起义，不会有这样激烈的战斗。

② （宋）程颢 程颐著，王孝鱼点校：《二程集》，北京：中华书局 1981 年版，第 32 页。

致的。

解读经文重在把握义理是程颐一贯的治经理念，他批评了汉代以来学界随意阐释经义和拘泥经文的两种弊病："不泥文义者，又全背却远去；理会文义者又滞泥不通。"① 又说"汉之经术安用？只是以章句训话为事，且如解《尧典》二字至三万余言，是不知要也。东汉则又不足道也。东汉士人尚名节，只为不明理，若使明理，却皆是大贤也。自汉以来惟有三人近儒者气象，大毛公、董仲舒、扬雄。"② 程颐认为"圣人作经，本欲明道。今人若不先明义理，不可治经。"③ "读书者当观圣人所以作经之意与圣人所以用心，与圣人所以至圣人而吾之所以未至者，所以未得者句句而求之，昼诵而味之，中夜而思之，平其心，易其气，阙其疑，则圣人之意见矣。"④

## 二、收徒讲学

程颐自创办书院至其去世的二十余年间，除在京为崇政殿说书和送往涪州编管外，晚年大部分时间都往来于洛阳与鸣皋之间，以在伊皋书院著书讲道的时间居多，成效卓著。首先，在教学上程颐对待生徒严肃而心怀诚恳。读书寝食皆有时刻，循循善诱，因人施教，各地学子慕名而来，故有"程门立雪"之典。教学内容自然以传统经典"四书五经"为主，《宋史》称其："学本于诚，以《大学》、《语》、《孟》、《中庸》为标指，而达于《六经》。动止语默，一以圣人为师，其不至乎圣人不止也。"⑤ 晚年还传授自己所注的《易传》、《春秋传》等著作，借以传播自己的学术思想。程颐在伊川书院培育了一大批弟子。《宋史》称他："平生诲人不倦，学者出其门最多，渊源所渐，皆为名士。"⑥

在书院两程祠东西两庑的后墙中间，镶嵌有两块石碑，石碑上刻有二程门生的名字、字号及籍贯，经程鹰等人考证有 93 人，抄录如下：⑦

东庑匾曰："和风甘雨"。门生神主序列如式：

### 先儒讳中坚吕先生之神位

张天棋（名戬，大梁人）、陈经正（字贵，木嘉人）、周行已（名恭叔，永嘉人）、候忠良（福建省建安人）、潘子文（名吴，东喜人）、谢天申（字用

---

① （宋）程颢 程颐著，王孝鱼点校：《二程集》，北京：中华书局 1981 年版，第 205 页。
② （宋）程颢 程颐著，王孝鱼点校：《二程集》，北京：中华书局 1981 年版，第 232 页。
③ （宋）程颢 程颐著，王孝鱼点校：《二程集》，北京：中华书局 1981 年版，第 13 页。
④ （宋）程颢 程颐著，王孝鱼点校：《二程集》，北京：中华书局 1981 年版，第 322 页。
⑤ （元）脱脱：《宋史》第三六册，北京：中华书局 1985 年版，第 12720 页。
⑥ （元）脱脱：《宋史》第三六册，北京：中华书局 1985 年版，第 12722 页。
⑦ 程鹰等：《二程故里》，开封：河南大学出版社 1992 年版，第 7—27 页。

休，永嘉人）、周伯温（名恭先，昆陵人）、吕大均（字和叔，蓝田人）、朱之发（汉上人）、谯梦受（名定，涪陵人）、林志宁、赵永议、畅说道、吕大忠（字进伯，蓝田人）、邢明叔、林大节、吕希哲（字原明，荥阳人）、胡安国（字康侯，崇安人）、谢良佐（字显道，上蔡人）、贾易（原迭漏，今补入）、杨时（字中立，号龟山，福建将乐人）、游酢（字定夫，建阳人）、刘绚（字质夫，河南候氏人）、李籲（字端伯，候氏人）、邹浩、周浮先（字伯悦，昆陵人）、马伸（宁时中，东平人）、吕给、戴述（浙江永嘉人）、邵伯温（字子文，洛阳人）、刘安礼（字立文，河南人）、刘安世（字器之，元城人）、刘安节（宁元成，永嘉人）、刘安正（永嘉人）、畅大隐（字潜道，洛阳人）、许景衡、杜孝锡、畅中伯、胡宿、邢恕（字和叔，河涧人）、孟厚（洛阳人）、晁明道（字悦之，开封人）、王苹（字传伯，福清人）。

西庑匾曰："烈日秋霜"。门生神主序列如式：

### 先儒讳苹先生之神位

莫获、陈怡、王严叟（字彦霜，巨密人）、范叔器、杨国宾（字应之）、李茹仲（名处，洛阳人）、郭仲孝（字立之，洛阳人）、杨应之、李舜举（字嘉仲，洛阳人）、田明之、范祖禹（字享大，蜀地华阳人）、张阆中、郭立之、杨遵道、范文甫（三永人）、陈经邦（宁贵叔，永嘉人）、郭冲晦、吕本中、吕大临（字与叔，蓝田人）、冯忠恕、朱光庭（字公掞，偃师人）、尹焞（字彦阴，号和靖，宫礼部侍郎）、张绎（字思叔，河南寿安人）、朴邵（字先之）、邵溥（洛阳人）、祁宽、谢湜、范育（字亦之，三水人）、晒周（字秀明，武功人）、周宪、郭雍（号颐正）、唐隶（字产思，宜兴昆陵人）、冯理（字圣先，永嘉人）、鲍若雨（字适霖，永嘉人）、王彦明、全铨期（字予真，洛阳人）、范致虚、王得臣、范季平、鲜于侁（字子骏，阆中人）、李宏、范成、黄敖、朱定、吴绳、刘器、薛季宣。

其中吕大临、杨时、谢良佐、游酢被称为"程门四先生"，下面对他们略作介绍。

吕大临（1044—1091 年），字与叔，今陕西蓝田县人。吕大临和他的三个兄长吕大忠、吕大防、吕大钧出身于一个世代书香的官宦之家，兄弟四人皆登及第，唯独吕大临气质刚强，尊横渠先生教诲，不留恋科举，更无心仕途，一生追求学术研究。当时，关中地区涌现出以张载为首的博学鸿儒，被后人公认为"关学派"。吕氏兄弟也被公认为关学大家。吕大临与他两个兄长吕大忠、吕大钧皆投于张载门下求学、潜心研究《六经》尤深于三礼（《仪礼》《周礼》《礼记》）的精研与实践。吕大临先投张载，后投二程求学，无心仕途，最后以门荫得太学博士，秘书省正字。元祐七年（1092 年），范祖禹以其学行和人品出众，向朝廷举荐他为太学博士讲官，还未到任他就病故了，时年仅四十七岁。吕大临不仅是当时著名的理学家，而且是我国最早的金石学家。对青铜器的研究颇有造诣，他的主要著作有：《易章句》《礼记解》《大学解》《论语解》《考古图》《考古图释文》《吕氏家礼》等。

杨时（1053—1135 年），原字行可，后因犯友人父讳，改为中立，学号龟山先生。祖籍弘农华阴（今陕西省华阴东），南剑西镛州龙池团（今属福建省明溪县龙湖）人。宋熙宁九年，杨时中进士，次年被授予汀州司户参军。他以患病为由没有赴任，专心研究理学，著《列子解》。元丰四年（1081 年），杨时被授予徐州司法。他专门投于洛阳著名学者程颢门下，研习理学，程颢病逝后，投入程颐门下。杨时学成南归时，程颐目送他远去，曾感慨地说："吾道南矣！"。元丰六年，杨时赴徐州上任；同年八月，杨时完成著作《庄子解》。元祐三年（1088 年），杨时被授予虔州司法。杨时执法公平严明，"公烛理精深，晓习律令，有疑狱众所不决者，皆立断。与郡将议事，守正不倾。"[①] 元祐八年五月，杨时到洛阳伊川书院学习。此时，杨时已 40 多岁，虽然他对理学已有相当造诣；但是，他仍然谦虚谨慎、不骄不躁、勤奋好学。他与游酢求学程颐，诞生的"程门立雪"成为尊师重道的佳话。在众弟子中，对正宗洛学南传起重要作用的就是杨时，"载道而南，一时学者翕然从之，尊为正宗。"他长期从事讲学活动，并建有东林书院。东林书院的道南祠（图 8-5）就是对这一理学事件的纪念。洛学由杨时南传这一支的师承关系是：杨时—罗从彦—李侗—朱熹。朱熹是二程的四传弟子，他以二程学说为本，兼取诸家之长，最终集理学之大成，完成了对旧儒学的改造。这样，自二程到朱熹经过众多弟子的传播和发挥，终于形成了一套系统的新儒学思想体系，被称为"程朱理学"。南宋宁宗末年，统治者开始尊崇理学，程朱理学取得正统官学地位，成为取代汉以来传统旧儒学而占统治地位的思想。

谢良佐（1050—1103 年），字显道，河南上蔡人，后人称之为"谢上蔡"或"上蔡先生"，北宋著名理学家。他青年时代就跟从程颢受学，后卒业于程颐门下。深得宋代理学修身之法：读书、静坐和反省。他曾向程颢请教，如何做到心口相应，程颢说："且静坐。"于是，良佐就常常静坐。良佐学习努力，每当未理会或未透彻的时候，他的脑门就出汗，竭力弄懂、弄通。程颢常说："杨时之学会得容易，谢良佐之学如水投石。"良佐修身甚谨，他说："要克制自己，必须从本性最难克服的地方克服。"他认为修身的最大障碍在于"矜"。与程颢相别一年后相见，程颢问他一年来有何进益，良佐说："惟去得一'矜'字。"此事成为千古佳话。

游酢（1053—1123 年），字定夫，北宋建州建阳人。自幼聪颖好学，经书看过

---

① （宋）胡公国：《龟山先生墓志铭》，见明正德十二年沈晖刻板重刊《龟山先生文靖杨公全集》附录。

图 8-5　道南祠（元宵摄影）

一遍就能熟记在心。游酢是程颐得意门生之一，元丰五年游酢中进士后，初任萧山县尉，改任博士。嗣后，游酢以方便奉养双亲为理由，请求就近调任河清县。范仲淹长子范纯仁贬官后，出判河南，将游酢视为国家栋梁，在学术上遇有疑难问题，经常与他一起切磋交流。范纯仁出任颍昌府长官时，又聘请他担任学府教授。范纯仁回朝复职，执掌宰相大权后，立刻任命游酢担任太常博士。后来范纯仁罢官，游酢也请求外任。宋徽宗即位后，游酢被召回任监察御史，出任和州州官。历任舒州和濠州州官。罢官后寄居历阳，游酢逝世后葬于此地。他一生著述颇丰，主要著作有《中庸义》《易说》《诗二南义》《论语·孟子杂解》《文集》各一卷。

## 三、伊川赞歌

伊川书院在洛学发展上的特殊地位受到后世文人雅士、官员士绅的颂扬，留下诗文颇多，现选录《谒书院诗》十数首，以供欣赏。[①]

### 谒书院诗一

左参政　金立敬

二程书院独清幽，历古经今几见修。百经尘氛消两际，夜午门革尺霜秋。
皋山远向云中出，伊水遥从天际流。拜毕严容归去急，何年亲来换蟮头。

---

① 注：所录诗篇主要选自程鹰、张红均所著《二程故里》，洛阳：河南大学出版社 1992 年版，第 28—33 页。

### 谒书院诗二

#### 宋荣

二程讲学在鸣皋，书院多年伴野蒿。整葺奋才会运策，落成黎庶不知劳。
殿庭奕奕中霄近，道德魏魏北斗高。今日获从祠下拜，余芳还喜抱纤毫。

### 谒书院诗三

#### 周鉴

行历鸣皋叹昔贤，先生书院久萧然。残碑古字莓苔合，敝屋遗基轵革连。
宪客立心重构整，工夫效力竟成全。百零礼乐今难尽，复何无人继后传。

### 谒书院诗四

#### 参政　宋琰

书院深沈碧涧阿，停骖正值暮春过。迥恋入夜林光静，流水临风石韵多。
芹沼泥融思沐浴，杏坛花暖忆弦歌。育灯坐久难为寝，吟罢其如清兴何。

### 谒书院诗五

#### 曹琏

亿昔宋德隆，大儒生伊洛。景行范先贤，立言觉后觉。
后人仰其修，书院创嵩岳。延师开群蒙，贮书构杰阁。
岁久复兵燹，栋宇惟瓦砾。过者兴叹嗟，学者无归托。
卓哉刘宪佥①，植志惟敦薄。作诗化贵豪，举废前荒落。
启彼果葬心，替从倾囊橐。故宇今后复，遗像俨若古。
春秋丰廪饩，经营费规度，我适过宫墙，因得拜帷幕。
滴露写鄙词，聊以纪颠末。

### 谒书院诗六

#### 曹琏

绝学梯航世所从，鸣皋此日见遗踪。藏书楼依苍松古，赐额碑存碧藓封。
伊水绕门流化泽，嵩山当按立儒宗。微言愧我浑无得，空望宫墙想粹容。

### 谒书院七

#### 东鲁人会事　冯昱

圣学无传继统谁，二程兄弟任承之。鸣皋讲室遗踪在，前代封碑勤赐垂。
绝学名同天地久，藏书楼映日星丽。魏魏礼殿宫墙内，拜谒令人肃敬仪。

### 谒书院诗八

#### 参政昌邑　孙洪

躬历鸣皋驻立骢，宫墙深处谒遗容。泽同伊水环夷夏，功茂嵩山启赜眬。

---

① 指明永乐年间，佥事刘咸重伊川书院。橐（tuó），与"囊"同义。

松荫穹碑闲岁月，楼存荒址仰儒风。开来继往惟斯道，万古馨香祀不穷。

### 谒书院诗九

副使蜀江　江孟纶

五星灿灿聚当奎，为喜先生出应期。正学再传诚有待，斯文复振岂无时。
尊崇宜启千秋祀，著述堪为百世师。今日道经书院过，高山仰止动遐思。

### 谒书院诗十

副使蜀江　江孟纶

萧萧一书院，寂寞万山阴。老树空满庭，残碑芳草深。
贤才毓秀地，圣学契天心。千载沾馀馥，新诗漫自吟。

### 谒书院诗十一

牛良

九皋山色郁葱茏，中有伊川旧学宫。立雪门墙仍凛凛，坐风局户尚融融。
谈经脉络求真趣，校理锱珠折奥衷。景仰修为思极本，上公尊礼浩无穷。

### 谒书院诗十二

程纶

九皋壮去一川平，宋筑墙耀日月明。僻地无能消党议，著书原不为功名。
侵阶草色分窗绿，溢沼荷香人砚青。环壁珠玑读不尽，斗山情况满腔生。

# 第九章　春风明道　书院景贤

汝州春风书院肇始于程颢，上元、户县、濮阳等地的明道书院为后人所建。本章对春风书院和明道书院略作考述。

## 第一节　春　风　书　院

宋神宗元丰六年（1083 年）至宋神宗元丰七年（1084 年），程颢赴汝州任监汝州酒税，程颐随行，期间弟子刘绚、朱光庭先后到汝州，二程在汝州依旧收徒讲学，留下了"如坐春风"的佳话，诞生了春风书院。

《二程集》载朱公掞来见明道于汝，归谓人曰："光庭在春风中坐了一个月。"① 后人在评价二程兄弟时常以"如坐春风"喻程颢为师风格，而以"程门立雪"喻程颐为师风格。现在，"如坐春风"已是成语，其意为：如同沐浴在和煦的春风里。比喻得到教益或感化。

程颢创建的春风书院的具体位置位于现在河南省宝丰县商酒务镇。商酒务作为一个酿酒古镇，已有四千多年历史了。到北宋时，酒已成为一个高额利润产业，成了国家财政收入的重要来源。国家对这一产业越来越重视，开始置酒务，实行集中的专酿专卖。当时将酒坊划分为酒务和院务两种，资产在两万贯以上的酒坊为酒务，两万贯以下的称院务，朝廷派官员管理。所以朝廷在汝州的酒务署都设置在古镇内，程颢在汝州时也在此镇办公、居住。从宋朝兴酒务开始，朝廷将原

---

① （宋）程颢 程颐著，王孝鱼点校：《二程集》，北京：中华书局 1981 年版，第 429 页。

春风寨改名为商酒务，延续至今。

程颢去世后，当地人，包括官员、酒坊老板、商人及全国各地他教过的弟子都十分怀念他，大家就共同集资在他讲学的"春风书院"内，修建了"明道祠"，后建有"春风亭"等。"明道祠"在明清两朝共有过六次重修，最重要的一次重修，也是最后一次重修是在清嘉庆二十二年（1817 年）。清末民初，明道祠和春风亭均毁于战火，只留下残碑断碣和依稀可见的陈迹。①

元代，在此建明道书院，后废。明成化十六年（1480 年）知县朱诠，在县西双酒务保建"程子书院"，又废。清乾隆三十八年（1773 年）知县胡元吉改建于县署东，命名"春风书院"。春风书院建有大门 1 间，东西房各 2 间，二门 1 座，讲堂 3 间，东西厢房各 9 间，后楼 3 间，西房 1 间，厨房 1 间。原有地 350 亩，岁收租银 43 两以为经费。嘉庆二十四年（1819 年）知县秦伯度修葺，续增经费 2000 串。道光四年（1824 年）知县谢兴峣重修，再增经费 3000 串，详定《章程》（下文），增加课士名额，延醇儒讲授，书院兴盛。清末兴学校，书院遂废。②

**春风书院章程③**

一、有关山长束脩，膳资等开支。

二、儒学监院薪水。

三、肄业生员名额及膏火开支：正课 14 名，童生正课 10 名。月各给钱 1200 文，不住院者 800 文。生童副课 10 名，月给会课钱 100 文。额外附课临时酌取，每名给附课钱 50 文。

四、考课：每月十三为官课，初三、廿三为师课。官课超等第一名赏钱 300 文，第二名赏钱 200 文，第三、四、五名赏钱 100 文。师课前 3 名赏钱 100 文。

五、有关工役工薪等开支情况。

六、有关剩余租息，规定存贮县库，以备岁修屋宇及乡试之年酌给贫生盘费之资。

# 第二节　明道书院

古代以"明道"命名的书院颇多，台湾省在清代也建有明道书院，可见明道

---

① http://blog.ifeng.com/article/17185410.html.2013-9-18。

② http://baike.classic023.com/index.php?doc-view-115378.html.2013-9-19。

③ 季啸风：《中国书院辞典》，杭州：浙江教育出版社 1996 年版，第 619 页。

书院在我国分布之广，二程影响之深远。因为上元、户县和濮阳曾是程颢的宦游地和讲学地，所以此处仅略述这三地的明道书院。

## 一、户县明道书院

宋仁宗嘉祐三年（1058年）至宋仁宗嘉祐五年（1060年），程颢任京兆府鄠县主簿，即现在陕西户县。户县地近古城长安，古为京畿之地，历史悠久，文物古迹星罗棋布。公元前21世纪，夏代初期禹死后，由其子启继承王位。时户县为"有扈氏"之国，有扈氏反对继承，要求部落选举，启率大军进行讨伐，战于甘（今甘峪附近），有扈氏败。成语"飞扬跋扈"产生于期间，有扈氏国为户县建置最早的方国，也是户县县名的由来。商代为崇国，周文王"既伐于崇，作邑于丰"，崇侯虎战败，西周建都于斯。武王灭纣，迁都于镐，丰京不废，每遇大事，皆步行至丰，告于宗庙。周平王东迁，以岐丰之地赐秦襄公，改"扈"为"鄠"邑。秦孝公十二年（前350年）迁都咸阳后置鄠县。1964年9月"鄠县"改为"户县"，1983年10月20日将户县划归陕西省西安市管辖。户县自汉初确定了县的建制以后，两千多年来，只有隶属关系的变更，县名及县制设置相沿未改。①程颢在户期间，除勤于政务之外，依旧坚持治学，既有与谢师直谈《易》论《春秋》的佳话，也有理学名篇《定性书》的诞生，并留下了脍炙人口的诗篇若干。下录其《游户县山诗十二首》以供欣赏。

### 1. 白云道中

吏身拘绊同疏属，俗眼尘昏甚瞀朦。

辜负终南好泉石，一年一度到山中。

### 2. 马上偶成

身劳无补公家事，心冗空令学业衰。

世路崄巇②功业远，未能归去不男儿。

### 3. 游紫阁山

仙掌远相招，萦纡渡石桥；

暝云生涧底，寒雨下山腰。

树色千层乱，天形一罅遥。

吏纷难久驻，回首羡渔樵。

---

① 户县人民政府网站 http://www.huxian.gov.cn/structure/zjhx/lsyg.htm，2014-1-1。

② 注释：崄巇，音：xiǎn xī，意：艰险难行。

### 4. 猕猴

——山僧云："晏元献公来，猕猴满山。

闻说猕猴性颇灵，相车来便满山迎。
鞭羸到此何曾见，始觉毛虫更世情。

### 5. 高观谷

轰雷叠鼓①响前峰，来自彤云翠蔼中。
洞壑积阴成气象，鬼神凭暗弄威风。
喷崖雨露千寻湿，落石珠玑万颗红。
纵有虬龙难驻足，还应不是旱时功。

### 6. 草堂

——寺在竹林之心，其竹盖将十顷。

参差台殿绿云中，四面筼筜②一径通。
曾读华阳真诰上，神仙居在碧琳宫。

### 7. 长啸岩中得冰，以石敲餐甚佳

车倦人烦渴思长，岩中冰片玉成方。
老仙笑我尘劳久，乞与云膏洗俗肠。

### 8. 游重云

久厌尘笼万虑昏，喜寻泉石暂清神。
目劳足倦深山裹，犹胜低眉对俗人。

### 9. 长啸洞北，回望大顶如列屏幛，比到山前，却不见，盖为仙掌所蔽

行尽重云几曲山，回头方见碧峰寒。
天将仙掌都遮断，元恐尘中俗眼看。

### 10. 凌霄三峰

长啸岩东古寺前，三峰相倚势相连。
偶逢云静得见日，若有路通须近天。
阴吹响雷生谷底，老松如箸见崖颠。
结根不得居平地，犹与莲花远比肩。

### 11. 云际山

南药东边白阁西，登临身共白云齐。
上方顶上朝来望，陡觉群峰四面低。

### 12. 下山偶成

襟裾三日绝尘埃，欲上篮舆首重回。
不是吾儒本经济，等闲争肯出山来？

---

① 注释："鼓"通"鼓"。
② 注释：筼筜，音：yúndāng，意：生长在水边的大竹子。

由于程颢在户县的功绩，加之后来理学的彰显，户县官民遂建祠堂，筑书院以示纪念。①

程颢逝世四百年后，明朝弘治二年（1489 年）沁水李瀚以监察御史巡按陕西，来到户县下令建立祠堂，纪念程颢。七年后他又到户县，看到祠堂低矮，很不满意，当时成化进士巴陵杨一清担任陕西学政，他们商议后，命户县知县房嵩在先生主簿旧署之地开拓其址，"作祠五室"，建立塑像。弘治十年（1497 年）明道祠竣工，树立明道先生庙碑，碑文由户部尚书、文渊阁大学士王鏊撰写，户县王九思书丹。

二百多年后，清康熙年间，户邑知县金廷襄以祠靠近城墙，地方喧闹又有武职驻防其前，仅留后院堂。于是他捐钱购地在户县北街建祠堂四间，重建明道祠。户王心敬作记，原碑无存，幸有碑文见存《户县新志》。

乾隆三十五年（1771 年）户县知县舒其绅，因崇敬明道先生弘扬儒教，推行理学，遗风流韵在户，高士仰止。城北祠院地偏，且岁久剥残，于心不忍，改城北旧祠为火神庙。他多方集资，购得户县西街谭氏房基一所，遵照朱子白鹿洞书院建制，筹建动工，落成于己丑（1773 年）之夏，计有大门、仪门各一，讲堂五间，卷棚三间，后堂楼三间，斋舍前后一十有九，厨房厕所应有尽有。因迁程颢像于书院中，安置楼上，题曰："明道书院"。以"立雪"为铭。"崇前哲以励后学，士子志切景行，人才蔚起，蒸蒸日上，辉映三辅"。

嘉庆三年（1799 年）因南山军务，邑宰王某挪移书院学费三千两，加之首事人等管理不当，当时书院衰落。

道光三年（1822 年）湘潭郭璨为户县尹，改组书院司事机构，对实亏银两重新捐补，广为劝谕，他率先以捐廉助，共成三千四百之数。明道书院再现辉煌，规模宏整，槛舍肃清，管理有序，诸生弘扬儒风，文化水平高于周围各县。

清光绪三十一年（1905 年）明道书院改建为县立高等小学堂。

民国十一年（1922 年）后，户县高等小学曾附设初中班，后又改为乡村师范。

1936 年因经费不足而乡村师范停办，更名"县立第一小学"。

1936 年以后，又以"西街小学"命名。

1989 年西街小学扩建，原建筑拆除。

现为"户县西街小学"，地址在陕西省西安市户县火神庙巷附近。

## 二、上元明道书院

宋仁宗嘉祐五年（1060 年）至宋仁宗嘉祐八年（1063 年），程颢在上元县先

---

① 以下内容来自《明道书院溯源》，户县新闻网（中国画乡网）2012-01-06，http://www.hxw163.com/news/2012/0106/47562.html，2013-7-2。

后任主簿、摄邑事，现已无此建制。上元县之设始于唐上元二年（761年），由江宁县更名而来，以唐肃宗的"上元"年号为县名。五代十国，天祐十四年（917年）始，江宁县与上元县同城而治。中华民国元年（1912年）废江宁、上元二县，次年废南京府设江宁县。2000年12月撤县，设立南京市江宁区。江宁区江宁街道为原上元县的核心区域，有"上元大街"为其地标。程颢在上元期间，深受百姓爱戴，后人在上元建有明道书院。

明道书院，在镇淮桥北，宋淳熙初，留守刘珙以先生尝为上元簿，招之学宫，朱熹为之记。绍熙间，即县西偏祀之。嘉定间，改建新祠构，前护门，中严祠像，偏曰春风堂，上为楼，左右二，塾曰：主敬、行恕。井为泽物泉，表其处为尊贤坊。定春秋仲丁，行释菜礼，真德秀撰记。未几堂毁。淳熙己酉，郡守吴渊更建，视旧益伟，聘名儒为山长，依效白鹿洞规，理宗闻而嘉之，为书"明道书院"四大字，赐为额。宝祐中，马光祖拟书院中立伺堂，东西有庑，后有春风堂，堂东序曰咨身斋，西曰养心斋，后有御书阁；又后有主敬堂，庭中有荷池，有三槐堂，东序斋二：曰尚志、敏行；西序斋二：曰明善、成镕。景定四年，姚希得修。至元遂废。①

根据记载，明道书院作为官立府级书院，规模甚大。中轴线上有大门、中门、祠堂、春风堂（御书阁）、主敬堂、燕居堂等六进主要建筑……春风堂为会讲之所，七间，广十丈，深五丈，是院中最大的建筑。堂中设讲座，四围设听讲座……主敬堂为会食会茶之所三间。教师住宿兼办公之所分散在春风堂、主敬堂左右前后。生徒斋舍有尚志、明善、敏行、成德、省身、养心六斋，斋各三间，环绕春风、主敬二堂而建。工作人员值班及住宿之所，则叫直房、吏舍、幕次。米廒、钱库、蔬园、公厨，则属后勤处所。到了元代，明道书院荒废。明朝嘉靖年间以及清朝康熙年间，明道书院也曾得以重建，但不久又都毁掉了。②

## 三、濮阳明道书院

宋神宗熙宁三年（1070年）至宋神宗熙宁五年（1072年），程颢在澶州任签书镇宁军节度判官。澶州即现在的濮阳，濮阳历史悠久，是中华民族发祥地之一，有"顼遗都"之称。濮阳夏代称昆吾国、春秋时期称卫都、战国后期始称"濮阳"，秦代建制濮阳县，宋为澶州、金称开州、民国时复名濮阳。程颢在濮阳期间"筑堤御患、建书院、兴学校"使濮阳形成了"家家笃行孝悌，户户崇尚礼让"的民风。

---

① 郝万章：《程颢与大程书院》，郑州：中州古籍出版社1993年版，第160—161页。
② 戎丹妍：《南京的书院最早宋朝出现　明道书院与今相似》，中国新闻网，http://www.chinanews.com/cul/2010/07-26/2424826.shtml.2013-12-22.

为延续民风，景仰先贤，明武宗正德十六年（1521 年）开州知州龙大有筹建书院于祠堂，第二年四月告竣。书院命名为"明道书院"，专祠供奉明道先生。书院大门朝南五楹，中为过道，两厢为号房。门额上书"明道书院"四个大字。照壁后为明道祠五楹，名曰"萃英堂"。中祀先儒程纯公明道先生神像，东西各有厢房五楹为山长与诸师长斋房，此为前院。穿过明道祠两厢月门便是后院。正北有讲堂五楹，诸学子授业其中。东西厢房各五楹，以供学子就寝。讲堂东西两侧至院角处各配小房数间，一为伙房，一为炊工与役宿处。四周围以高墙。青砖绿瓦蔚为壮观。龙知州奉旨拨城东田丈村南良田一百二十亩为庙田，委程万殊、程万田为首届庙主，并按当时州学同等规模规划学田、延聘山长、先生，遴造州内学子入院课读。①

明清期间明道书院得到多次维修或重建：

明万历四年（1576 年）知州王圻重建。

明崇祯五年（1632 年）知州王臣直重修。

清乾隆六年（1741 年）知州徐时作重修。

清乾隆五十八年（1793 年）知州徐悖典重修。

清嘉庆四年（1799 年）知州杨自强重修。而后并劝捐得银 4000 两交当生息，以供生童膏火，又以所捐大钱 60 千，交盐店生息，供生童卷费。

清咸丰十一年（1861 年）知州金秉忠将上项银两提充军粮，清同治元年（1862）又得劝捐银 1500 两，七年知州叶增庆将银 1200 两拨归书院，十二年知州蒋志鸿劝捐得银 5000 两，合前项银两，计银 7400 两交当以 1.5 分生息，以供生童膏火、奖赏、山长修金及卷价、工役工资等费用。

清光绪二十九年（1903 年）改为学堂。

另据明嘉靖十三年《开州志》卷三载：学田，在百涛等处，郡庠生侯大节捐田凡百亩，为"明道书院"之费，嘉靖元年七月二十五日也。又据清光绪三年《开州志》卷二中载：明道书院：在城内兴国寺西，正厅五楹，中祀把宋儒程纯公颢像。按旧志，明道书院为明嘉靖中知州龙大有创建，后坛。万历四年，知州王圻重建，正厅五楹，讲堂五楹，庖湢具焉。清朝乾隆六年、五十八年，嘉庆四年均有重修。遗址在今礼堂处。②

明道书院承明道之遗风，教化乡民，培育英才，在历史上为濮阳做出了很大贡献："明清两代开州文风鼎盛，明代中举者 181 人，其中武举人 28 人；进士及第者 50 人，其中武进士 1 人。清代中举者 158 人，其中武举人 87 人；进士及第者 18 人，其中武进士 7 人，并有 1 人钦点状元。至于秀才贡生那更是灿若繁星、

---

① 王德英：《明道书院——明清濮阳明珠》，《神州大观》2009 年第 12 期，第 38 页。

② 郝万章：《程颢与大程书院》，郑州：中州古籍出版社 1993 年版，第 62 页。

举不胜举。"①

程颐陆浑传易、关中讲学等本书不再专章考述。另外二程兄弟在应天书院、龙门书院等地的讲学困于资料本书也不再展开。这些可能是本书的缺憾，以后或用其他方式弥补。

---

① 王德英：《明道书院——明清濮阳明珠》，《神州大观》2009 年第 12 期，第 38 页。

# 结语　二程书院教育活动基本特征与历史影响

至此，依据时间的先后顺序本书已对二程书院教育活动进行了全面考述。结语部分拟对二程书院教育活动的基本特征和历史影响进行大要探讨与分析。

## 一、基本特征

二程书院教育活动的基本特征是书院教育活动与理学研究的紧密结合，以下从书院创建和书院讲学两个方面概要分析。

### （一）"七书院"基本特征

通过上述各章对二程书院教育活动的考述可知，由二程兄弟创建的书院有七所，分别是开封二程书院、晋城程颢书院、洛阳程氏书院、扶沟大程书院、伊川（县）伊川书院、汝州春风书院与涪陵钩深书院。除这七所书院外，二程讲学的书院还有嵩阳书院等，嵩阳书院的基本特征已有详述，此处仅概述二程所创"七书院"的基本特征。

从书院的创建方式分析，二程书院、钩深书院、程氏书院、伊川书院属于私人书院。其中二程书院与钩深书院依托禅寺，程氏书院依托居所，规模较小，是宋代典型的名儒治学、讲学书院。这类书院的院舍产权一般不属于"书院"，通常是人到院始、人走院止，与孔子的流动私学有类似之处，程氏书院最为典型。伊川书院则是由他人资助的、规模较大的私人书院。伊川书院拥有独立院舍，程颐走后仍是一所书院；程颢书院和大程书院是由程颢主持创建的官方书院，类似于地方高等院校，规模较大，延续性更强；春风书院则是由官方出资、私人举办，有独立院舍，具有可延续性。

由书院功能上分析，书院教育与理学研究的结合是七书院的共同特征。其中二程书院、程氏书院、春风书院、伊川书院与钩深书院五书院偏重理学研究，可称为"研究型"书院，书院的主要任务是理学的构建与传播，贯穿于授徒讲学与学者之间的交往活动之中。这其中又以伊川书院与钩深书院最为突显：伊川书院是为著书所建，钩深书院则以研《易》为要，加之程颐《易》学高足谯定等人的加入，形成了该书院独特的易学风格，实质上已成为"易学专经书院"。五书院，加之二程曾经讲学的嵩阳书院均成为其理学构建与传播的主要基地；程颢书院和大程书院二书院偏重教学，可称为"教学型"书院。培养学子参加科举考试是书院的主要任务，同时对二程理学的创建与传播也起到重要作用。尤其是大程书院，创建于二程书院教育活动中期，也是二程理学的成熟期，其理学研究功能则更为凸显。按照二程书院讲学活动的先后顺序，书院的理学研究功能则呈现越来越强的发展趋势。

### （二）书院讲学基本特征

二程在长期的书院讲学中积累了丰富的教学经验，并在某些方面取得了历史性的突破与发展。以下仅从院讲学的宗旨、课程设置、讲学的方式与方法，以及《四箴有序》之学规等方面探析。

### 1. 书院讲学的宗旨

二程书院讲学的宗旨是"学至圣人"，并落实在人才培养上。这与二程的教育目的论和教育任务论是一致的，程颐认为"人皆可以成为圣人，君子之学必至于圣人而后已。不至圣人而后已者，皆自弃也。"[①] 二程认为教育对于醇化社会风气、国家治理和个人的发展均有重要作用，是治国安邦的根本所在："善言治者，必以成就人才为急务。人才不足，虽有良法，无与行之矣。欲成就人才者，不患其禀质之不美，患夫师学之不明也。师学不明，虽有美质，无由成之矣。"[②] 二程就是要通过培养学圣志道的儒学人才，承继道统、醇化风气、实现国家大治。二程书院讲学也从属于这一指导思想，致力于人才的培养。二程的人才培养可分为两类，一类是培养通过科举考试、造福于民的官员。如程颢在晋城创办书院的主要目的就是帮助当地摆脱科场无人及第的局面，并且通过及第学子的正面影响，实现当

---

① （宋）程颢 程颐著，王孝鱼点校：《二程集》，北京：中华书局1981年版，第1199页。
② （宋）程颢 程颐著，王孝鱼点校：《二程集》，北京：中华书局1981年版，第1210页。

地教育的良性发展，达到醇化风气的社会治理功能。另一类是培养经明行修、致力于道统的学者。当时有不少已有功名的学子投奔于二程门下，其学习动因主要是仰慕二程之学，目的是成为致力于道统的学者，如朱光庭，与程颢同年高中进士，却拜二程为师。至于后来，程颐提出不以参加科举考试为学习目的，主要原因有三：一是针对过度热衷科举考试而形成的偏离圣人之道的时弊，"今之学者有三弊：溺于文章，牵于训诂，惑于异端。苟无是三者，则将安归？必趋于圣人之道矣"①；二是因为后期程颐书院讲学的研究性增强，从钩深书院讲学始，程颐主要研讲《易》学，这已属理学高端人才的培养模式，没有一定学术根基和理学志向的人是难以成为其门徒的；三是源于党祸，程颐认为当朝为旧党把持，已无正人君子施展才能的空间，做不好会与小人为伍，起不到效力朝廷的作用。二程培养通过科举考试的官员与培养学者是在以不同路径趋于圣人之道的，这两种人才的培养也是统一于二程的讲学之中的，只是在不同阶段、在不同性质的书院侧重点有所不同罢了。

### 2. 书院讲学的课程设置

二程书院讲学的课程设置以《四书》《五经》为主，并在书院讲学中开创了以义理为导向、以《四书》为基础"达至六经"的新型课程构建模式。

二程之前，《论语》是兼经，五代时《孟子》曾升格为经学，实无《四书》之说。二程把《大学》和《中庸》从《礼记》中抽出，单独成书。与《论语》、《孟子》并举，方有影响至今的《四书》之说。二程认为《四书》是学习"六经"的门径和基础："《大学》，孔子之遗言也，学者由是而学，则不迷于入德之门也"②；"中庸，天理也。不极天理之高明，不足以道乎《中庸》，中庸乃高明之极耳，非二致也"③；"或问：'穷经旨，当何所先？'子曰：'于《语》、《孟》二书知其要约所在，则可以观五经矣。读《论》、《孟》而不知道，所谓'虽多亦奚以为'？"④。二程表彰《四书》，在书院讲学中一以贯之。如二程在嵩阳书院讲学期间用理学的观点讲授《论语》《孟子》《大学》《中庸》等书，并以四书作为门生最基本的教材。⑤及至伊川书院时期，在这一原则指导下，程颐对《大学》、《论语》、《孟子》、《中庸》等书以理学思想进行注疏，为传统经典赋予了新的生机，形成了二程书院讲学的基础课程《四书》。

二程开创《四书》课程体系的目的是为了树立圣人之道，更好地学习其他经书。二程对六经的重要作用均有论述，且体现了继承性与创新性。如对《诗》、《礼》、《乐》作用的定位就彰显了对传统的继承，"学之兴起，莫先于《诗》。《诗》有美刺，歌咏之以知善恶、治乱、废兴。《礼》者所以立也，'不学《礼》无以立'。《乐》者所以成德。"①以其理学观点评价《春秋》则是在继承基础上的创新，"《春秋》是是非非，因人之行事，不过当年数人而已，穷理之要也。学者不必他求，学《春秋》可以尽道矣。"②二程在书院教学中，以理学观点解读《书》《诗》《礼》《易》《春秋》等经书，结出了累累硕果：《周易程氏传》《易说》《书解》《诗解》《春秋传》《改正大学》等。其中《周易程氏传》更是二程理学的经典之作，也是程颐后期书院讲学的重要内容，程颐在钩深书院主要讲《易》，后期在伊川书院和陆浑也是以讲《易》为主。

二程在上述各经的研究中把《四书》内容与理学义理用于各经的注疏之中，使《四书》与各经沟通，形成了浑圆一体的课程体系。特别是在《周易程氏传》中更是采用了以《四书》注经为主的治经方法。如对于《益》卦上九爻辞（莫益之，或击之，立心勿恒，凶），程颐的解释是：

> 上居无位之地，非行益于人也；以刚处益之极，求益之盛者也；所应者阴，非取善自益也。利者，众人所同欲也。专欲益已，其害大矣。欲之盛，则昏蔽而忘义理；求其极，则侵夺而至仇怨。故夫子曰："放于利而行，多怨"，孟子谓先利则不夺不餍，圣贤之深戒也。九以刚而求益之极，众人所共恶，故无益之者，而或攻击之矣。"立心勿恒，凶"，圣人戒人存心不可专利，云勿恒如是，凶之道也，所当速改也。③

上述可见，二程的理学思想与《四书》内容共同贯穿于解释之中，其中"欲之盛，则昏蔽而忘义理"一语是二程理学思想的直接表露；引用孔孟之言则是程颐《四书》治《易》方法的具体体现。正是程颐《四书》注《易》方法采用的，以及"体用一源"、"理一分殊"等易学观点的提出，使其在构筑二程理学大厦的同时，也形成了义理学派的经典之作——《周易程氏传》，奠定了程颐在《易》学史上的重要地位。

二程通过书院讲学、注疏与整理，开创了以义理为导向、以《四书》为基础，"达至六经"的儒学课程建构新模式，为改变多经并举、不断增加、日趋艰难的传统课程构建模式探寻了一条更为科学的发展之路。

---

① （宋）程颢 程颐著，王孝鱼点校：《二程集》，北京：中华书局 1981 年版，第 128 页。
② （宋）程颢 程颐著，王孝鱼点校：《二程集》，北京：中华书局 1981 年版，第 1200 页。
③ （宋）程颢 程颐著，王孝鱼点校：《二程集》，北京：中华书局 1981 年版，第 913 页。

### 3. 书院讲学的方式与方法

二程在书院讲学中采用以师生共聚的面授为主，以书信答疑解惑的"函授"为辅的教学方式。下为二例：

程颢讲解《识仁篇》。《识仁篇》是程颢在洛阳程氏书院面向弟子们讲述的重要内容之一，程颢的仁学思想是二程理学的重要组成，宣讲"仁"是继承儒家道统、构建二程理学的关键。从《识仁篇》中看到明道先生非常重视"仁"，他认为学习者首先应该学习"仁"，"义、礼、知、信"都属于"仁"。仁者就是浑然与天地万物一体，臻至孟子"万物皆备于我"的境界。程颢认为只有以"诚敬存"自己所固有的"仁"就能达到仁之境界，而关键在于自身的体认与坚守。

程颐之《与吕大临论中书》，是以书信形式答疑解惑的代表作。《与吕大临论中书》是程颐在程氏书院讲学期间与吕大临往复辩论"中"的书信。在书信中，程颐论述了什么是"中"，"中"与"道"、"中"与"和"、"中"与"性"的关系问题，以及"性"、"命"、"道"的异同，对"中"这一经典命题作了创新性阐释。书信形式的函授教学成为二程书院讲学中重要的辅助方式，这种"函授"教学方式打破师徒共处的局限，扩大了教学时空，深化了学术研究。

二程在书院讲学中采用了大量的教学方法，如循序渐进、因材施教、学贵守约、读经致用等，择要分析如下：

二程在书院教学中比较强调和运用循序渐进的教学方法。程颐对其兄"教人"的评价则体现了他们对这一方法的提倡与运用，"先生（程颢）教人，自致知至于知止，诚意至于平天下，洒扫应对至于穷理尽性，循循有序。病世之学者舍近而就远，处下而窥高，所以轻自大而卒无得也。"[1]

因材施教是孔子提倡的教学原则与教学方法，二程在书院讲学中对其有深刻的体会。二程从人性的差异性论述了因材施教的必要性："西北与东南，人材不同，气之厚薄异也。"[2] 因此，"君子之教人，或引之，或拒之，或各引所亏者成之而已。"[3] 比较而言，程颢对这一教学方法的使用更为纯熟，"先生之言，平易易知，贤愚皆获其益，如群饮于河，各充其量。"[4]

二程认为学贵守约，反对广博，"学不贵博，贵于正而已矣"。[5] 二程认为教师讲学应该少讲精讲，多说反而无益。"讲说，非古也。学者必潜心积虑，涵养而自得之。今一日尽讲，是以博为教，非有益也。"[6] 学贵守约不仅是二程倡导的教学

① （宋）程颢 程颐著，王孝鱼点校：《二程集》，北京：中华书局 1981 年版，第 638 页。
② （宋）程颢 程颐著，王孝鱼点校：《二程集》，北京：中华书局 1981 年版，第 1258 页。
③ （宋）程颢 程颐著，王孝鱼点校：《二程集》，北京：中华书局 1981 年版，第 1266 页。
④ （宋）程颢 程颐著，王孝鱼点校：《二程集》，北京：中华书局 1981 年版，第 638 页。
⑤ （宋）程颢 程颐著，王孝鱼点校：《二程集》，北京：中华书局 1981 年版，第 321 页。
⑥ （宋）程颢 程颐著，王孝鱼点校：《二程集》，北京：中华书局 1981 年版，第 1199 页。

方法也是其反复强调的学习方法。一次程颢问"记问甚博"的谢良佐为什么记忆这么多？弟子谢良佐深知先生反对"博识多问"，竟吓得不敢回答。当然，二程学贵守约的教学主张主要是为了矫治前文中提到的"三弊"而言的，不是真正要反对博学多识，果真如此，岂不与二程博学多识的成才历程相违背。

程颢、程颐在教育中也形成了各不相同的教学风格，"如坐春风"、"程门立雪"就是二人教学风格的鲜明写照。

### 4. 学规：《四箴有序》

二程书院管理方面可见的文献资料较少，但是，有理由推测在当时二程创建的书院中，特别是规模较大的程颢书院、大程书院和伊川书院一定有与书院管理相关的规章制度。这方面已经考证的主要有二：一是二程在嵩阳书院讲学时，"程颢曾为该书院制定规制（包括教学目标，学规等）、课程等规条，吸引了众多学子。"[①] 二是程颐于宋仁宗嘉祐元年（1056），根据孔子提出的"非礼勿视，非礼勿听，非礼勿言，非礼勿动"，撰成《四箴有序》，作为二程书院的学规，用以规劝、告诫弟子的学习与修养之要，恪守学至圣人之道。

《四箴有序》在中国书院教育学发展史上有着重要的历史地位，对后世书院学规的制定与发展产生了重要的影响。后来《四箴有序》作为嵩阳书院的学规被刻立在嵩阳书院讲堂之前。清代，《四箴有序》作为重要学规被张伯行收录在《学规类编》之中。但是，在当前的书院研究中，《四箴有序》却没有得到应有的重视，甚至被忽略，抄录如下，以补缺憾。

#### 四箴有序[②]

颜渊问克己复礼之目，夫子曰："非礼勿视，非礼勿听，非礼勿言，非礼勿动。"四者身之用也，由乎中而应乎外就，制于外所以养其中也。颜渊事斯语，所以进于圣人。后之学圣人者，宜服膺而勿失也。因箴以自警。

视箴：心兮本虚，应物无迹。操之有要，视之为则。蔽交于前，其中则迁。制之于外，以安其心。克己复礼，久而诚矣。

听箴：人有秉彝，本乎天性。知诱物化，遂亡其正。卓彼先觉，知止有定。闲邪存诚，非礼勿听。

言箴：人心之动，因言以宣。发禁躁妄，内斯静专，矧是枢机，兴戎出好。吉凶荣辱，惟其所召。伤易则诞，伤烦则支。己肆物忤，出悖来违。非法不道，钦哉训辞！

---

① 刘卫东著：《河南书院教育史》，郑州：中州古籍出版社 1991 年版，第 16 页。
② （宋）程颢 程颐著，王孝鱼点校：《二程集》，北京：中华书局 1981 年版，第 588 页。

动箴：哲人知几，诚之于思。志士励行，守之于为。顺理则裕，从欲惟危。造次克念，战兢自持。习与性成，圣贤同归。

上述可见，二程兄弟书院讲学的主要特征是理学研究与书院教学的紧密结合，这无论是在学至圣人的讲学宗旨、开创性的《四书》体系和《四箴有序》的学规等方面均有鲜明体现。结合二程所创建书院的理学研究功能，书院教育活动与理学研究的紧密结合确为二程书院教育活动的基本特征。

## 二、历史影响

二程兄弟，尤其是程颐长期从事书院教育活动，不但在当时产生了重要的影响，而且对后世也产生了深远的历史影响。

### （一）助推了宋代书院教育的转型与发展

北宋初年，官学发展缓慢，接受书院教育的学子成为科举考试的主力军，书院教育遂起到替代官学的作用，书院教育也由此得到蓬勃发展。随着北宋兴学带动的官学发展，以及庆历年间科举改革对考生学习经历的限制等，书院教育逐渐被排除在科举考试之外，致使大批以制科为主的书院萎缩、甚至倒闭，书院教育跌入低谷。与此同时，一些由学者开办的以学术研究为主体的小型书院却得以维系和发展，成为培养儒学人才的重要基地。由此也开始了宋代书院教育由以制科为要向以学术研究为主的历史性转型，二程在这次转型中做出了重要贡献：二程创办书院与书院讲学始终以"学达圣人"、承继道统为宗旨，始终把讲学与学术发展相结合。二程书院、程氏书院、春风书院、伊川书院与钩深书院就是以理学构建为目的的研究型书院，后期程颐在伊川书院和钩深书院更是以研究、著述为要；程颢书院被称为"理学之源"，大程书院则是理学研究与书院教育相结合的早期模式，"从现有历史文献而言，从创立的目的、教学活动以及教学效果而言，二程创立的扶沟明道书院（大程书院）是书院和新儒学结合的真正开始"。[①]这两所由程颢主持创建的官办书院也突出了学术研究的特征，行走在书院转型的路上；二程于嵩阳书院的讲学更是促进了书院教育的转型，作为四大书院之一的嵩阳书院由制科为要转向以理学研究为主，在书院转型中起到了很大的带动作用。后来二程弟子杨时等人也执教于嵩阳书院，他们更是把二程开创的书院教育与理学研究结合的模式带到南方，助推了南宋书院教育的辉煌。

---

① 李兵：《书院与科举关系研究》，厦门大学教育研究院 2004 年博士学位论文，第 63 页。

### （二）促进了理学的构建、传播与发展

二程作为程朱理学的奠基人，其书院教育活动对理学的构建、传播与发展起到了关键作用。主要表现在以下三个方面：

一是二程以承继道统为己任，把理学思想贯穿于书院讲学的方方面面，包括学规的制定、课程的设置与解读等。程颐在开创书院之初就在其《四箴有序》中旗帜鲜明表明了自己追寻圣人的志向和教学宗旨。"顺理则裕，从欲惟危"等语则是其理学思想的体现。二程以理学思想解读《四书》与其他经书，始终把理学的构建与传播贯穿于书院讲学和研究之中。即使是在党祸迭起，编管涪陵和被逼"缴书""散徒"之际，程颐依然坚持自己的理学追求，讲学、著述不息。也正是这种执着与坚守，才构筑了理学的奠基工程。

二是由于二程长期从事书院教育和理学研究，为理学的传播与发展培养了大批人才。在二程众多弟子中，有名可考的就有93人，其中吕大临、杨时、谢良佐、游酢被称为"程门四先生"，他们是二程理学传播与发展的中坚力量。后来，众弟子把二程理学思想广播四方，产生了重要影响。南宋时期二程理学在各地广为传播与延续：吕大临在陕西，谯定在四川，胡安国、胡宏父子和张栻在湖南，杨时、罗从彦、李侗、朱熹在福建，周行己、许景衡在浙江，王蘋在江苏……他们以二程为宗，推动了二程理学的发展。其中，杨时更是继承了二程的衣钵，成为二程理学发展的主线，至朱熹时形成了系统的儒学思想新体系——程朱理学，成为直至清帝逊位中国主要的官方哲学。

三是书院对二程理学的传承与发展，二程所讲学的书院，在后续发展均以二程为宗，理学为范，促进了二程理学的继承与发展。如开封二程书院和嵩阳书院在后续发展中均建有二程祠，并且把二程理学作为重要的教学内容。特别是嵩阳书院在其后的发展中，代代嵩阳人以继承和发展二程理学为己任，使其在嵩阳书院绵延相传。特别是清代初年的理学家、教育家耿介，长期执教嵩阳书院，无论是拜师、交友，还是论学、著述，都以阐扬理学为宗旨。直至书院改制，嵩阳书院在教学中均肩负着传播和发展理学的历史使命。

### （三）引领了儒学课程体系构建的新方向

二程开创的以义理为导向、以《四书》为基础，"达至六经"的课程新体系在中国传统儒学教育中具有划时代的意义。这一课程体系经过后继学者的发展，特别是经过朱熹的努力形成的《四书集注》，同时与《五经》并举成为后世科举时代经典的，甚至是一成不变的课程模式。《四书》《五经》与西方的《圣经》一样，在中国成为妇孺皆知的学习内容，与之共生的是仁、义、礼、智、信之做人准则

和不违天理的道德底线。这些对于我国国民性的形成、礼仪之邦的铸造、中华民族主流文化的强化、国家的认同与中华民族凝聚力的加强都起到了至关重要的作用。后来虽然出现了比较僵化的局面，但是对于上述国家与民族大义而言就显得微不足道了。正在全国 30 所高中试用的中华书局出版的《中华文化基础教材》，由台湾高中必选课教材《中华文化基本教材》修订而成。该教材仍以程颐表彰的《四书》为主要内容，并且《中华文化基本教材》已在台湾使用了 60 余年，这表明《四书》在中国学校教育中并没有完全断流。现在，《四书》《五经》已逐步成为我们进行传统文化教育不可或缺的重要内容，特别是《四书》更是中小学国学教育课程的主要来源。它将在新的历史时期为弘扬与发展中华民族优秀的传统文化、增强国家的认同感与中华民族的凝聚力发挥更为持久、更加有效的影响力。

### （四）促进了当地书院教育的发展

二程在各地的书院教育活动，对推动当时和后世书院教育的发展均产生了重要影响。除程氏书院没有考证支撑外，其他书院均得到不同程度的继承和发展，大部分书院直到清末书院改制后才退出传统书院教育，为当地教育发展和人才培养做出了重要贡献。

人才培养方面。如大程书院，从程颢创建书院至清朝末年，为扶沟县培养了进士 38 人，举人 123 人，副榜、拔贡等 564 人，居官者 342 人。其中任尚书的就有 3 人，布政使、御史及州官吏共有 136 人。二程书院仅在明道书院（1894 年二程书院易名为"明道书院"）期间，就培养了大批优秀人才，如李月生、牛景武、郭芳五、万葆真、阎春台、张仲学、白寿庭、施虞琴等皆有所建树。①

后续发展方面。如伊川书院除金占时期，后续各代均有延续：元朝重建，"伊川书院"之名载入史册。明代得以重修，再续斯文。清代持续发展，及至书院改制。再如大程书院，在明清时期均得到了继承与发展，清代更是进入了北宋之后的又一辉煌期。嘉庆十一年（1806 年），知县殷秉庸对大程书院重修。清道光三年（1823 年），书院生员达百余人，设立了分校。光绪十一年（1885 年），大程书院进行了扩建和修建，建成了集书院与考院于一体的综合性书院，成为县级书院功能最完善的书院，现在大程书院仍完好地保持这一建筑格局。"就其历史之长，规模之大、影响之广、保存之完善，不亚于全国著名的四大书院"②。二程讲学于嵩阳书院，对嵩阳书院的发展与影响力的提升更是起到了关键性作用，嵩阳书院跻身"四大书院"，荣称"儒学标本"，二程功勋至伟。

二程的书院教育活动在推动书院教育发展的同时，也进一步推动了当时教育

① 任大山：《大梁、明道书院考略》，《河南图书馆学刊》，1999 年第 04 期，第 57 页。
② 郝万章：《程颢与大程书院》，郑州：中州古籍出版社 1993 年版，第 1 页。

的整体发展和民风的形成，这也是二程学至圣人、醇化风气、实现大治的教育目的使然。如，程颢在晋城成功举办书院的同时，进一步推动了晋城诸乡的教育发展，促进晋城民众向学风气的形成。前文中提到宋朝著名诗人黄庭坚的叔父黄夷仲元丰八年考察晋城，其作《行县诗》就鲜明展现了晋人浓厚的向学风尚。而时隔千年，陵川县郝氏后人追忆：祖上曾从师程明道，说郝氏一门人才济济与受程氏教育有关。

二程兄弟书院教育活动时间之长、地域之广、创建书院之多、硕果之丰、影响之大，堪称中国杰出的书院教育家。但是由于其卓越的理学贡献，教育方面的成就往往被遮蔽。张岱年先生说："二程兄弟创立道统论，具有重要的意义，道统就是真理的传统，对中国思想文化的发展影响甚大。"① 当前，正是继承与弘扬中国优秀传统文化、大力发展地方文化，建设文化强国的黄金时期。中国传统文化教育方兴未艾，书院也应运重生。不少地区重建书院，实施书院教育或打造书院文化景点，书院正在成为新时期中国教育与文化发展的新成员。二程创建或讲学的书院也步入了创造性继承与发展的新时期：2009 年 4 月，长江师范学院组建了长江师范学院钩深书院，实施通识教育。同年 9 月 2 日，郑州大学嵩阳书院成立，培养国学人才。现在，已有人酝酿成立河南大学二程书院。另外，扶沟实施县博物馆与书院同体的管理模式，使大程书院得到持续保护与利用。晋城人民正在对程颢书院进行全面抢修与开发，一个新型的书院文化社区正在形成……如何保护和利用传统书院遗址？如何准确把握我国传统书院教育的精髓？让中国优秀的传统教育模式在新的历史时期再铸辉煌，更好地服务当代中国，乃至世界教育与文化的发展是亟需解决的系统工程。更加深入研究北宋书院转型期二程兄弟的书院教育活动与教育思想无疑有着非常重要的现实价值与历史意义。

---

① 蔡方鹿：《"国际二程学术研讨会"简述》，《中华文化论坛》2001 年第 07 期，第 143 页。

# 参考文献

## 一、古籍类:

（汉）何休注，（唐）徐彦疏：《春秋公羊传注疏》，北京：中华书局 1957 年版。

（晋）范宁注，（唐）杨世勋疏：《春秋穀梁传注疏》，北京：中华书局 1957 年版。

（清）《清高宗实录》卷六五零，北京：中华书局 1986 年版。

（清）黄宗羲原著，（清）全祖望补修；陈金生，梁运华点校：《宋元学案》第一册，北京：中华书局 1986 年版。

（宋）程颢 程颐著，王孝鱼点校：《二程集》，北京：中华书局 1981 年版。

（宋）胡宏：《胡宏集》，北京：中华书局 1987 年版。

（宋）李心傅编：《道命录》，（清）知不足斋丛书本。

（宋）邵伯温著，李剑雄，刘德权点校：《邵氏见闻录》卷 15，北京：中华书局 1983 年版。

（宋）邵雍：《伊川击壤集》，《四部丛刊》，景明成化本。

（宋）薛居正等著：《旧五代史》，北京：中华书局 1976 年版。

（宋）朱熹：《四书集注》，南京：凤凰出版社 2008 年版。

（宋）朱熹：《朱子全书·伊洛渊源录》，上海：上海古籍出版社 2002 年。

（元）脱脱：《宋史》，北京：中华书局 1985 年版。

## 二、著作类:

常松木编著：《嵩阳书院》，北京：大众文艺出版社 2012 年版。

程鹰等：《二程故里志》，开封：河南大学出版社 1992 年版。

管道中：《二程研究》，上海：中华书局 1937 年版。

郝万章：《程颢与大程书院》，郑州：中州古籍出版社 1993 年版。

黄荣华主编，王琳妮编选：《春秋大义——〈春秋〉三传选读》，上海：复旦大学出版社 2013 年版。

季啸风：《中国书院辞典》，杭州：浙江教育出版社 1996 年版。

姜海军：《程颐〈易〉学思想研究——思想史视野下的经学诠释》，北京：北京师范大学出版社 2010 年版。

晋城县志编纂委员会编：《晋城县志》，太原：山西古籍出版社 1999 年版。

梁韦弦：《程氏易传导读》，济南：齐鲁出版社 2003 年版。

刘卫东编著：《河南书院教育史》，郑州：中州古籍出版社 1991 年版。

卢广森，卢连章：《洛学及其中州后学》，开封：河南大学出版社 1999 年版。

卢连章：《程颢程颐评传》，南京：南京大学出版社 2013 年版。

钱穆：《中国近三百年学术史》，北京：九州出版社 2011 年版。

唐君毅：《中国哲学原论·原教篇》，北京：中国社会科学出版社 2005 年版。

王炳照：《中国古代书院》，北京：中国国际广播出版社 2009 年版。

王育济：《理学·实学·朴学—宋元明清思想文化的主流》，济南：山东友谊出版社 1993 年版。

吴建设：《河洛大儒·程颢程颐传》，郑州：文心出版社 2010 年版。

徐俊：《中国古代王朝和政权名号探源》，武汉：华中师范大学出版社 2000 年版。

徐远和：《洛学源流》，济南：齐鲁书社 1987 年版。

杨立华：《气本与神化：张载哲学述论》，北京：北京大学出版社 2008 年版。

朱伯崑：《易学哲学史》中册，北京：北京大学出版社 1988 年版。

[英] 葛瑞汉著，程德祥译：《二程兄弟的新儒学》，郑州：大象出版社 2008 年版。

## 三、论文类：

安国楼：《嵩阳书院与二程理学》，《郑州大学学报》（社会科学版）2000 年第 05 期。

蔡方鹿：《"国际二程学术研讨会"简述》，《中华文化论坛》2001 年第 07 期。

陈延菊：《周敦颐与程颢程颐关系研究》，四川师范大学 2012 年硕士论文。

陈战峰：《宋代〈诗经〉学与理学——关于〈诗经〉学的思想学术史考察》，西北大学 2005 年博士学位论文。

程宗成：《"二程"上世系及其谱系分歧》，《黄山学院学报》2004 年第 04 期。

冯剑辉：《程家族与徽州关系考》，《史学月刊》2011 年第 03 期。

龚祖培：《周敦颐与"二程"的文学特点比较》，《湖南城市学院学报》2012 年第 05 期。

洪梅，李建华：《寻"孔颜乐处"的生态价值取向———从周敦颐到程颢、程颐》，《齐鲁学刊》2012 年第 04 期。

侯生哲：《古书院与程颢》，《晋城职业技术学院学报》2010 年第 04 期。

胡青：《北宋书院研究序》，《江西教育学院学报》（社会科学）2012 年第 10 期。

靳伟燕：《析北宋三次兴学对书院的影响》，《牡丹江师范学院学报》（哲社版）2013 年第 04 期。

李兵，宋宙红：《论庆历兴学对北宋书院发展的影响》，《集美大学学报》2003 年第 04 期。

李兵：《书院与科举关系研究》，厦门大学 2004 年博士学位论文。

李银安：《程颢、程颐出生地考》，《长江论坛》2006 年第 01 期。

李银刚：《伊川书院史话》，《神州大观》2002 年第 09 期。

刘伯山：《〈程朱阙里志〉与朱熹二程出自徽州考》，《中国地方志》2004 年第 12 期。

任大山：《大梁、明道书院考略》，《河南图书馆学刊》1999 年第 04 期。

任继愈：《从程门立雪看儒教》，《群言》1993 年第 03 期。

邵明华：《邵雍交游研究——关于北宋士人交游的个案研究》，山东大学 2009 年博士学位论文。

涂怀章：《究心旷世大儒 解读程子形状——〈理学双凤·程颢程颐〉序言》，《武汉文博》2008 年第 03 期。

王德英：《明道书院——明清濮阳明珠》，《神州大观》2009 年第 12 期。

王国轩：《二程与〈四书集注〉研究》，《中州学刊》1989 年第 01 期。

王曾惠，贺培材：《程颢、程颐洛阳史迹调查记》，《中州学刊》1982 年第 03 期。

熊贤品，高福秋：《开封明道书院今何在》，《寻根》2011 年第 02 期。

徐洪兴：《唐宋间的孟子升格运动》，《中国社会科学》1993 年第 05 期。

岳续明：《"先生"程颢》，《山西老年》2003 年第 01 期。

张金兰：《关洛学派关系研究》，陕西师范大学 2010 年博士学位论文。

张显运：《简论北宋时期河南书院的办学特色》，《开封大学学报》2005 年第 04 期。

张祥云：《北宋西京河南府研究》，河南大学 2010 年博士学位论文。

张泽槐：《试论周敦颐与程颢、程颐微妙关系》，《湖南科技学院学报》2012 年第 03 期。

章启辉：《二程与周镰溪邵康节》，《河南师范大学学报》2001 年第 02 期。

赵国权：《洛学的发源地——伊川书院考略》，《江西教育学院学报》2010 年第 04 期。

朱惠芳：《周敦颐于汝城开阐理蕴传授二程初考》，《湖南城市学院学报》2012 年第 06 期。

## 一、明道先生行状

### 伊川先生

曾祖希振，任尚书虞部员外郎；妣，高密县君崔氏。祖遹，赠开府仪同三司吏部尚书，妣，孝感县太君张氏，长安县太君张氏。父珦，见任太中大夫，致仕；母，寿安县君侯氏。先生名颢，字伯淳姓程氏，其先曰乔伯，为周大司马，封于程，后遂以为氏。先生五世而上，居中山之博野。高祖赠太子少师，讳羽，太宗朝以辅翊功显，赐第于京师，居再世。曾祖而下，葬河南，今为河南人。

先生生而神气秀爽，异于常儿。未能言，叔祖母任氏太君抱之行，不觉钗坠，后数日方求之。先生以手指示，随其所指而往，果得钗，人皆惊异。数岁，诵诗书，强记过人。十岁能为诗赋。十二、三时，群居庠序中，如老成人，见者无不爱重。故户部侍郎彭公思永谢客至学舍，一见异之，许妻以女。

踰冠，中进士第，调京兆府户县主簿。令以其年少，未知之。民有借其兄宅以居者，发地中藏钱。兄之子诉曰："父所藏也。"令曰："此无证佐，何以决之？"先生曰："此易辨尔。"问兄之子曰："尔父藏钱几何时矣？"曰："四十年矣。""彼借宅居几何时矣？"曰："二十年矣。"即遣吏取钱十千视之，谓借宅者曰："今官所铸钱不五六年即遍天下，此钱皆尔未居前数十年所铸，何也？"其人遂服，令大奇之。

南山僧舍有石佛，岁传其首放光，远近男女聚观，昼夜杂处，为政者畏其神，莫敢禁止。先生始至，诘其僧曰："吾闻石佛岁现光，有诸？"曰："然。"戒曰："俟复见，必先白吾，职事不能往，当取其首就观之。"自是不复有光矣。府境水害，仓卒兴役，诸邑率皆狼狈；惟先生所部，饮食芨舍无不安便。时盛暑泄痢大行，死亡甚众，独户人无死者。所至治役，人不劳而事集，常谓人曰："吾之董役，乃治军法也。"

当路者欲荐之，多问所欲，先生曰："荐士，当以才之所堪，不当问所欲。"再期，以避亲罢，再调江宁府上元县主簿。田税不均，比他邑尤甚。盖近府美田，为贵家富室以厚价薄其税而买之，小民苟一时之利，久则不胜其弊。先生为令画法，民不知扰，而一邑大均。其始，富者不便，多为浮论，欲摇止其事，既而无一人敢不服者。后诸路行均税法，邑官不足，益以他官，经岁历时，文案山积，而尚有诉不均者，计其力比上元不啻千百矣。

会令罢去，先生摄邑事。上元剧邑，诉讼日不下二百。为政者疲于省览矣，奚暇及治道？先生处之有方，不阅月，民讼遂简。江南稻田，赖陂塘以溉，盛夏塘堤大决，计非千夫不可塞。法当言之府，府禀于漕司，然后计功调役，非月余不能兴作。先生曰："比如是，苗槁久矣，民将何食？救民获罪，所不辞也。"遂发民塞之，岁则大熟。

江宁当水运之冲，舟卒病者，则留之为营以处，曰"小营子"，岁不下数百人，至者辄死。先生察其由，盖既留然后请于府，给券乃得食，比有司文具，则困于饥已数日矣。先生白漕司，给米贮营中，至者与之食，自是生全者大半。措置于纤微之间，而人已受赐，如此之比，所至多矣。先生常云："一命之士，苟存心于爱物，于人必有所济。"

仁宗登遐，遗制官吏成服，三日而除。三日之朝，府尹率群官将释服。先生进曰："三日除服，遗诏所命，莫敢违也。请尽今日。若朝而除之，所服止二日尔。"尹怒而不从。先生曰："公自除之，某非至夜不敢释也。"一府相视，无敢除者。

茅山有龙池，其龙如蜥蜴而五色。祥符中，中使取二龙至中途。中使奏一龙飞空而去。自昔严奉以为神物，先生尝捕而脯之，使人不惑。其始至邑，见人持竿道傍，以黏飞鸟，取其竿折之，教之使勿为。及罢官，舣舟郊外。有数人共语曰："主簿折黏竿，乡民子弟不敢畜禽兽。"不严而令行，大率如此。

再期，移泽州晋城令。泽人淳厚，尤服先生教命。民以事至者，必告之以孝弟忠信，入所以事父兄，出所以事长上。度乡村远近为伍保，使之以力役相助、患难相恤，而奸伪无所容。凡孤茕残废者，责之亲戚乡党，使无失所。行旅出于其途者，疾病皆有所医。诸乡皆有校。暇时亲至，召父老而为之语；儿童所读书，亲为正句读；教者不善，则为易置。俗始甚野，不知为学。先生择子弟之秀者，聚而教之。去邑才十余年，而服儒服者数百人矣。

乡民为社会，为立科条，旌则善恶，使有劝有耻。邑几万室，三年之间，无强盗及斗死者。秩满，代者且至，吏夜叩门，称有杀人者。先生曰："吾邑安有此？

诚有之，必某村某人也。"问之果然。家人惊异，问："何以知之？"曰："吾常疑此人恶少之弗革者也。"

河东财赋窘迫，官所科买，多为民患。虽至贱之物，至官取之，则其价翔踊，多者至数十倍。先生常度所需，使富室预储，定其价而出之。富室不失倍息，而乡民所费，比常岁十不过二三。民税常移近边，载往则道远，就籴则价高。先生择富民之可任者，预使购粟边郡，所费大省，民力用纾。县库有杂纳钱数百千，常借以补助民力。部使者至，则告之曰："此钱令自用而不敢私，请一切不问。"使者屡更，无不从者。先时民惮差役，役及则互相纠讼，乡人遂为仇雠，先生尽知民产厚薄，第其先后，按籍而办之，无有辞者。

河东义勇，农隙则教以武事，然应文备数而已。先生至，晋城之民遂为精兵。晋俗尚焚尸，虽孝子贤孙，习以为安。先生教谕禁止，民始信之。而先生去后，郡官有母死者，惮于远致，以投烈火，愚俗视效，先生之教遂废，识者恨之。先生为令，视民如子。欲辨事者，或不持牒，径至庭下，陈其所以。先生从容告语，谆谆不倦。在邑三年，百姓爱之如父母，去之日，哭声振野。

用荐者，改著作佐郎，寻以御史中丞吕公公著荐，授太子中允、权监察御史里行。神宗素知先生名，召对之日，从容咨访，比二三见，遂期以大用。每将退，必曰：频求对来，欲常常相见耳。"一日，论议甚久，日官报午正，先生遽求退。庭中中人相谓曰："御史不知上未食邪？"前后进说甚多，大要以正心窒欲，求贤育材为先，先生不饰辞辨，独以诚意感动人主。神宗尝使推举人才，先生所荐者数十人，而以父表弟张载暨弟颐为首。所上章疏，子侄不得窥其稿。尝言人主当防未萌之欲，神宗俯身拱手曰："当为卿戒之。"及因论人才，曰："陛下奈何轻天下士？"神宗曰："朕何敢如是？"言之至于再三。

时王荆公安石日益信用，先生每进见，必为神宗陈君道以至诚仁爱为本，未尝及功利。神宗始疑其迂，而礼貌不衰。尝极陈治道。神宗曰："此尧、舜之事，朕何敢当？"先生愀然曰："陛下此言，非天下之福也。"荆公浸行其说，先生意多不合，事出必论列。数日之间，章数十上。尤极论者：辅臣不同心，小臣与大计，公论不行，青苗取息，卖祠部牒，差提举官多非其人及不经封驳，京东转运司剥民希宠不加黜责，兴利之臣日进，尚德之风浸衰等十余事。荆公与先生道虽不同，而尝谓先生忠信。先生每与论事，心平气和，荆公多为之动。而言路好直者，必欲力攻取胜，由是与言者为敌矣。

先生言既不行，恳求外补，神宗犹重其去，上章及面请十数，不许，遂阖门待罪。神宗将黜诸言者，命执政除先生监司，差权发遣京西路提点刑狱。复上章曰："臣言是愿行之。如其妄言，当发显责。请罪而获迁，刑赏混矣。"累请得罢，既而神宗手批，暴白同列之罪，独于先生无责，改差签书镇宁军节度判官事。

为守者严刻多忌，通判以下，莫敢与辩事，始意先生尝任台宪，必不尽力职事，而又虑其慢己。既而先生事之甚恭，虽莞库细务，无不尽心，事小未安，必与之办，遂无不从者，相与甚欢。屡平反重狱，得不死者前后盖十数。

河清卒于法不他役。时中人程昉为外都水丞，怙势，蔑视州郡，欲尽取诸埽兵治二股河，先生以法拒之。昉请于朝命，以八百人与之。天方大寒，昉肆其虐，众逃而归。州官晨集城门，吏报河清兵溃归，将入城。众官相视，畏昉欲弗纳。先生曰："此逃死自归，弗纳必为乱。昉有言，某自当之。"既亲往，开门抚谕，约归休三日复役，众欢呼而入。具以事上闻，得不复遣。后昉奏事过州，见先生，言甘而气摄。既而扬言于众曰："澶卒之溃，乃程中允诱之，吾必诉于上。"同列以告，先生笑曰："彼方惮我，何能尔也。"果不敢言。

会曹村埽决，时先生方救护小吴，相去百里。州帅刘公涣以事急告，先生一夜驰至。帅俟于河桥。先生谓帅曰："曹村决，京城可虞。臣子之分，身可塞亦为之。请尽以厢兵见付，事或不集，公当亲率禁兵以继之。"帅义烈士，遂以本镇印授先生，曰："君自用之。"先生得印，不暇入城省亲，径走决堤，谕士曰："朝廷养尔辈，正为缓急尔。尔知曹村决则注京城乎？吾与尔曹以身捍之。"众皆感激自效。论者皆以为势不可塞，徒劳人耳。先生命善泅者衔细绳以渡决口，水方奔注，达者百一，卒能引大索以济众，两岸并进，昼夜不息，数日而合。其将合也，有大木自中流而下，先生顾谓众曰："得彼巨木横流入口，则吾事济矣。"语才已，木遂横，众以为至诚所致。其后曹村以下复决，遂久不塞，数路困扰，大为朝廷忧。人以为，使先生在职，安有是也？

郊祀霈恩，先生曰："吾罪涤矣，可以去矣。"遂求监局，以便亲养，得罢归。

自是醜正者竞扬避新法之说。岁余，得监西京洛河竹木务，荐者言其未尝叙年劳，丐迁秩，特改太常丞。神宗犹念先生，会修三经义，尝语执政曰："程某可用。"执政不对。又尝有登封者自洛至，问曰："程某在彼否？"连言佳士。其后彗见翼轸间，诏求直言，先生应诏论朝政极切。还朝，执政屡进拟，神宗皆不许，既而手批与府界知县，差知扶沟县事。先生诣执政，复求监当。执政谕以上意不可改也。数月，右府同荐，除判武学。新进者言其新法之行，首为异论，罢复旧任。

先生为治，专尚宽厚，以教化为先，虽若甚迂，而民实风动。扶沟素多盗，虽乐岁，强盗不减十余发。先生在官，无强盗者几一年。广济、蔡河出县境，濒河不逞之民，不复治生业，专以胁取舟人物为事，岁必焚舟十数以立威。先生始至，捕得一人，使引其类，得数十人，不复根治旧恶，分地而处之，使以挽舟为业，且察为恶者，自是邑境无焚舟之患。

畿邑田税重，朝廷岁常蠲除以为惠泽。然而良善之民惮督责而先输，逋负获除者皆顽民也。先生为约，前科获免者，今必如期而足，于是惠泽始均。司农建言，天下输役钱达户四等，而畿内独止第三，请亦及第四。先生力陈不可，司农奏其议，谓必获罪，而神宗是之，畿邑皆得免。

先生为政，常权谷价，不使至甚贵甚贱。会大旱，麦苗且枯。先生教人掘井以溉，一井不过数工，而所灌数亩，阖境赖焉。水灾民饥，先生请发粟贷之。邻邑亦请。司农怒，遣使阅实。使至邻邑，而令遽自陈谷且登，无贷可也。使至，谓先生盍亦自陈？先生不肯，使者遂言不当贷。先生力言民饥，请贷不已，遂得谷六千石，饥者用济。而司农益怒，视贷籍户同等而所贷不等，檄县杖主吏。先生言，济饥当以口之众寡，不当以户之高下；且令实为之，非吏罪；乃得已。

内侍都知王中正巡阅保甲，权宠至盛，所至凌慢县官，诸邑供帐，竞务华鲜，以悦奉之。主吏以请，先生曰："吾邑贫，安能效他邑？且取于民，法所禁止也。今有故青帐，可用之。"先生在邑岁余，中正往来境上，卒不入。邻邑有冤诉府，愿得先生决之者，前后五六。有犯小盗者，先生谓曰："汝能改行，吾薄汝罪。"盗叩首愿自新。后数月，复穿窬，捕吏及门，盗告妻曰："我与大丞约，不复为盗，今何面目见之邪？"遂自经。

官制改，除奉议郎。朝廷遣官括牧地，民田当没者千顷，往往持累世契券以自明，皆弗用。诸邑已定，而扶沟民独不服。遂有朝旨，改税作租，不复加益。及听卖易如私田。民既倦于追呼，又得不加赋，乃皆服。先生以为不可，括地官至，谓先生曰："民愿复而君不许，何也？"先生曰："民徒知今日不加赋，而不知后日增租夺田，则失业无以生矣。"因为言仁厚之道。其人感动，谢曰："宁受责，不敢违法。"遂去之他邑。

不踰月，先生罢去。其人复至，谓摄令者曰："程奉议去矣，尔复何恃而敢稽违旨？"督责甚急，数月而事集。邻邑民犯盗，系县狱而逸，既又遇赦。先生坐是以特旨罢。邑人知先生且罢，诣府及司农丐留者十数。去之日，不使人知，老稚数百，追及境上，攀挽号泣，遣之不去。

以亲老求近乡监局，得监汝州酒税。今上嗣位，覃恩，改奉议郎。先生虽小官，士大夫视其进退，以卜兴衰。圣政方新，贤德登进，先生特为时望所属，召为宗正丞，未行，以疾终，元丰八年六月十五日也，享年五十有四。士大夫识与不识，莫不哀伤，为朝廷生民恨惜。

先生资禀既异，而充养有道：纯粹如精金，温润如良玉；宽而有制，和而不流；忠诚贯于金石，孝悌通于神明。视其色，其接物也，如春阳之温；听其言，其入人也，如时雨之润。胸怀洞然，彻视无间；测其蕴，则洁乎若沧溟之无际；极其德，美言盖不足以形容。

先生行己：内主于敬，而行之以恕；见善若出诸己，不欲者弗施于人；居广居而行大道，言有物而动有常。

先生为学：自十五六时，闻汝南周茂叔论道，遂厌科举之业，慨然有求道之志。未知其要，泛滥于诸家，出入于老、释者几十年，返求诸六经而后得之。明于庶物，察于人伦。知尽性至命，必本于孝悌；穷神知化，由通于礼乐。辨异端似是之非，开百代未明之惑。秦、汉而下，未有臻斯理也。

谓孟子没而圣学不传，以兴起斯文为己任。其言曰："道之不明，异端害之也。昔之害近而易知，今之害深而难辨。昔之惑人，也乘其迷暗，今之入人也，因其高明。自谓之穷神知化，而不足以开物成务。言为无不周遍，实则外于伦理；穷深极微，而不可以入尧舜之道。天下之学，非浅陋固滞，则必入于此。自道之不明也，邪诞妖异之说竞起，涂生民之耳目，溺天下于污浊。虽高才明智，胶于见闻，醉生梦死，不自觉也。是皆正路之榛芜，圣门之蔽塞，辟之而后可以入道。"

先生进将觉斯人，退将明之书；不幸早世，皆未及也。其辨析精微，稍见于世者，学者之所传耳。先生之门，学者多矣。先生之言，平易易知，贤愚皆获其益。如群饮于河，各充其量。

先生教人：自致知至于知止，诚意至于平天下，洒扫应对至于穷理尽性，循循有序。病世之学者舍近而趋远，处下而窥高，所以轻自大而卒无得也。

先生接物：辨而不间，感而能通。教人而人易从，怒人而人不怨，贤愚善恶咸得其心。狡伪者献其诚，暴慢者致其恭。闻风者诚服，觌德者心醉，虽小人亦趋向之异。顾于利害，时见排斥，退而省其私，未有不以先生为君子也。

先生为政：治恶以宽，处烦而裕。当法令繁密之际，未尝从众，为应文逃责之事。人皆病于拘碍，而先生处之绰然；众忧以为甚难，而先生为之沛然。虽当仓卒，不动声色。方监司竞为严急之时，其待先生，率皆宽厚，设施之际，有所赖焉。先生所为纲条法度，皆可效而为也；至其道之而从，动之而和，不求物而物应，未施信而民信，则人不可及也。

彭夫人封仁和县君，严正有礼，事舅以孝称，善睦其族，先一年卒。子曰端懿，蔡州汝阳县主簿；曰端本，治进士业。女适假承务郎宋纯之。卜以今年十月乙酉，葬于伊川先茔。谨书世家行业及历官行事之大概，以求志于作者，谨状。元丰八年八月日弟谨状。

## 二、伊川先生年谱

### 朱熹

先生名颐，字正叔，明道先生之弟也。幼有高识，非礼不动。年十四五，与明道同受学于舂陵周茂叔先生。皇祐二年，年十八，上书阙下，劝仁宗以王道为心，生灵为念，黜世俗之论，期非常之功，且乞召对，面陈所学。不报，闲游太学。时海陵胡翼之先生方主教导，尝以《颜子所好何学论》试诸生。得先生所试，大惊，即延见，处以学职。吕希哲原明与先生邻斋，首以师礼事焉。既而四方之士，从游者日益众。举进士，嘉祐四年廷试报罢，遂不复试。太中公屡当得任子恩，辄推与族人。治平、熙宁间，近臣屡荐，自以为学不足，不愿仕也。

元丰八年，哲宗嗣位。门下侍郎司马公光、尚书左丞吕公公著及西京留守韩公绛，上其行义于朝。十一月丁巳，授汝州团练推官，西京国子监教授。先生再辞，寻召赴阙。

元祐元年三月，至京师，除宣德郎、秘书省校书郎。先生辞曰："神宗时，布衣被召，自有故事。今臣未得入见，未敢祗命。"于是召对太皇太后面喻，将以为崇政殿说书。先生辞不获，始受西监之命。且上奏，论经筵三事：其一，以上富于春秋，辅养为急，宜选贤德，以备讲官，因使陪侍宿直，陈说道义，所以涵养气质，薰陶德性。其二，请上左右内侍宫人，皆选老成厚重之人，不使侈靡之物、浅俗之言接于耳目，仍置经筵祗应内臣十人，使伺上在宫中动息，以语讲官，其或小有违失，得以随事规谏。其三，请令讲官坐讲，以养人主尊儒重道之心，寅畏祗惧之德。而曰："若言可行，敢不就职？如不可用，愿听其辞。"既而命下，以通直郎充崇政殿说书。先生再辞而后授命。

四月，例以暑热罢讲。先生奏言："辅导少主，不宜疏略如此。乞令讲官以六餐日上殿问起居，因得从容纳诲，以辅上德。"五月，差同孙觉、顾临及国子监长贰，看详国子监条制。先生所定，大概以为学校礼义相先之地，而月使之争，殊非教养之道，请改试为课，有所未至，则学官召而教之，更不考定高下；制尊贤堂，以延天下道德之士。镌解额，以去利诱。省繁文，以专委任；励行检，以厚风教；及置待宾吏师斋，立观光法，如是者亦数十条。

六月，上疏太皇太后言今日至大至急，为宗社生灵长久之计，惟是辅养上德；而辅养之道，非徒涉书史，览古今而已，要使跬步不离正人，可以涵养薰陶，成就圣德。今间日一讲，解释数行，为益既少。又自四月罢讲，直至中秋，不接儒臣，殆非古人旦夕承弼之意。请俟初秋，即令讲官轮日入侍，陈说义理；仍选臣僚家十一二岁子弟三人，侍上习业。且以迩英迫隘暑热，恐于上体非宜，而讲日宰臣、史官皆入，使上不得舒泰悦怿；请自今，一月再讲于崇政殿，然后宰臣史官入侍，余日讲于延和殿，则后楹垂帘，而太皇太后时一临之，不惟省察主上进业，其于后德，未必无补，且使讲官欲有所言，易以上达，所系尤大。又讲读官例兼他职，请亦罢之，使得积诚意以感上心。皆不报。

八月，差兼判登闻鼓院。先生引前说，且言入谈道德，出领诉讼，非用人之体，再辞不受。

二年，又上疏论延和讲读垂帘事，且乞时召讲官至帘前，问上进学次第。又奏迩英暑热，乞就崇政、延和殿，或他宽凉处讲读。给事中顾临以殿上讲读为不可，有旨修展迩英阁。先生复上疏，以为修展迩英，则臣所请遂矣。然祖宗以来，并是殿上坐讲，自仁宗始就迩英，而讲官立侍，盖从一时之便耳，非若临之意也。今临之意，不过以尊君为说，而不知尊君之道。若以其言为是，则误主上知见。臣职当辅导，不得不辨。

先生在经筵，每当进讲，必宿斋豫戒，潜思存诚，冀以感动上意，而其为说，常于文义之外，反复推明，归之人主。一日讲"颜子不改其乐"章。门人或疑此章非有人君事也，将何以为说，及讲，既毕文义，乃复言曰："陋巷之士，仁义在躬，忘其贫贱。人主崇高，奉养备极，苟不知学，安能不为富贵所移？且颜子，王佐之才也，而箪食瓢饮；季氏，鲁国之蠹也，而富于周公。鲁君用舍如此，非后世之鉴乎？"闻者叹服，而哲宗亦尝首肯之。不知者或诮其委曲已甚。先生曰："不于此尽心竭力，而于何所乎？"上或服药，即日就医官问起居，然入侍之际，容貌极庄。时文潞公以太师平章重事，或侍立终日不懈，上虽谕以少休，不去也。人或以问先生曰："君之严，视潞公之恭，孰为得失？"先生曰："潞公四朝大臣，事幼主，不得不恭。吾以布衣职辅导，亦不敢不自重也。"尝闻上在宫中起行漱水，必避蝼蚁。因请之曰："有是乎？"上曰："然，诚恐伤之尔。"先生曰："愿陛下推此心以及四海，则天下幸甚。"

一日，讲罢未退，上起凭槛，戏折柳枝。先生进曰："方春发生，不可无故摧折。"上不悦。所讲书有"容"字，中人以黄覆之，曰："上藩邸嫌名也。"先生讲罢，进言曰："人主之势，不患不尊，患臣下尊之过甚而骄心生尔。此皆近习辈养成之，不可以不戒。请自今旧名嫌名皆勿复避。"时神宗之丧未除，而百官以冬至表贺。先生言节序变迁，时思方切，请改贺为慰。及除丧，有司又将以开乐致宴。先生又奏请罢宴曰："除丧而用吉礼，则因事用乐可矣。今特设宴，是喜之也。"尝闻后苑以金制水桶，问之，曰："崇庆宫物也。"先生曰："若上所御，则吾不敢不谏。"在职累月，不言禄，吏亦弗致，既而诸公知之，俾户部特给焉。又不为妻求邑封。或问之，先生曰："某起于草莱，三辞不获而后受命。今日乃为妻求封乎？"经筵承受张茂则尝召诸讲官啜茶观画。先生曰："吾平生不啜茶，亦不识画。"竟不往。文潞公尝与吕、范诸公入侍经筵，闻先生讲说，退相与叹曰："真侍讲也。"一时人士归其门者甚盛，而先生亦以天下自任，论议褒贬，无所顾避。由是，同朝之士有以文章名世者，疾之如仇，与其党类巧为诋谤。

一日赴讲，会上疮疹，不坐已累日。先生退诣宰臣，问上不御殿，知否？曰："不知。"先生曰："二圣临朝，上不御殿，太皇太后不当独坐。且人主有疾，而大臣不知，可乎？"翌日，宰臣以先生言，奏请问疾，由是大臣多不悦。而谏议大夫孔文仲因奏先生"汙下憸巧，素无乡行，经筵陈说，僭横忘分，遍谒贵臣，历造台谏，腾口闲乱，以偿恩仇，致市井目为五鬼之魁，请放还田里，以示典刑。"

八月，差管勾西京国子监。先生既就职，再上奏乞归田里曰："臣本布衣，因说书得朝官。今以罪罢，则所授官不当得。"三年，又请，皆不报，乃乞致仕至再，又不报。五年正月，丁太中公忧去官。

七年服除，除直秘阁，判西京国子监。先生再辞，极论儒者进退之道。而监察御史董敦逸奏，以为有怨望轻躁语。五月，改授管勾崇福宫。未拜，以疾寻医。

元祐九年，哲宗初亲政，申秘阁西监之命，先生再辞不就。绍圣间，以党论放归田里。

四年十一月，送涪州编管。门人谢良佐曰："是行也，良佐知之，乃族子公孙与邢恕之为尔。"先生曰："族子至愚不足责，故人情厚不敢疑。孟子既知天，焉用尤臧氏？"

元符二年正月，《易传》成而序之。三年正月，徽宗即位，移峡州。四月，以赦复宣德郎，任便居住，还洛。十月，复通直郎，权判西京国子监。先生既受命，即谒告，欲迁延为寻医计，既而供职。门人尹焞深疑之。先生曰："上初即位，首被大恩，不如是，则何以仰承德意？然吾之不能仕，盖已决矣。受一月之俸焉，然后唯吾所欲尔。"建中靖国二年五月，追所复官，依旧致仕。

崇宁二年四月，言者论其本因奸党论荐得官，虽尝明正罪罚，而叙复过优。今复著书，非毁朝政。于是有旨追毁出身以来文字，其所著书，令监司觉察。先生于是迁居龙门之南，止四方学者曰："尊所闻，行所知可矣，不必及吾门也。"

五年，复宣义郎，致仕。时《易传》成书已久，学者莫得传授。或以为请，先生曰："自量精力未衰，尚觊有少进耳。"其后寝疾，始以授尹焞、张绎。

大观元年九月庚午，卒于家，年七十有五。于疾革，门人进曰："先生平日所学，正今日要用。"先生力疾微视曰："道著便便不是。"其人未出寝门而先生没。

初，明道先生尝谓先生曰："异日能使人尊严师道者，吾弟也。若接引后学，随人材而成就之，则予不得让焉。"先生既没，昔之门人高弟，多已先亡，无有能形容其德美者。然先生尝谓张绎曰："我昔状明道先生之行，我之道盖与明道同。异时欲知我者，求之于此文可也。"

# 致　　谢

感谢导师李申申教授对本书写作的全程指导与支持！为了在有限时间内获得更多的一手资料，李老师甚至亲赴湖北、江苏等地考察，为本书提供了大量的一手资料，在百忙之中李老师又亲自为本书作序，没有李老师的指导与支持就没有本书的产生。

感谢扶沟博物馆馆长张璐女士、开封市文物公园局李建新博士等人在我考察过程中提供的支持和帮助！

感谢卢连章、郭齐、郝万章、赵国权、程鹰等专家学者！谢谢你们为本书写作提供的坚实研究成果。

感谢为本书提供帮助的相关网站和其他人士！

感谢科学出版社乔宇尚编辑前前后后为本书的出版付出的辛勤劳动！

黄思记

2016 年 6 月于安阳师院